1인 미디어 시대

인공지능 콘텐츠 트렌드

1인 미디어를 위한
인공지능콘텐츠 30일 완성 가이드

초보자도 쉽게 따라하는 AI 콘텐츠 제작 로드맵

인공지능콘텐츠트렌드

1인미디어를 위한 인공지능콘텐츠 30일 완성 가이드
초보자도 쉽게 따라하는 AI 콘텐츠 제작 로드맵

ⓒ윤서아외, 2024
초판 1쇄 인쇄   2024년 10월 7일
초판 1쇄 발행   2024년 10월 25일

공저자   윤서아 윤성임 김수진 유양석 문오영 백선희 유정화 윤선경 이성미 전명희 조영란 채승희
펴낸곳   재노북스
펴낸이   이시은
편 집   윤서아, 임지수
내지디자인   윤서아, 임지수
표지디자인   **윤서아, 임지수**

ISBN   979-11-93297-21-6 (13320)
정가   19,500원

출판등록   2022년 4월 6일 (제2022-000006호)

서울시 금천구 가산디지털1로 205-27, 에이원 705호
팩 스 ㅣ 050-4095-0245
이메일 ㅣ dasolthebest@naver.com
원고접수 ㅣ 이메일 혹은 재노북스 카카오톡채널

당신의 경험이 재능이 되는 곳
당신의 노력이 노하우가 되는 곳
책으로 당신의 성장을 돕습니다.

작가님의 참신한 아이디어나 원고를 기다립니다.
접수한 원고는 검토 후 연락드리겠습니다.

재노북스

인공지능 콘텐츠 트렌드

1인 미디어를 위한 인공지능콘텐츠 30일 완성 가이드
초보자도 쉽게 따라하는 AI 콘텐츠 제작 로드맵

윤서아 윤성임 김수진 유양석 문오영 백선희
유정화 윤선경 이성미 전명희 조영란 채승희

ZENOBOOKS
재노북스

추천사

"이 책은 AI 시대의 필독서입니다. 평범한 분들에게 창작의 힘을 선사해요. 누구나 쉽게 따라 할 수 있는 실용적인 방법들로 가득 차 있습니다. AI를 두려워하지 마세요. 이 책과 함께라면 AI는 여러분의 가장 강력한 협력자가 될 거예요. AI를 활용한 콘텐츠 제작 과정을 단계별로 상세히 설명하여, 실제로 적용하고 결과를 얻을 수 있도록 도와드립니다."

이동호, 글로벌이비즈니스 연구소장

"이 책은 창의성에 기술을 더하는 방법을 알려줍니다. AI를 활용한 콘텐츠 제작의 모든 것을 담고 있어요. 저자의 깊이 있는 통찰과 쉬운 설명으로, 복잡한 AI 기술이 우리 일상의 도구가 되는 과정을 잘 보여줍니다. 특히 AI 기술의 윤리적 측면과 사회적 영향에 대한 균형 잡힌 시각은 독자 여러분에게 큰 도움이 될 거예요."

이은호, 원비즈연구소 대표

"실용성과 미래 전망을 동시에 잡은 훌륭한 안내서입니다. 당장 활용할 수 있는 팁부터 앞으로의 AI 발전 방향까지, 균형 잡힌 시각으로 모든 것을 담아냈어요. 저자의 풍부한 경험과 다양한 사례 연구는 여러분에게 실질적인 인사이트를 제공할 거예요. AI 기술이 우리의 삶과 일에 미칠 영향을 깊이 있게 다루면서도, 이를 긍정적으로 활용할 수 있는 방법을 제시합니다."

황지영, 멘탈브레인PT 대표

추천사

"콘텐츠 제작의 판도를 바꿀 혁명적인 안내서입니다. 이 책은 AI를 활용해 어떻게 더 빠르고, 더 효율적으로, 더 창의적으로 일할 수 있는지 명쾌하게 보여줘요. 프리랜서부터 대기업 마케터까지, 모든 크리에이터에게 필수적인 지식을 제공합니다. 특히 AI 도구들의 실제 사용법과 팁을 상세히 다루어, 여러분이 바로 실행에 옮길 수 있도록 도와드려요."

정원훈, 텐스페이스 이사 겸 한국미디어창업뉴스 취재기자

"AI 시대를 헤쳐나갈 나침반 같은 책입니다. 저자는 기술의 발전과 인간의 창의성이 어떻게 조화를 이룰 수 있는지 탁월하게 보여줘요. 이 책을 통해 AI를 두려워하는 대신, 그것을 여러분의 강점으로 만드는 방법을 배울 수 있을 거예요. 저자의 풍부한 실무 경험이 녹아든 조언들은 여러분에게 실질적인 도움이 될 겁니다."

리오, 광고디자이너

"창의성에 날개를 달아주는 책입니다. 이 책을 통해 AI가 우리의 창의성을 억누르는 게 아니라, 오히려 더욱 풍부하게 만들어준다는 것을 깨달았어요. 예술가, 작가, 디자이너 등 모든 창작자 여러분에게 새로운 영감과 도구를 제공할 거예요. 특히 AI를 활용한 다양한 예술 프로젝트 사례들은 여러분에게 무한한 영감을 줄 겁니다."

사락, 일러스트레이터

목차

추천사 4
프롤로그 12

PART 0
인공지능도전! 습관 챌린지

재노스쿨&미디어창업아카데미 편집부

인공지능 핵심 용어 16
챗GPT-4o, Canvas, GPTs 20
LLM성능 비교 클로드, 코파일럿, 제미니 특장점 분석 ... 23
습관 챌린지 1. 시화집 만들기 25
습관 챌린지 2. 컬러링북 만들기 26
습관 챌린지 3. 동화책 만들기 27
습관 챌린지 4. 홍보영상과 로고송 만들기 28
습관 챌린지 5. 카드뉴스와 상세페이지 만들기 29

PART 1
1인 미디어 브랜드파워 : AI와 노코드로 5분 만에 홍보콘텐츠 제작

윤서아

생성형 AI로 10분만에 완성하는 고품질 디자인 33
의도한 이미지를 정확히 생성하는 프롬프트와 파라미터 전략 ... 50
돈 되는 디자인 : AI 도구로 콘텐츠 제작하기 65
조회수 폭발시키는 영상 제작 전략 73
초보자도 할 수 있는 영상 편집 툴 완전 정복 81
비전공자도 코딩없이 만드는 웹사이트 : 노코드 툴 활용법 ... 102
AI 프롬프트로 브랜드 경쟁력 높이기 104
[실습예제 1~12] 107

목차

PART 2
AI활용 콘텐츠로 인공지능강사 도전

윤성임

인공지능강사에게 유용한 도구 10가지	130
인공지능강사 브랜딩을 위한 도구 5가지	136
인공지능강사 되기 꿀팁 3가지	141
인공지능강사 성공 노하우 5가지	150

PART 3
AI로 글쓰기의 혁명, 10배 빠른 콘텐츠 제작

김수진

AI 글쓰기 도구의 이해와 선택	159
AI를 활용한 효율적인 글쓰기 프로세스	162
다양한 장르별 AI 글쓰기 전략	165
AI와 인간의 협업: 창의성 극대화하기 5가지 방법	169
AI 글쓰기의 윤리와 저작권 문제	172

목차

PART 4
AI, CANVA, 디지털 아트로 탄생한 쿠키와 친구들

유양석

AI와 디지털 아트의 만남	182
CANVA AI 종류와 튜토리얼	185
챗GPT와 캔바챗봇을 활용한 이미지 생성	197
AI 아트와 저작권	209

PART 5
나도 그림동화 작가: 동화 원고 작성법

문오영

AI 글쓰기 도구의 이해와 선택	219
스토리 아이디어 생성과 구체화 3단계	223
그림동화 원고 작성과 편집 과정	229
그림동화 프롬프트 작성법 5가지	234
일러스트 스타일과 일관성 유지	239

PART 6
똥손도 쉽게 만드는 릴스 숏폼 영상 제작

백선희

인공지능과 인스타그램 릴스의 미래	249
인공지능을 활용한 릴스 제작의 3가지 장점	251
인공지능을 활용한 릴스 제작 방법	253
인공지능을 활용한 릴스 제작 사례 5가지	260
시니어 우수 릴스 제작 인스타 유저	266

PART 7
10분 안에 작사작곡 뮤지션 도전

유정화

생성형 AI를 활용한 나만의 노래 만들기 실습	275
Suno AI를 활용한 작곡 실습	281
Suno AI 외 추천 AI 음악 제작 플랫폼 비교 분석	286
AI 음악 제작 플랫폼 활용하기 TIP	288

PART 8
1인기업, 소상공인을 위한 AI 활용 마케팅 노하우

윤선경

인공지능 마케팅의 첫걸음	293
소상공인을 위한 쉬운 AI 도구들 5가지	295
AI가 당신의 비즈니스에 도움이 되는 3가지 이유	298
인공지능으로 고객 찾기 5단계	302
AI로 고객의 필요 파악하기	305
개인 맞춤형 마케팅 시작하기	308
AI 도구로 쉽게 콘텐츠 제작하기	311
효율적으로 콘텐츠 관리하기	314

목 차

PART 9
컬러링북 제작으로 AI 콘텐츠 수익화하기

이성미

미드저니를 활용한 컬러링북 제작 기초	321
컬러링북 상업적 이용을 위한 절차와 팁 3가지	326
컬러링북 출판 플랫폼 이해하기	327
수익 창출을 위한 컬러링북 온라인 판매 노하우 4가지	329

PART 10
교사들의 업무효율을 10배 높여주는 인공지능

전명희

인공지능, 왜 교사에게 필요할까?	335
교사의 바람직한 인공지능 활용법 5가지	337
교육 커리큘럼 기획, 평가를 위한 인공지능 사례(1)	339
시각적 학습 자료를 위한 인공지능 사례(2)	348
커뮤니케이션 업무 활용을 위한 챗GPT 활용	350
인공지능으로 열어가는 미래 교육	353
교사들의 인공지능 프롬프트 활용 Tips	355

목 차

PART 11
AI와 함께하는 창작 여행, 이젠 나도 시인

조영란

시를 쓸 수 있는 생성형 AI의 종류	361
시쓰기 전 워밍업	361
시를 쓰기 위한 기초지식 5가지	365
생성형 AI로 수준별 시 쓰는 방법	366
역할부여해서 시쓰기	370
다양한 시 스타일 탐구하기	373

PART 12
동화와 시화 이미지를 위한 생성형 AI 활용법

채승희

동화와 시화 이미지 생성 AI 툴 소개	383
동화 이미지 제작 : AI 마법 지팡이	385
시화 이미지 제작 : AI 아티스트	392
생성 AI 이미지에 대한 저작권	
: 이 그림이 마법사의 것이냐! 마법 지팡이의 것이냐!	395
이제 당신의 차례: 당신의 손끝에서 시작될 마법	397

에필로그   398

프롤로그

디지털 시대를 살아가는 우리에게 '콘텐츠'란 무엇일까요?
한강 작가의 노벨문학상 수상은 K콘텐츠의 세계적 위상을 다시 한번 확인시켜 주었습니다. 이는 우리의 이야기, 우리의 감성이 세계와 깊이 공명할 수 있음을 보여주는 역사적 사건입니다. K-드라마, K-팝에 이어 이제 K-문학까지, 한국 콘텐츠의 저력은 그 어느 때보다 빛나고 있습니다. 이러한 성과는 1인 미디어 크리에이터들에게도 큰 영감이 됩니다. AI 기술과 결합된 우리의 창의성은 K콘텐츠의 새로운 장을 열어갈 것입니다.

1인미디어는 단순한 트렌드를 넘어 새로운 문화와 산업의 중심으로 자리잡았습니다. 유튜브, 인스타그램, 틱톡 등의 플랫폼을 통해 개인이 자신만의 콘텐츠를 제작하고 공유하는 것이 일상이 되었죠. 이제 1인미디어는 자기표현의 수단을 넘어 직업이자 비즈니스가 되었습니다. 그것은 우리의 생각을 표현하는 수단이자, 세상과 소통하는 창구입니다. 글이든, 그림이든, 영상이든 우리는 매일 수많은 콘텐츠를 만들고 소비합니다.

하지만 때로는 이런 생각이 들지 않나요? '더 멋진 글을 쓰고 싶은데, 내 능력이 부족한 것 같아.' '그림 실력이 좋지 않아 내 생각을 제대로 표현하기 어려워.' '영상 편집이 너무 어려워서 시작도 못하겠어.' 우리 저자들 역시 각자의 분야에서 이러한 한계를 경험했습니다. 하지만 우리 모두의 인생을 바꾼 공통점이 하나 있었죠. 바로 인공지능(AI)과의 만남이었습니다. 처음에는 우리도 AI를 경계했습니다. '이것이 우리의 일자리를 빼앗아 가는 건 아닐까?', 'AI가 만든 콘텐츠에 진정성이 있을까?'라는 의문이 들었죠. 하지만 각자의 분야에서 AI를 더 깊이 연구하고 활용해 볼수록, 우리는 그것이 우리의 경쟁자가 아니라 강력한 협력자라는 것을 깨달았습니다.

프롤로그

　　AI는 전지전능한 절대자가 아닙니다. 그저 버튼 하나로 완벽한 콘텐츠를 만들어내지 않습니다. 다만, 우리의 창의성을 증폭시키고, 우리의 한계를 넓혀주는 놀라운 도구입니다. 인공지능의 발전은 우리를 각자의 분야에서 더 빠르게, 더 효율적으로, 더 창의적으로 일할 수 있게 돕고 있습니다.

　　이 책을 쓰게 된 이유도 바로 여기에 있습니다. 12명의 저자들은 AI와 함께하며 경험한 놀라운 변화를 나누고 싶었습니다. 어떻게 하면 AI를 활용해 더 풍성하고, 더 깊이있는 콘텐츠를 만들 수 있었는지 그 과정을 공유하고 싶었습니다.

　　여러분은 이 책을 통해 다음과 같은 것들을 배우게 될 것입니다:
- AI 이미지 생성 도구를 사용해 여러분의 상상을 현실로 만드는 방법
- AI 글쓰기 도구로 작가의 막힌 펜을 다시 흐르게 하는 비결
- AI 영상 제작 도구로 전문가 못지않은 영상을 만드는 기술
- AI와 협업하며 자신만의 창의성을 더욱 빛나게 하는 방법
- AI 시대에 걸맞은 새로운 작업 흐름을 설계하는 방법
- AI를 활용하면서도 윤리적, 법적 문제를 피해가는 방법

　　'인공지능콘텐츠트렌드: 1인 미디어를 위한 인공지능콘텐츠 30일 완성 가이드"는 여러분을 AI 콘텐츠 제작의 세계로 안내하는 나침반이 될 것입니다. "초보자도 쉽게 따라하는 AI 콘텐츠 제작 로드맵"이 약속하듯, 이 책은 AI에 대한 사전 지식이 없는 분들도 천천히, 그러나 확실하게 따라할 수 있도록 구성되어 있습니다.

　　25쪽부터 소개된 테마별 습관 챌린지를 참고해서 AI 도구들을 하나씩 깊이 있

프롤로그

게 익히고 실제 콘텐츠 제작에 적용해 볼 것입니다. 이 과정에서 여러분은 단순한 사용자를 넘어, AI와 함께 협력하며 새로운 가치를 창출하는 진정한 크리에이터로 성장하게 될 것입니다. 여러분이 실제로 AI를 사용하여 콘텐츠를 만들어가는 과정에서 자신만의 방법을 찾아갈 때, 진정한 학습이 이루어질 것입니다.

미래는 이미 여기 와 있습니다. 그리고 그 미래는 여러분의 손 안에 달려 있습니다. 지금 바로 여러분의 AI스튜디오를 열고, 30일간의 콘텐츠 크리에이터 여정을 시작해보세요. 1인 미디어로 성장하고 있는 여러분을 발견하게 되실 겁니다.

이 책은 평생교육원 재노스쿨과 미디어창업아카데미가 공동으로 운영한 '인공지능활용콘텐츠전문가 1급 자격과정'에 참여한 열정적인 교육생들의 집단 지성의 결실입니다. 1년여에 걸친 긴 여정 동안, 12명의 저자들은 각자의 고유한 경험과 전문성을 한데 모아 이 책을 탄생시켰습니다. 고된 교정과 편집 과정에서 많은 분들의 도움이 있었기에 이 책이 완성될 수 있었습니다. 이 자리를 빌어 모든 분들께 진심 어린 감사의 마음을 전합니다.

이제 우리의 열정과 지식, 그리고 경험이 담긴 이 책을 여러분께 선보이게 되어 무한한 기쁨을 느낍니다. "1인 미디어를 위한 인공지능콘텐츠 30일 완성 가이드"는 AI 시대에 첫 발을 내딛는 여러분을 위한 나침반이 되고자 합니다. 표지에 담긴 이미지처럼, 여러분도 이 책과 함께 AI 콘텐츠 제작의 새로운 세계로 힘찬 발걸음을 내딛을 수 있을 것입니다.

이 책은 30일 동안 AI 콘텐츠 제작의 기초부터 중급 기술까지 집중적으로 학

프롤로그

습할 수 있도록 구성되어 있습니다. 특히, 여러분의 지속적인 성장과 실력 향상을 위해 테마별 습관 체크리스트도 함께 제공합니다. 이를 통해 여러분은 30일간의 집중 학습 후에도 계속해서 AI 콘텐츠 제작 능력을 연마하고 발전시킬 수 있을 것입니다.

우리는 이 책을 통해 AI가 단순한 도구가 아닌, 여러분의 창의성을 증폭시키는 강력한 파트너가 될 수 있음을 보여드리고자 합니다. 글쓰기, 이미지 생성, 영상 제작, 음악 창작 등 다양한 분야에서 AI를 활용하는 방법을 상세히 안내하며, 이를 통해 여러분의 아이디어가 어떻게 현실이 될 수 있는지 보여드릴 것입니다.

AI 기술은 빠르게 발전하고 있지만, 그 핵심에는 여전히 인간의 창의성과 통찰력이 있습니다. 이 책은 AI를 보조작가로 활용하여 여러분의 창의성을 최대한 발휘할 수 있는 방법을 제시합니다. 30일의 집중 학습과 이어지는 테마별 습관 챌린지를 통해, 여러분은 AI 콘텐츠 제작의 진정한 마스터로 거듭날 수 있을 것입니다.

여러분의 창의적인 여정에 이 책이 믿음직한 길잡이가 되기를 진심으로 바랍니다. 새로운 크리에이터로 거듭날 여러분의 모습을 기대하며, 이 책이 여러분의 꿈을 실현하는 데 작은 도움이 되기를 희망합니다.

2024년 10월 가산디지털단지
한국미디어창업연구소에서
윤서아작가 올림

인공지능 콘텐츠 트렌드

1인 미디어를 위한
인공지능콘텐츠 30일 완성가이드

초보자도 쉽게 따라하는 AI 콘텐츠 제작 로드맵

Part 0

인공지능도전! 습관챌린지

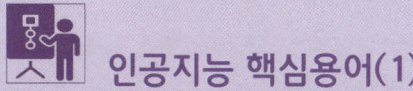 인공지능 핵심용어(1)

1. 프롬프트(Prompt)는 형용사와 동사로 모두 쓰이는 단어로 사전에서는 '즉각적인, 신속한, 질문 힌트 등을 제공해서 말을 하도록 유도하다'라는 뜻을 제시한다. 프롬프트를 인공지능 분야에서는 '거대언어모델(Large language Model; LLM)로부터 응답을 생성하기 위한 입력값'이라 정의한다. 일반인 독자의 입장에서는 '질문'을 '프롬프트'라 하는구나 정도로 생각하면 된다.

2. 컴플리션(Completion)은 사전에 보면, '완료, 완성'을 뜻하지만, 인공지능 분야에서는 '답변이 이루어진 텍스트값' 을 뜻한다. 하지만 우리는 대화형 인공지능에서는 '답변'을 '컴플리션'이라 부른다.

3. 토큰(Token)은 명사와 형용사로 모두 쓰이는 단어로 '화폐 대용으로 쓰는 토큰, 상품권, 교환권, (약속 합 의 등을 지키겠다는) 징표[표시]로 하는 뜻이다. 언어학 분야에서 '단어 한 개 혹은 구두점 한 개를 지칭하는 말뭉치(corpus)의 최소 단위'를 의미한다. 프로그래밍이나 대화형 인공지능에서는 언어학 분야의 용어를 차용해서 문법적으로 더 이상 나눌 수 없는 기본적인 언어요소를 뜻한다고 한다. 예) 하나의 키워드나 연산자 또는 구두점 등

4. 파인튜닝(Fine-tuning)은 '좋다', '미세한, 정교한'이라는 의미이다. Tuning은 "조율", 음을 정확하게 맞추는 것이고, "Fine tuning"은 뭔가를 정교하게 조정하거나 미세하게 바꾸는 것이다. 파인튜닝은 추가적인 훈련과 안내를 제공해서 더 똑똑하게 만들고 더 잘 이해하게 돕는 것이다.

CONTENTS

인공지능 핵심용어(1)   17

인공지능 핵심용어(2)   19

챗GPT-4o, Canvas, GPTs   20

LLM 성능비교 클로드, 코파일럿, 제미니의 특장점 분석   23

습관챌린지 1.시화집 만들기   25

습관챌린지 2.컬러링북 만들기   26

습관챌린지 3.동화책 만들기   27

습관챌린지 4.홍보영상과 로고송 만들기   28

습관챌린지 5.카드뉴스와 상세페이지 만들기   29

인공지능 핵심용어(2)

5. 할루시네이션(Hallucination)은 "환각, 환영, 환청"이라는 단어이다. ChatGPT와 같은 AI 언어 모델에서 '할루시네이션'은 주어진 데이터 또는 맥락에 근거하지 않은 잘못된 정보나 허위 정보를 생성하는 것을 의미한다. 이 용어를 사용한 이유는 이것이 거짓인지 참인지 인공지능이 구별하지 못하기 때문으로 추정된다. AI 모델이 정확하지 않거나 사실이 아닌 것처럼 보이는 출력물을 생성할 때 이러한 문제가 발생한다.

6. 콘텍스트(Context)는 "맥락"이라는 뜻으로 콘텍스트를 유지한다는 것은 여러 가지 해석이 가능한 경우일지라도 암묵적으로 특정 경우에 한정하여 대화를 전개하는 것이다. 콘텍스트의 오류는 크게 문맥에 따른 단어 해석 오류, 문장의 의미 파악 오류, 편향된 데이터에 의해서 발생한다.
　콘텍스트 오류를 극복하는 방법은 꼬꼬무(꼬리에 꼬리를 무는 질문법)
　첫째, 새로운 대화창(New Chat)으로 다시 이야기를 전개
　둘째, 프롬프트 창에 상세한 지시와 정보를 제공하여 더 나은 답안으로 수정하는 것이다.

7. GPT는 OpenAI에서 개발한 대화형 인공지능 모델이다. "Generative Pretrained Transformer"의 약자로, Transformer 아키텍처를 기반으로 한 사전학습모델이다.

8. GPTs는 챗GPT 유저가 직접 챗GPT를 특정 목적에 맞게 커스터마이징해서 만든 챗봇을 통칭하는 용어. 별도의 코딩지식이 없어도 챗GPT 대화창에서 간단한 채팅명령을 통해 제작가능하다. 간단한 챗봇은 생성에 5분 정도 소요된다. GPTs를 만드는기능은 챗GPT Plus(유료 버전)에서만 제공되며, 다른 사용자가 만든 GPTs를 사용하는 것을 2024년 5월 중순 무료서비스로 제공되고 있다.

챗GPT-4o, Canvas, GPTs

1. AI와의 대화, 새로운 시대의 시작

인공지능 기술의 혁신적 진보를 대표하는 챗GPT는 우리의 일상과 업무 방식을 근본적으로 변화시키고 있습니다. 이 강력한 언어 모델은 인간의 자연스러운 대화를 이해하고 응답할 수 있어, 복잡한 프로그래밍 지식 없이도 누구나 컴퓨터와 소통할 수 있게 되었습니다. 과거에는 컴퓨터와의 상호작용에 전문적인 코딩 기술이 필요했지만, 이제는 평범한 언어로 AI에게 지시를 내릴 수 있습니다. 이는 업무 자동화부터 일상적인 문제 해결까지 다양한 영역에서 혁명적 변화를 가져오고 있습니다.

챗GPT의 폭발적인 성장세는 이러한 변화를 잘 보여줍니다. 사용자 수와 기업 도입률이 급증하고 있으며, 이는 AI 기술이 우리 사회에 깊이 침투하고 있음을 의미합니다. 이제 우리에게 필요한 것은 이 새로운 도구를 효과적으로 활용하는 방법을 배우는 것입니다. 마치 새 언어를 배우는 것처럼, AI와의 소통도 기본부터 시작해야 합니다. 이 책은 여러분이 AI 시대의 '첫 인사'를 배우고, 점차 더 복잡한 대화로 나아갈 수 있도록 안내할 것입니다.

2. AI 시대의 새로운 지평: GPT-4o의 등장

인공지능 기술의 진보가 가속화되면서, 챗GPT의 최신 버전인 GPT-4o가 주목받고 있습니다.

1) 향상된 멀티모달 기능

GPT-4o는 텍스트뿐만 아니라 이미지, 오디오, 동영상 등 다양한 데이터를 처리하고 이해할 수 있는 기능이 강화되었습니다. 예를 들어, 사용자는 이미지에서 텍스트를 읽거나 오디오 데이터를 분석하는 등 다양한 방식으로 AI와 상호작용할 수 있습니다. 이는 업무 환경뿐만 아니라 교육, 의료, 콘텐츠 제작 등 다양한 분야에서 큰 변화를 가져올 수 있습니다. 특히 실시간 응답이 가능하여 대화

나 번역과 같은 작업에서 즉각적인 피드백을 제공합니다

2) 접근성 향상

이전에는 유료 사용자만 이용할 수 있던 고급 기능들이 이제는 무료 사용자에게도 제공되면서 AI 기술의 접근성이 크게 확대되었습니다. 무료 사용자도 제한된 사용량 내에서 GPT-4o의 고급 기능을 경험할 수 있으며, 운영 비용 절감 덕분에 더 많은 사람들이 AI 기술을 쉽게 활용할 수 있게 되었습니다

3. 프롬프트 엔지니어링

인공지능(AI) 언어 모델과 상호작용할 때, 원하는 결과를 얻기 위해 질문(프롬프트)을 효과적으로 설계하고 최적화하는 기법입니다. AI 모델이 사용자의 의도를 정확하게 이해하고 이에 맞는 답변을 제공하도록 질문을 세심하게 조정하는 과정입니다.

1) 제로샷 프롬프트 (Zero-Shot Prompt)
비유: 친구에게 예시 없이 바로 질문하는 것과 비슷합니다. 설명: AI에게 예시를 제공하지 않고 직접 질문하여 답변을 얻는 방식입니다. 사례: "내일 서울 날씨 어때?"

2) 원샷 프롬프트 (One-Shot Prompt)
비유: 친구에게 한 번의 예시를 보여준 후 비슷한 답변을 요청하는 것과 같습니다. 설명: 하나의 예시를 제공하고, 비슷한 형식이나 스타일로 답변을 요구하는 방식입니다. 사례: "이 제품은 정말 좋았어. 다른 제품에 대해 비슷한 리뷰를 작성해줘."

3) 체이닝 프롬프트 (Chaining Prompt)
비유: 친구와 대화를 이어가며 점차 더 깊이 있는 질문을 던지는 과정과 비슷합니다. 설명: 질문을 단계적으로 이어가며, 점점 더 구체적이고 깊이 있는 답변을 이끌어내는 방식입니다. 사례: "AI 기술이 무엇인지 설명해줘." → "AI 기술의 장점은?" → "그 장점이 일상생활에서 어떻게 적용될 수 있지?"

4) 라벨링 프롬프트 (Labeling Prompt) 비유: 친구에게 특정 톤이나 형식을 지정하여 대답을 요청하는 것과 유사합니다. 설명: 원하는 답변의 형식이나 어조를 지정하여 AI가 특정 방식으로 응답하게 하는 기법입니다. 사례: "이 글을 친근한 어조로 5문장 이내로 요약해줘."

5) 체이닝 프롬프트 (Chain-of-Thought, CoT) Chain-of-Thought는 특정 사고 과정을 통해 AI가 문제를 해결하도록 유도하는 기법입니다. CoT는 복잡한 논리적 문제나 추론이 필요한 상황에서 AI가 중간 단계의 사고 과정을 보여주면서 결론에 도달하도록 합니다. 사례: 이 숫자들의 합이 짝수인가? 숫자들: 3, 5, 7, 2, 4.

4. 챗GPT Canvas

GPT 캔버스는 실시간 협업을 통해 글쓰기와 코딩 작업을 더 효율적으로 관리할 수 있는 도구로, 사용자가 글과 코드를 시각적으로 편집하며 작업할 수 있습니다. 텍스트의 길이 조정, 독자 수준 맞춤 기능은 텍스트를 상황에 맞게 쉽게 조정할 수 있도록 돕고, 코딩 작업에서는 버그 수정, 코드 리뷰, 주석 추가 등의 기능을 지원하여 이전 버전보다 훨씬 유용하게 향상되었습니다 또한, 캔버스는 SEO 최적화를 위한 블로그 포스트 작성이나 코드 포팅 같은 다양한 기능을 제공하며, 이전 버전보다 협업 작업에서 특히 강력해졌습니다

5. GPTs (Generative Pre-trained Transformers)

대규모 언어 모델로, 텍스트 생성, 질문 응답, 번역, 요약 등 다양한 언어 작업을 수행하는 데 뛰어난 능력을 보여줍니다. 이러한 모델은 Transformer 아키텍처를 기반으로 하며, 사전 학습(pre-training)을 통해 방대한 데이터를 학습한 후, 특정 작업에 맞게 **미세 조정(fine-tuning)**을 거쳐 최적화됩니다. 최신 버전인 GPT-4와 GPT-4o는 텍스트뿐만 아니라 이미지, 오디오, 비디오 등 멀티모달 데이터를 처리할 수 있는 능력까지 확장되었습니다. 이러한 기능 덕분에 GPT는 대화형 AI, 콘텐츠 생성, 코딩 지원, 데이터 분석 등 다양한 분야에서 강

력한 도구로 자리 잡고 있습니다.

또한, GPT 모델은 커스터마이징 기능을 통해 사용자나 기업의 특정 요구에 맞게 조정될 수 있습니다. OpenAI는 Custom GPTs 기능을 통해 사용자가 자신의 작업 흐름이나 데이터에 맞춘 맞춤형 AI를 구축할 수 있도록 지원합니다. 이를 통해 GPT는 특정 산업의 용어나 스타일에 맞게 조정되어 더 세밀한 응답을 제공할 수 있습니다. 이 커스터마이징 기능은 개발자와 비즈니스가 GPT 모델을 자신의 필요에 맞게 조정하여 생산성과 효율성을 극대화할 수 있는 중요한 역할을 합니다.

 LLM 성능 비교
클로드, 코파일럿, 제미니의 특장점 분석

1. 클로드 (Claude)

Anthropic이 개발한 클로드는 안전성과 윤리적 AI에 중점을 둔 대형 언어 모델(LLM)입니다. 클로드는 직관적인 대화 능력과 사람과 비슷한 상호작용을 강조하여, 특히 감정적 공감이 필요한 분야에서 뛰어난 성능을 발휘합니다. 또, 데이터 보안과 윤리에 대한 높은 기준을 세워 의료, 금융 등 민감한 데이터 처리에도 적합합니다. 다만, 속도와 효율성에서 GPT-4o나 코파일럿에 비해 조금 느릴 수 있습니다.

2. 코파일럿 (GitHub Copilot)

코파일럿은 Microsoft와 OpenAI가 협력하여 만든 개발자 중심의 AI 도구로, 코드 생성 및 보완에 특화되어 있습니다. 개발자의 생산성을 크게 향상시키는 데 중점을 두며, 실시간으로 코드 완성을 도와주고 오류를 수정하는 기능이 뛰어납니다. 특히 GitHub과 완벽히 통합되어 있어 개발 환경에 최적화된 워크플로우를 지원합니다. 다만, 코딩 외의 일반 대화나 비코딩 업무에서는 한정된 기능을 제공합니다.

3. 제미니 (Gemini)

　Google DeepMind에서 개발한 제미니는 멀티모달 학습을 특징으로 하며, 텍스트, 이미지, 오디오 등 다양한 입력 형식을 처리할 수 있습니다. 제미니는 강력한 언어 이해와 심층적 질문 답변 기능을 가지고 있어, 학문적 질문이나 복잡한 논리적 과제를 해결하는 데 유리합니다. 또한, 기계 학습 성능과 확장성 측면에서도 매우 효율적이어서 다양한 산업에서 널리 사용될 가능성이 큽니다. 그러나 성능이 아직 일부 타 모델에 비해 덜 검증되었을 수 있습니다

4. LLM 성능 비교

　클로드는 감정적 상호작용과 윤리적 AI에서 강점이 있지만, 코파일럿은 특히 개발자 업무에 최적화된 모델로, 코드 생성과 실시간 보완에서 뛰어납니다. 반면, 제미니는 다양한 입력 형식을 처리하는 멀티모달 능력이 뛰어나며, 복잡한 분석과 창의적 작업에 적합한 모델로 평가받습니다. 전반적으로 GPT-4o는 가장 다재다능한 모델로, 다양한 분야에서 뛰어난 성능을 발휘하며 속도, 멀티모달 처리, 그리고 접근성 면에서 좋은 평가를 받습니다

5. Microsoft 365와 Copilot을 활용한 업무 생산성 향상

　Microsoft 365와 Copilot의 결합은 현대 업무 환경에서 생산성 극대화를 가능하게 합니다. Microsoft 365는 이미 강력한 클라우드 기반 협업 도구들을 제공하고 있지만, Copilot의 AI 지원 기능을 활용하면 그 효과가 더욱 커집니다. 예를 들어, Copilot은 Word에서 실시간으로 문서 초안을 작성하거나 Excel에서 복잡한 데이터를 분석하고 시각화하는 등의 기능을 제공하여 반복적인 작업을 자동화합니다. 이를 통해 사용자는 보고서 작성, 데이터 처리, 일정 관리 등의 업무를 빠르고 정확하게 처리할 수 있으며, 실시간 피드백과 추천 기능으로 더 나은 결정을 내릴 수 있습니다. 특히 PowerPoint에서는 Copilot이 제안하는 디자인과 콘텐츠로 프레젠테이션을 더욱 효율적으로 준비할 수 있습니다.

습관 챌린지 1. 시화집 만들기

일차	학습 내용	완료	일일 습관 체크
1	AI 도구 탐색하기	☐	AI 관련 뉴스 1개 읽기
2	간단한 4행시 만들기	☐	AI로 단어 1개 생성하기
3	자연을 주제로 한 시 쓰기	☐	생성된 시 1편 분석하기
4	감정을 표현하는 시 만들기	☐	일상 한 컷 사진 찍기
5	AI로 시의 운율 개선하기	☐	시 관련 용어 1개 학습하기
6	은유와 직유 활용한 시 쓰기	☐	비유적 표현 1개 만들기
7	계절을 테마로 한 시 작성하기	☐	계절 이미지 1개 수집하기
8	일상을 주제로 한 시 만들기	☐	일상 속 특별한 순간 메모하기
9	AI로 시 제목 생성하기	☐	흥미로운 단어 조합 만들기
10	자유시 형식으로 시 쓰기	☐	마음에 드는 시구 1개 암기하기
11	AI 이미지 생성 도구 탐색하기	☐	AI 아트 작품 1개 감상하기
12	시에 어울리는 배경 이미지 만들기	☐	색채 이론 1개 학습하기
13	시의 한 구절을 시각화하기	☐	추상적 개념 스케치해보기
14	추상적 개념을 이미지로 표현하기	☐	감정과 색상 연결해보기
15	시 분위기 컬러 팔레트 만들기	☐	색상 조합 1개 만들기
16	시와 이미지 조합하기	☐	텍스트와 이미지 배치 실험하기
17	시화 레이아웃 디자인하기	☐	책 디자인 1개 분석하기
18	시화집 표지 디자인하기	☐	인상적인 책 표지 1개 찾기
19	시화집 목차 구성하기	☐	효과적인 목차 구성 연구하기
20	완성된 시화 5편 선별하기	☐	선별 기준 3가지 정하기

습관 챌린지 2. 컬러링북 만들기

일차	학습 내용	완료	일일 습관 체크
21	컬러링북 테마 선정하기	☐	컬러링북 시장조사
22	간단한 도형 기반 이미지 만들기	☐	코파일럿에서 생성
23	자연 요소 드로잉 연습하기	☐	코파일럿에서 생성
24	동물 캐릭터 스케치하기	☐	GTP4-o 달리에서 생성
25	식물 모티프 디자인하기	☐	GTP4-o 달리에서 생성
26	만다라 패턴 생성하기	☐	미드저니에서 생성
27	풍경화 스케치 만들기	☐	미드저니에서 생성
28	추상적 패턴 디자인하기	☐	인기있는 컬러링북 디자인조사
29	세밀화 스타일 이미지 만들기	☐	플레이그라운드에서 생성
30	캐릭터 표정 다양화하기	☐	플레이그라운드에서 생성
31	선 굵기와 질감 실험하기	☐	선화 표현, 질감 표현
32	페이지 구도 잡기	☐	황금비율 연구하기
33	난이도별 이미지 구성하기	☐	복잡한 이미지 단순화해보기
34	컬러링북 표지 디자인하기	☐	매력적인 폰트 1개 선택하기
35	페이지 번호와 가이드 추가하기	☐	캔바에서 디자인하기
36	컬러링 팁 페이지 만들기	☐	이미지 요소 배치하기
37	완성 예시 페이지 만들기	☐	완성된 페이지 레이어 확인
38	목차 및 소개 페이지 디자인하기	☐	효과적인 소개글 쓰기
39	PDF 포맷으로 변환하기	☐	PDF 최적화 방법 학습하기
40	인쇄용 파일 최종 점검하기	☐	인쇄 설정 확인하기

습관 챌린지 3. 동화책 만들기

일차	학습 내용	완료	일일 습관 체크
41	동화 주제 및 대상 연령 정하기	☐	어린이 도서 1권 살펴보기
42	주인공 캐릭터 설정하기	☐	캐릭터 특징 3가지 메모하기
43	스토리 개요 작성하기	☐	짧은 이야기 1개 구상하기
44	챕터별 플롯 구성하기	☐	좋아하는 동화 구조 분석하기
45	오프닝 문장 만들기	☐	흥미로운 문장 1개 수집하기
46	캐릭터 대화 생성하기	☐	대화체로 문장 3개 쓰기
47	환경 묘사 작성하기	☐	배경이미지 완성하기
48	클라이맥스 장면 구상하기	☐	극적인 순간 스토리 구상해보기
49	결말 작성하기	☐	다양한 결말 유형 조사하기
50	전체 스토리 교정하기	☐	소리 내어 읽어보기
51	주요 장면 5개 선정하기	☐	스토리보드 기초 배우기
52	캐릭터 비주얼 디자인하기	☐	캐릭터 표정 연습하기
53	배경 이미지 생성하기	☐	원근법 기초 학습하기
54	텍스트와 이미지 레이아웃 구성하기	☐	그림책 레이아웃 분석하기
55	표지 디자인하기	☐	매력적인 책 표지 찾아보기
56	제목 페이지 만들기	☐	타이포그래피 기초 배우기
57	목차 디자인하기	☐	창의적인 목차 아이디어 찾기
58	작가 소개 페이지 만들기	☐	간단한 작가 소개글 쓰기
59	출판 정보 페이지 구성하기	☐	캔바에서 최종 디자인하기
60	전체 페이지 교정 및 조정하기	☐	다른 사람에게 피드백 받기

습관 챌린지 4. 홍보영상과 로고송 만들기

일차	학습 내용	완료	일일 습관 체크
61	동화 내용 스토리보드 작성하기	☐	애니메이션 1편 장면 분석하기
62	주요 장면 애니메이션 기획하기	☐	간단한 움직임 스케치해보기
63	캐릭터 음성 선정하기	☐	다양한 목소리 샘플 듣기
64	내레이션 스크립트 작성하기	☐	소리 내어 문장 1개 읽기
65	배경 음악 선곡하기	☐	다양한 장르의 음악 3분씩 듣기
66	효과음 선정하기	☐	일상 속 흥미로운 소리 녹음하기
67	로고송 가사 작성하기	☐	운율에 맞춘 문장 만들기
68	로고송 멜로디 만들기	☐	간단한 멜로디 흥얼거리기
69	AI 음성으로 내레이션 녹음하기	☐	다양한 AI 음성 비교하기
70	간단한 캐릭터 애니메이션 만들기	☐	움직임의 원리 학습하기
71	장면 전환 효과 적용하기	☐	영화의 장면 전환 분석하기
72	자막 추가하기	☐	효과적인 자막 위치 연구하기
73	오프닝 시퀀스 제작하기	☐	인상적인 오프닝 장면 찾아보기
74	엔딩 크레딧 만들기	☐	크레딧 디자인 트렌드 조사하기
75	로고송 제작하기	☐	간단한 작곡 프로그램 익히기
76	영상과 음악 싱크 맞추기	☐	음악의 리듬 느껴보기
77	전체 영상 첫 편집본 만들기	☐	영상 편집 기초 학습하기
78	영상 컬러 그레이딩하기	☐	색채 심리학 기초 배우기
79	최종 렌더링 및 포맷 변환하기	☐	영상 압축 방식 이해하기
80	온라인 공유용 티저 영상 만들기	☐	효과적인 티저 구성 연구하기

습관 챌린지 5. 카드뉴스와 상세페이지 만들기

일차	학습 내용	완료	일일 습관 체크
81	카드뉴스 컨셉 정하기	☐	독특한 명함 디자인 1개 찾기
82	카드뉴스 크기 및 형태 결정하기	☐	브랜드키트 구성하기
83	카드뉴스 전면 디자인하기	☐	색상 조합 1개 선정하기
84	카드뉴스 후면 정보 구성하기	☐	효과적인 슬로건 1개 만들기
85	QR코드 생성 및 삽입하기	☐	QR코드 스캔 3번 해보기
86	카드뉴스 프로토타입 제작하기	☐	캔바에서 디자인하기
87	상세페이지 레이아웃 구상하기	☐	온라인 상세페이지 분석하기
88	상세페이지 헤더 이미지 만들기	☐	시선을 끄는 이미지 요소 찾기
89	책 소개 문구 작성하기	☐	카피라이팅 예시 수집하기
90	저자 소개 섹션 디자인하기	☐	작가 인터뷰 기사 읽기
91	목차 미리보기 만들기	☐	효과적인 목차 디자인 연구하기
92	주요 삽화 하이라이트 만들기	☐	그림책 삽화 분석하기
93	독자 리뷰 섹션 디자인하기	☐	온라인 리뷰의 특징 파악하기
94	구매 버튼 및 가격 정보 배치하기	☐	버튼 디자인 트렌드 조사하기
95	관련 도서 추천 섹션 만들기	☐	추천 알고리즘 원리 학습하기
96	모바일 버전 레이아웃 최적화하기	☐	모바일 UX 디자인 원칙 익히기
97	이미지 및 로딩 최적화하기	☐	웹 성능 최적화 기법 학습하기
98	상세페이지 미리보기 생성하기	☐	사용자 테스트 방법 연구하기
99	A/B 테스트용 대체 버전 만들기	☐	A/B 테스트 케이스 스터디 읽기
100	최종 검토 및 출시 준비하기	☐	출시 전 체크리스트 작성하기

인공지능 콘텐츠 트렌드

1인 미디어를 위한
인공지능콘텐츠 30일 완성가이드

초보자도 쉽게 따라하는 AI 콘텐츠 제작 로드맵

Part 1

1인 미디어 브랜드파워

AI와 노코드로 5분 만에 홍보콘텐츠 제작

윤서아

"교육과 미디어의 경계를 넘나드는 혁신가"
온라인 교육의 새 지평을 열어가는 혁신적 교육자이자 미디어 전문가입니다. 끊임없는 혁신으로 온라인 교육과 디지털 미디어의 가능성을 탐구하며, 실용적이고 접근성 높은 학습 기회를 제공하기 위해 노력합니다. 교육과 미디어의 융합을 통해 더 나은 미래를 만들어가는 데 기여하고 있습니다.

한국미디어창업뉴스의 대표이자 편집장으로서 인터넷신문사를 운영하며, 지역 언론인으로 활발히 활동 중입니다. 미디어와 교육의 시너지를 통해 AI 콘텐츠 제작과 1인 미디어 창업 분야에서 기업, 재단, 협회의 교육 수요에 부응하고 있습니다.

- 재노북스 출판사 편집장
- 한국미디어창업뉴스 편집장
- 재노스쿨 & 미디어창업아카데미 평생교육원 원장
- 60여종 민간자격과정 기획 및 운영 총괄
- 챗GPT인공지능콘텐츠 & 캡컷영상마스터 강사
- 그림동화작가 & 웹소설연재작가 강연 및 코칭
- 소상공인 비즈니스 & 언론홍보마케팅 강연
- 베스트셀러 저자 「광고하지 말고 언론하라」, 「여성창업시대 리더가 된 여자들」, 「퇴근 후 온라인강사로 변신한 홍대리」, 「나도 AI콘텐츠 제작으로 돈 벌어볼까」

CONTENTS

생성형 AI로 10분만에 완성하는 고품질 디자인	33
의도한 이미지를 정확히 생성하는 프롬프트와 파라미터 전략	50
돈 되는 디자인 : AI 도구로 콘텐츠제작하기	65
조회수 폭발시키는 영상 제작 전략	73
초보자도 할 수 있는 영상 편집 툴 완전 정복	81
비전공자도 코딩없이 만드는 웹사이트 : 노코드 툴 활용법	102
AI 프롬프트로 브랜드 경쟁력 높이기	104
[실습예제 1] 유튜브 브이로그 만들기	107
[실습예제 2] 블로그 포스팅 글쓰기	108
[실습예제 3] 인스타 릴스 영상 제작	109
[실습예제 4] 유튜브 쇼츠 영상 제작	110
[실습예제 5] 틱톡 영상 제작	111
[실습예제 6] 콘텐츠 전용 AI 사이트 활용하기	112
[실습예제 7] VCAT으로 5분만에 홍보영상 제작하기	114
[실습예제 8] AI와 채팅하고 홈페이지 제작하기	116
[실습예제 9] 신제품 광고영상 제작하기	118
[실습예제 10] 강의 홍보영상 제작하기	120
[실습예제 11] 제품 홍보영상 제작하기	122
[실습예제 12] 영화 홍보영상 제작하기	124

생성형 AI로 10분만에 완성하는 고품질 디자인

1. AI 이미지 생성 기술의 발전과 현황

인공지능(AI) 이미지 생성 기술은 지난 몇 년 동안 놀라운 속도로 발전해왔습니다. 이 혁신적인 기술은 우리가 시각적 콘텐츠를 만들고 상상력을 표현하는 방식을 근본적으로 변화시키고 있습니다.

AI 이미지 생성의 시작은 간단한 패턴 인식과 이미지 변형에서 출발했습니다. 초기에는 기존 이미지를 기반으로 한 스타일 전이나 간단한 이미지 조작에 그쳤지만, 딥러닝 기술의 발전과 함께 AI는 점차 '창조'의 영역으로 발을 들이게 되었습니다.

2022년, DALL-E 2와 Midjourney의 등장은 AI 이미지 생성 기술의 획기적인 전환점이 되었습니다. 이들 도구는 텍스트 설명만으로 놀랍도록 상세하고 창의적인 이미지를 생성할 수 있는 능력을 보여주었습니다. 이어서 등장한 Stable Diffusion은 오픈소스로 공개되어, 더 많은 개발자와 사용자들이 AI 이미지 생성 기술을 실험하고 발전시킬 수 있는 기회를 제공했습니다.

현재 AI 이미지 생성 기술은 텍스트-이미지 변환, 이미지-이미지 변환, 스타일 전이, 이미지 편집 등 다양한 형태로 발전하고 있습니다. 이 기술들은 예술 창작, 디자인, 광고, 엔터테인먼트 등 다양한 분야에서 활용되고 있으며, 창작의 속도와 다양성을 크게 향상시키고 있습니다.

최근에는 AI가 생성한 이미지의 품질과 해상도가 크게 개선되어, 때로는 인간이 만든 작품과 구분하기 어려울 정도로 정교해졌습니다. 또한, 프롬프트 엔지니어링 기술의 발전으로 사용자들은 더욱 정확하고 세밀하게 원하는 이미지를 생성할 수 있게 되었습니다.

그러나 이러한 발전과 함께 저작권, 윤리, 인공지능의 창의성 등에 대한 새로운 질문들도 제기되고 있습니다. AI가 생성한 이미지의 소유권은 누구에게 있는지, AI가 학습한 데이터의 윤리적 문제는 어떻게 해결할 것인지 등의 과제가 남아있습니다.

앞으로 AI 이미지 생성 기술은 더욱 정교해지고, 사용자 친화적으로 발전할 것으로 예상됩니다. 3D 이미지 생성, 실시간 이미지 편집, 개인화된 AI 모델 등의 기술이 더욱 발전하면서, 우리의 창작 방식과 시각적 표현의 가능성은 계속해서 확장될 것입니다.

2. 주요 AI 이미지 생성 도구 소개

AI 이미지 생성 기술의 발전과 함께 다양한 도구들이 등장했습니다. 각 도구는 고유한 특징과 장점을 가지고 있어, 사용자의 목적과 필요에 따라 선택할 수 있습니다. 여기서는 현재 가장 주목받고 있는 AI 이미지 생성 도구들을 소개하겠습니다.

1) DALL-E 3

OpenAI에서 개발한 DALL-E 3는 텍스트 설명을 바탕으로 매우 상세하고 창의적인 이미지를 생성합니다. 특히 복잡한 개념이나 추상적인 아이디어를 시각화하는 데 탁월한 성능을 보입니다. 사용자 친화적인 인터페이스와 높은 품질의 결과물로 인기를 얻고 있습니다.

2) Midjourney

Discord 플랫폼을 기반으로 운영되는 Midjourney는 예술적이고 독특한 스타일의 이미지 생성에 강점을 보입니다. 사용자의 프롬프트를 바탕으로 여러 변형을 제시하여 선택의 폭을 넓혀줍니다. 특히 판타지, 초현실주의적 이미지 생성에 뛰어난 성능을 보입니다.

3) Stable Diffusion

오픈소스로 공개된 Stable Diffusion은 높은 자유도와 커스터마이징 가능성으로 주목받고 있습니다. 개발자들이 자유롭게 수정하고 확장할 수 있어, 다양한 응용 프로그램과 서비스에 통합되고 있습니다. 로컬 환경에서도 실행 가능하여 프라이버시 보호에도 용이합니다.

4) Adobe Firefly

어도비에서 개발한 Firefly는 기존 어도비 제품군과의 통합성이 뛰어납니다. 특히 텍스트를 이용한 이미지 편집, 벡터 그래픽 생성 등 디자인 작업에 특화된 기능을 제공합니다. 상업적 이용이 가능한 데이터셋으로 학습되어 저작권 문제에서 자유롭습니다.

5) Artbreeder

이미지 융합과 변형에 특화된 Artbreeder는 여러 이미지의 특성을 결합하여 새로운 이미지를 만들어냅니다. 특히 캐릭터 디자인, 풍경 생성 등에 유용하게 사용될 수 있습니다.

6) RunwayML

비디오 편집과 이미지 생성을 결합한 RunwayML은 동영상 제작에 AI를 접목시키는 데 선구적인 역할을 하고 있습니다. 이미지 생성뿐만 아니라 비디오 스타일 전이, 객체 제거 등 다양한 기능을 제공합니다.

7) Canva

디자인 플랫폼으로 유명한 Canva도 최근 AI 이미지 생성 기능을 도입했습니다. 직관적인 인터페이스와 다양한 템플릿을 결합한 AI 이미지 생성 기능은 디자인 초보자들도 쉽게 사용할 수 있습니다.

이러한 도구들은 각각의 특성과 장단점을 가지고 있어, 사용자의 목적과 숙련도에 따라 선택할 수 있습니다. AI 이미지 생성 기술은 계속해서 발전하고 있어, 앞으로 더 많은 혁신적인 도구들이 등장할 것으로 예상됩니다. 사용자는 이러한 도구들을 적절히 활용하여 자신의 창의성을 더욱 풍부하게 표현할 수 있을 것입니다.

3. AI 이미지 생성 도구 선택 가이드

AI 이미지 생성 도구를 선택할 때는 여러 가지 요소를 고려해야 합니다. 각 도구마다 특징과 장단점이 다르기 때문에, 자신의 목적과 필요에 가장 적합한 도구를 선택하는 것이 중요합니다. 다음은 AI 이미지 생성 도구를 선택할 때 고려해야 할 주요 사항들입니다.

1) 사용 목적

먼저 도구를 어떤 목적으로 사용할 것인지 명확히 해야 합니다. 예술 작품 창작, 상업용 디자인, 개인 프로젝트 등 목적에 따라 적합한 도구가 다를 수 있습니다. 예를 들어, 예술적인 작품을 만들고 싶다면 Midjourney가 좋은 선택일 수 있고, 상업용 디자인에는 Adobe Firefly가 적합할 수 있습니다.

2) 사용자 친화성

도구의 인터페이스와 사용 방법이 얼마나 직관적이고 쉬운지 고려해야 합니다. 초보자라면 Canva나 DALL-E 2와 같이 사용하기 쉬운 도구를 선택하는 것이 좋습니다. 반면, 더 많은 제어와 커스터마이징을 원한다면 Stable Diffusion과 같은 고급 도구를 고려할 수 있습니다.

3) 이미지 품질과 스타일

각 도구마다 생성하는 이미지의 품질과 스타일이 다릅니다. Midjourney는 예술적이고 독특한 스타일로 유명하며, DALL-E 2는 사실적이고 정교한 이미지를 만들어냅니다. 원하는 이미지 스타일에 가장 잘 맞는 도구를 선택해야 합니다.

4) 비용

많은 AI 이미지 생성 도구들이 유료 서비스를 제공합니다. 예산에 맞는 도구를 선택해야 합니다. 일부 도구들은 무료 티어를 제공하므로, 처음에는 이를 활용해 도구를 테스트해볼 수 있습니다.

5) 생성 속도와 용량

이미지 생성 속도와 한 번에 생성할 수 있는 이미지의 수도 중요한 고려사항입니다. 대량의 이미지를 빠르게 생성해야 한다면 이에 적합한 도구를 선택해야 합니다.

6) 통합성

다른 소프트웨어나 워크플로우와의 통합 가능성을 고려해야 합니다. 예를 들어, Adobe 제품을 주로 사용한다면 Adobe Firefly가 좋은 선택일 수 있습니다.

7) 커뮤니티와 지원

활발한 사용자 커뮤니티가 있는 도구를 선택하면 문제 해결이나 팁 공유에 도움을 받을 수 있습니다. 또한 개발사의 지속적인 업데이트와 지원도 중요한 고려사항입니다.

8) 저작권 및 상업적 사용

생성된 이미지의 저작권과 상업적 사용 가능 여부를 확인해야 합니다. 일부 도구들은 상업적 사용에 제한이 있을 수 있으므로, 이용 약관을 꼭 확인해야 합니다.

9) 기술적 요구사항

일부 도구들은 높은 컴퓨팅 파워를 요구할 수 있습니다. 자신의 하드웨어 사양에 맞는 도구를 선택해야 합니다.

10) 개인정보 보호
일부 사용자들에게는 데이터 프라이버시가 중요한 이슈일 수 있습니다. 이 경우 로컬에서 실행 가능한 Stable Diffusion과 같은 도구를 고려할 수 있습니다.

이러한 요소들을 종합적으로 고려하여 자신에게 가장 적합한 AI 이미지 생성 도구를 선택하는 것이 중요합니다. 또한 기술이 빠르게 발전하고 있으므로, 새로운 도구들과 기능들을 지속적으로 탐색하고 학습하는 것이 좋습니다.

4. 계정 설정과 기본 인터페이스 이해
AI 이미지 생성 도구를 효과적으로 사용하기 위해서는 먼저 계정 설정과 기본 인터페이스를 이해하는 것이 중요합니다. 여기서는 대표적인 AI 이미지 생성 도구들의 계정 설정 방법, 기본 인터페이스, 그리고 각 도구의 특장점에 대해 설명하겠습니다.

1) 주요 도구별 특징 및 사용법
a) Midjourney:
- Discord 버전: https://discord.com/invite/midjourney
- 웹 버전: https://www.midjourney.com/
- Discord 계정 또는 이메일로 가입 가능합니다.
- Discord 버전: 채팅창에 "/imagine" 명령어와 함께 프롬프트를 입력합니다.
- 웹 버전: 직관적인 인터페이스로 프롬프트 입력과 이미지 생성이 가능합니다.
- 특장점: Midjourney는 예술적이고 독특한 스타일의 이미지 생성에 탁월하며, 최근 출시된 웹 버전을 통해 사용자 경험이 크게 개선되었습니다. 직관적인 인터페이스와 강력한 이미지 생성 능력으로 초보자부터 전문가까지 폭넓게 사용할 수 있습니다.

b) DALL-E 3:
- URL: https://labs.openai.com/

- OpenAI 계정으로 접속합니다.
- 웹 인터페이스에서 프롬프트를 입력하고 이미지를 생성합니다.
- 특장점: DALL-E 3는 복잡한 개념과 상황을 정확하게 시각화하는 능력이 뛰어나며, 특히 텍스트 이해력이 우수해 상세한 프롬프트에 대한 반응이 훌륭합니다. 또한 이미지 편집 기능을 제공하여 생성된 이미지를 쉽게 수정할 수 있습니다.

c) Stable Diffusion:
- 웹 기반 버전: https://stablediffusionweb.com/
- 최근 버전 업데이트로 웹 기반 인터페이스가 크게 개선되었습니다.
- 프롬프트 입력, 이미지 크기 설정, 생성 버튼 클릭으로 간단하게 이미지를 생성할 수 있습니다.
- 특장점: Stable Diffusion은 오픈소스로 제공되어 높은 자유도와 커스터마이징 가능성을 제공합니다. 최근 웹 기반 버전의 개선으로 초보자도 쉽게 접근할 수 있게 되었으며, 고급 사용자를 위한 세밀한 제어 옵션도 제공합니다.

d) Playground AI:
- URL: https://playgroundai.com/
- 이메일로 간단히 가입할 수 있습니다.
- "Create" 버튼을 클릭하여 새 이미지를 생성하거나 기존 이미지를 편집할 수 있습니다.
- 특장점: Playground AI는 사용자 친화적인 인터페이스와 다양한 AI 모델을 제공하여 초보자도 쉽게 고품질의 이미지를 생성할 수 있습니다. 또한 이미지 편집 기능이 강력하여 생성된 이미지를 세밀하게 수정할 수 있습니다.

e) Adobe Firefly:
- URL: https://firefly.adobe.com/
- Adobe 계정으로 로그인합니다.
- "Text to Image", "Text Effects", "Generative Fill" 등 다양한 기능을 제공합니다.

- 특장점: Adobe Firefly는 Adobe의 강력한 디자인 도구와의 통합성이 뛰어나며, 특히 상업적 사용에 적합한 이미지를 생성합니다. 텍스트 효과, 이미지 확장, 객체 제거 등 다양한 창의적 도구를 제공하여 전문적인 디자인 작업에 매우 유용합니다.

2) 기본 인터페이스 구성

대부분의 AI 이미지 생성 도구는 다음과 같은 요소로 구성됩니다:
a) 프롬프트 입력창: 원하는 이미지에 대한 설명을 텍스트로 입력하는 곳입니다.
b) 이미지 생성 버튼: 프롬프트 입력 후 이 버튼을 클릭하면 AI가 이미지를 생성합니다.
c) 설정 패널: 이미지 크기, 스타일, 생성 수 등을 조절할 수 있는 곳입니다.
d) 갤러리/결과 화면: 생성된 이미지들이 표시되는 영역입니다.
e) 도구 모음: 이미지 편집, 저장, 공유 등의 추가 기능을 제공하는 영역입니다.

3) 팁

- 각 도구의 공식 튜토리얼이나 가이드를 활용하세요.
- 커뮤니티 포럼이나 FAQ 섹션을 참고하여 다른 사용자들의 경험과 팁을 얻으세요.
- 각 도구의 특성을 이해하고, 자신의 목적에 가장 적합한 도구를 선택하세요.
- 인터페이스 탐색에 시간을 투자하여 각 기능을 충분히 이해하세요.- 정기적으로 업데이트를 확인하고 새로운 기능을 익히세요.

AI 이미지 생성 도구의 계정 설정과 기본 인터페이스를 이해하는 것은 효과적인 사용의 첫 걸음입니다. 각 도구의 고유한 특성과 강점을 활용하여 창의적인 이미지를 생성해보세요. 특히 Stable Diffusion의 웹 버전 개선으로 초보자들도 쉽게 접근할 수 있게 되었으니, 다양한 도구를 실험해보며 자신에게 가장 적합한 도구를 찾아보시기 바랍니다.

5. 효과적인 프롬프트 작성법

AI 이미지 생성 도구를 효과적으로 사용하기 위해서는 프롬프트 작성 능력이 매우 중요합니다. 프롬프트는 AI에게 어떤 이미지를 생성할지 지시하는 텍스트입니다. 잘 작성된 프롬프트는 원하는 이미지를 정확하게 얻는 데 핵심적인 역할을 합니다.

1) 구체적이고 상세하게 작성하기
- 원하는 이미지의 주제, 스타일, 구도, 색상 등을 구체적으로 명시합니다.
- 예: "해변의 고양이" 보다는 "햇살이 비치는 하와이 해변에서 선글라스를 쓰고 파란 서핑보드 위에 앉아있는 귀여운 하얀 페르시안 고양이"가 더 효과적입니다.

2) 키워드의 순서 고려하기
- 중요한 요소를 앞쪽에 배치합니다. AI는 일반적으로 앞에 나오는 단어에 더 큰 가중치를 둡니다.
- 예: "고양이, 해변, 선글라스, 서핑보드" 순으로 배치합니다.

3) 스타일 및 아티스트 참조하기
- 특정 아티스트나 예술 스타일을 언급하면 원하는 분위기를 더 잘 표현할 수 있습니다.
- 예: "반 고흐 스타일의", "팝아트 스타일로", "스튜디오 지브리 애니메이션 스타일의" 등

4) 부정적 프롬프트 활용하기
- 원하지 않는 요소를 명시적으로 제외할 수 있습니다.
- 예: "사람 없는", "텍스트 없는", "흑백 아님" 등

5) 이미지 품질 관련 키워드 사용하기
- "고해상도", "세부 묘사", "사실적인", "초현실적인" 등의 키워드를 사용하여

이미지 품질을 향상시킬 수 있습니다.

6) 구도와 관점 지정하기
- "클로즈업", "광각 샷", "조감도", "정면 샷" 등의 표현을 사용하여 원하는 구도를 명시합니다.

7) 조명과 분위기 설정하기
- "따뜻한 조명", "어두운 분위기", "네온 불빛", "황혼" 등의 표현으로 원하는 분위기를 만들 수 있습니다.

8) 시대나 장소 특정하기
- "1920년대 뉴욕", "중세 유럽", "미래의 도쿄" 등으로 시간과 장소를 명확히 합니다.

9) 재질과 텍스처 명시하기
- "유리", "금속", "벨벳", "나무" 등의 재질을 언급하여 더 풍부한 이미지를 만들 수 있습니다.

10) 실험과 반복
- 완벽한 결과를 얻기 위해서는 여러 번의 시도가 필요할 수 있습니다. 프롬프트를 조금씩 수정해가며 최적의 결과를 찾아갑니다.

11) AI 모델별 특성 이해하기
- 각 AI 모델마다 강점이 다르므로, 사용하는 도구의 특성을 이해하고 그에 맞는 프롬프트를 작성합니다.

12) 문법과 구두점 주의하기
- 일부 AI 모델은 문법과 구두점에 민감할 수 있으므로, 정확한 표현을 사용

합니다. 위의 주의점을 반영해서 이미지생성 프롬프트를 아래와 같이 구성해 보았습니다. 달리3과 미드저니에서 어떻게 표현되는지 그 차이점을 비교해보세요.

효과적인 프롬프트 작성은 연습과 경험을 통해 향상됩니다. 다양한 시도를 해보고, 커뮤니티에서 다른 사용자들의 프롬프트를 참고하며 자신만의 스타일을 개발해 나가는 것이 중요합니다.

영어: "A whimsical treehouse village in a giant baobab tree, with tiny fairy lights and rope bridges connecting the houses. Soft pastel colors, Studio Ghibli animation style, detailed textures. Aspect ratio 9:16."

한글: "거대한 바오밥 나무에 있는 기발한 나무 집 마을. 작은 요정 불빛과 집들을 연결하는 밧줄 다리가 있음. 부드러운 파스텔 색상, 스튜디오 지브리 애니메이션 스타일, 세밀한 질감. 화면 비율 9:16."

영어: "A steampunk-inspired flying ship soaring through clouds at sunset, brass and copper details gleaming, steam billowing from pipes. Victorian-era passengers on deck. Hyper-detailed, cinematic lighting. Aspect ratio 16:9."

한글: "일몰 때 구름을 뚫고 날아가는 스팀펑크 풍의 비행선, 빛나는 황동과 구리 디테일, 파이프에서 뿜어져 나오는 증기. 갑판 위의 빅토리아 시대 승객들. 초세밀한, 영화적 조명. 화면 비율 16:9."

영어: "An underwater city in a giant glass dome, bioluminescent sea creatures swimming around. Futuristic architecture blends with coral reefs. Deep blue ocean background. Aspect ratio 1:1."

한글: "거대한 유리 돔 안의 수중 도시, 주변을 헤엄치는 생물 발광 해양 생물들. 미래적인 건축물이 산호초와 조화를 이룸. 깊고 푸른 바다 배경. 화면 비율 1:1."

영어: "A vibrant market scene in Marrakech, Morocco. Colorful spices piled high, intricate carpets hanging, bustling crowd in traditional clothing. Warm, golden afternoon light. Highly detailed, wide-angle view. Aspect ratio 3:2."

한글: "모로코 마라케시의 활기찬 시장 장면. 높이 쌓인 다채로운 향신료, 걸려 있는 정교한 카펫, 전통 의상을 입은 분주한 군중. 따뜻하고 황금빛 오후 조명. 매우 상세한, 광각 뷰. 화면 비율 3:2."

영어: "A solitary lighthouse on a rocky cliff during a thunderstorm at night. Powerful waves crashing below, lightning illuminating the sky. Dramatic, moody atmosphere in the style of William Turner. Aspect ratio 4:5."

한글: "밤 폭풍우 중 바위 절벽 위의 고독한 등대. 아래에서 격렬하게 부서지는 파도, 하늘을 밝히는 번개. 윌리엄 터너 스타일의 극적이고 분위기 있는 분위기. 화면 비율 4:5."

영어: "A futuristic vertical farm in a megacity, skyscrapers covered in lush greenery. Flying drones tending to plants, people in hover-pods inspecting crops. Bright, clean aesthetic with pops of vibrant plant colors. Aspect ratio 2:1."

한글: "메가시티의 미래적인 수직 농장, 울창한 녹색 식물로 덮인 고층 건물들. 식물을 돌보는 비행 드론, 공중 포드에서 작물을 검사하는 사람들. 선명하고 깨끗한 미학과 생생한 식물 색상의 포인트. 화면 비율 2:1."

또한, 각 AI 도구의 특성을 이해하고 그에 맞는 프롬프트 작성법을 익히는 것도 도움이 됩니다. 프롬프트 작성 능력을 향상시키면, AI 이미지 생성 도구를 통해 더욱 창의적이고 정확한 이미지를 만들어낼 수 있을 것입니다.

6. 이미지 변형 및 고급 기능 활용

AI 이미지 생성 도구를 마스터하기 위해서는 기본적인 이미지 생성 외에도 다양한 변형 기능과 고급 기능을 활용할 줄 알아야 합니다. 이러한 기능들을 잘 활용하면 더욱 정교하고 창의적인 이미지를 만들 수 있습니다.

1) 이미지 변형 (Variations)

- 대부분의 AI 이미지 생성 도구는 생성된 이미지를 바탕으로 변형을 만들 수 있는 기능을 제공합니다.
- 이 기능을 사용하면 원본 이미지의 주요 요소는 유지하면서 새로운 버전을 탐색할 수 있습니다.
- 예를 들어, Midjourney에서는 생성된 이미지 아래의 V1, V2, V3, V4 버튼을 클릭하여 변형을 만들 수 있습니다.

영어: "A majestic lion standing on a cliff overlooking a savanna at sunset, dramatic lighting --v 4 --upbeta --ar 16:9"

한글: "일몰 때 사바나를 내려다보는 절벽 위에 서 있는 위엄 있는 사자, 극적인 조명 --v 4 --upbeta --ar 16:9"

설명: 이 프롬프트는 Midjourney에서 사용할 수 있으며, "--v 4"는 버전 4 모델을 사용하라는 의미이고, "--upbeta"는 고품질 업스케일링을 적용하라는 것이며, "--ar 16:9"는 이미지 비율을 16:9로 설정하라는 의미입니다.

2) 업스케일링 (Upscaling)

- 생성된 이미지의 해상도를 높이는 기능입니다.
- 이를 통해 더 선명하고 상세한 이미지를 얻을 수 있으며, 큰 크기로 출력하거나 사용할 때 유용합니다.
- 대부분의 도구에서 생성된 이미지 옆에 있는 'Upscale' 또는 'HD' 버튼을 통해 이용할 수 있습니다.

영어: "A detailed portrait of an elderly wise man with deep wrinkles and kind eyes --upbeta"

한글: "깊은 주름과 친절한 눈을 가진 노인의 상세한 초상화 --upbeta"

설명: Midjourney에서 "--upbeta" 옵션을 사용하여 고품질 업스케일링을 적용합니다.

3) 인페인팅 (Inpainting)
- 이미지의 특정 부분만 선택하여 수정하거나 새로 생성할 수 있는 기능입니다.
- 예를 들어, 배경은 그대로 두고 인물만 바꾸거나, 특정 오브젝트를 추가/제거할 수 있습니다.
- DALL-E와 Stable Diffusion에서 주로 사용되는 기능입니다.

영어: "Replace the car with a futuristic hovering vehicle"

한글: "자동차를 미래적인 공중 부양 차량으로 대체"

설명: 이는 기존 이미지에서 자동차 부분만 선택하여 새로운 요소로 대체하는 인페인팅 예시입니다. DALL-E나 Stable Diffusion의 인페인팅 기능을 사용할 때 적용할 수 있습니다.

4) 아웃페인팅 (Outpainting)
- 기존 이미지의 외부 영역을 확장하여 더 큰 이미지를 만드는 기능입니다.
- 이를 통해 원본 이미지의 스타일과 일관성을 유지하면서 이미지를 확장할 수 있습니다.

영어: "Expand this image of a cozy living room to show more of the surrounding space and add a fireplace on the right side"

한글: "아늑한 거실 이미지를 확장하여 주변 공간을 더 보여주고 오른쪽에 벽난로를 추가"

설명: 이는 DALL-E나 Stable Diffusion의 아웃페인팅 기능을 사용할 때 적용할 수 있는 프롬프트입니다.

5) 이미지 블렌딩 (Image Blending)
- 두 개 이상의 이미지를 결합하여 새로운 이미지를 만드는 기능입니다.
- 각 이미지의 특성을 혼합하여 독특한 결과물을 얻을 수 있습니다.

영어: "Blend an image of a lion with an image of a galaxy to create a cosmic lion"

한글: "사자 이미지와 은하 이미지를 블렌딩하여 우주적인 사자 만들기"

설명: 이는 두 개의 서로 다른 이미지를 결합하여 새로운 이미지를 만드는 블렌딩 기능의 예시입니다.

6) 스타일 전이 (Style Transfer)
- 한 이미지의 내용을 유지하면서 다른 이미지의 스타일을 적용하는 기능입니다.
- 예를 들어, 풍경 사진을 반 고흐 스타일의 그림으로 변환할 수 있습니다.

영어: "Transform this landscape into the style of Van Gogh's 'Starry Night'"

한글: "이 풍경을 반 고흐의 '별이 빛나는 밤'의 스타일로 변형"

설명: 이는 기존 풍경 이미지에 특정 화가의 스타일을 적용하는 스타일 전이 예시입니다.

7) 프롬프트 가중치 조절

- 프롬프트 내의 특정 단어나 구문에 가중치를 부여하여 이미지 생성에 미치는 영향을 조절할 수 있습니다.
- 예: Midjourney에서 "::2"를 단어 뒤에 붙여 해당 요소의 중요도를 두 배로 높일 수 있습니다.

영어: "A cyberpunk city street at night, neon lights::2 rain-slicked roads::1.5 flying cars::0.5"

한글: "밤의 사이버펑크 도시 거리, 네온 불빛::2 비에 젖은 도로::1.5 날아다니는 자동차::0.5"

설명: Midjourney에서 사용할 수 있는 이 프롬프트는 "네온 불빛"에 가장 높은 가중치를, "비에 젖은 도로"에 중간 가중치를, "날아다니는 자동차"에 가장 낮은 가중치를 부여합니다.

8) 시드 값 (Seed) 활용

- 동일한 프롬프트로 여러 번 이미지를 생성할 때, 시드 값을 고정하면 일관된 결과를 얻을 수 있습니다.
- 이는 특정 스타일이나 캐릭터의 일관성을 유지하고자 할 때 유용합니다.

영어: "A mystical forest with glowing mushrooms and fairy lights --seed 1234"

한글: "빛나는 버섯과 요정 불빛이 있는 신비로운 숲 --seed 1234"

설명: "--seed 1234"와 같이 특정 시드 값을 지정하면, 같은 프롬프트로 이미지를 다시 생성할 때 일관된 결과를 얻을 수 있습니다.

9) 네거티브 프롬프트 (Negative Prompt)

- 원하지 않는 요소를 명시적으로 제외할 수 있는 기능입니다.
- 예: "사람 없는", "텍스트 없는" 등의 표현을 사용하여 특정 요소를 배제할 수 있습니다.

영어: "A serene beach at sunrise --no people --no buildings"

한글: "일출 때의 평온한 해변 --사람 없음 --건물 없음"

설명: 이 프롬프트는 해변 이미지를 생성하되, 사람과 건물이 포함되지 않도록 지정합니다.

10) 배치 처리 (Batch Processing)

- 한 번에 여러 이미지를 생성하는 기능입니다.
- 다양한 결과물을 빠르게 탐색하고 비교할 수 있어 효율적입니다.

영어: "A red sports car on a winding mountain road --n 4"

한글: "구불구불한 산길을 달리는 빨간 스포츠카 --n 4"

설명: Midjourney에서 "--n 4" 옵션을 사용하면 한 번에 4개의 이미지를 생성합니다. 다른 AI 도구들도 유사한 배치 처리 옵션을 제공할 수 있습니다.

이러한 고급 기능들을 잘 활용하면 AI 이미지 생성 도구의 잠재력을 최대한 끌어올릴 수 있습니다. 각 도구마다 제공하는 기능이 조금씩 다를 수 있으므로, 사용하는 도구의 공식 문서나 튜토리얼을 참고하여 해당 도구의 특성을 잘 이해하고 활용하는 것이 중요합니다. 또한, 이러한 기능들을 실험하고 조합해보면서 자신만의 독특한 워크플로우를 개발해 나가는 것도 좋은 방법입니다.

 의도한 이미지를 정확히 생성하는 프롬프트와 파라미터 전략

1. 프롬프트 구조와 주요 파라미터 이해

프롬프트 엔지니어링은 AI 이미지 생성의 핵심입니다. 효과적인 프롬프트를 작성하기 위해서는 그 구조와 주요 파라미터를 이해해야 합니다. 여기서는 일반적인 프롬프트 구조와 주요 파라미터에 대해 설명하겠습니다.

1) 기본 프롬프트 구조
[주제] [스타일] [구도] [조명] [세부 사항] [추가 파라미터]
예: "A majestic lion (주제) in a realistic oil painting style (스타일) standing on a cliff (구도) under dramatic sunset lighting (조명) with detailed fur texture (세부 사항) --ar 16:9 (추가 파라미터)"

2) 주요 구성 요소
  a) **주제: 이미지의 핵심 내용을 설명합니다.**
  예: "A red sports car", "A beautiful landscape"
  b) **스타일: 원하는 예술 스타일이나 기법을 지정합니다.**
  예: "in the style of Van Gogh", "photorealistic", "anime style"
  c) **구도: 이미지의 구도나 앵글을 설명합니다.**
  예: "wide-angle shot", "close-up view", "bird's-eye perspective"
  d) **조명: 원하는 조명 효과를 지정합니다.**

예: "soft ambient lighting", "dramatic backlighting", "neon glow"

e) 세부 사항: 이미지에 포함하고 싶은 구체적인 요소들을 설명합니다.

예: "with intricate details", "showing texture of the skin"

3) 주요 파라미터

a) 화면 비율 (Aspect Ratio)

예: "--ar 16:9", "--ar 1:1", "--ar 9:16"

b) 스타일 가중치

예: "realistic::0.5 cartoon::1.5"

c) 시드 값 (Seed)

예: "--seed 1234"

d) 이미지 품질

예: "--q 2" (높은 품질), "--q 1" (일반 품질)

e) 버전 선택

예: "--v 4" (버전 4 모델 사용)

f) 네거티브 프롬프트:

예: "--no trees", "--no people"

4) 프롬프트 작성 시 주의사항

a) 명확성 : 모호한 표현을 피하고 구체적으로 설명합니다.

b) 순서: 중요한 요소를 앞쪽에 배치합니다.

c) 간결성: 불필요한 단어는 제거하고 핵심만 남깁니다.

d) 일관성: 모순되는 지시사항을 피합니다.

5) 고급 기법

a) 중첩 프롬프트: 괄호를 사용해 복잡한 개념을 표현합니다.

예: "A (cyberpunk cityscape with neon lights) in the style of (a watercolor painting)"

b) 가중치 조절: 특정 요소의 중요도를 조절합니다.
예: "A forest::1.5 with a small cabin::0.5"
c) 혼합 프롬프트: 여러 개념을 결합합니다.
예: "50% lion, 50% eagle"

프롬프트 구조와 파라미터를 잘 이해하고 활용하면, 원하는 이미지를 더 정확하게 생성할 수 있습니다. 다양한 실험을 통해 자신만의 프롬프트 작성 스타일을 개발하는 것이 중요합니다. 또한, 각 AI 도구마다 지원하는 파라미터와 문법이 조금씩 다를 수 있으므로, 사용하는 도구의 공식 문서를 참고하는 것도 잊지 마세요.

2. 목적에 맞는 프롬프트 최적화 전략

프롬프트 최적화는 원하는 이미지를 정확하게 얻기 위한 핵심 과정입니다. 목적에 따라 프롬프트를 최적화하는 전략은 다음과 같습니다:

1) 구체적인 이미지 생성
- 상세한 설명 사용: 색상, 형태, 질감 등을 구체적으로 명시합니다.
- 예: "A vibrant red apple with a glossy surface and a single green leaf, sitting on a wooden table"

2) 특정 스타일 구현
- 아티스트나 예술 운동 언급: 원하는 스타일과 유사한 작품이나 작가를 참조합니다.
- 예: "A cityscape in the style of Vincent van Gogh's 'Starry Night'"

3) 분위기 설정
- 감정적 키워드 사용: 원하는 분위기를 표현하는 형용사를 활용합니다.
- 예: "A mysterious, fog-covered forest at twilight with eerie,

glowing eyes peeking through the trees"

4) 복잡한 장면 묘사
- 구조화된 프롬프트 작성: 주요 요소를 순차적으로 나열합니다.
- 예: "A bustling market scene: 1) Colorful stalls, 2) Diverse crowd, 3) Street performers, 4) Traditional architecture in the background"

5) 추상적 개념 표현
- 은유와 상징 활용: 추상적 아이디어를 구체적인 이미지로 연결합니다.
- 예: "The concept of time: a melting clock surrounded by swirling galaxies and hourglasses"

6) 제품 디자인
- 기능과 형태 명시: 제품의 주요 특징과 용도를 설명합니다.
- 예: "A sleek, futuristic smartphone design with a flexible, transparent screen and holographic interface"

7) 캐릭터 디자인
- 외모와 성격 묘사: 캐릭터의 물리적 특징과 성격을 결합합니다.
- 예: "A wise, elderly wizard with long silver beard, twinkling blue eyes, wearing ornate purple robes"

8) 풍경 생성
- 원근법과 구도 지정: 화면의 구성을 명확히 설명합니다.
- 예: "A sweeping mountain landscape with snow-capped peaks in the background, a crystal-clear lake in the middle ground, and a pine forest in the foreground"

9) 역사적 장면 재현
- 시대적 요소 포함: 특정 시대의 복장, 건축, 기술 등을 언급합니다.
- 예: "A scene from ancient Rome: gladiators preparing for battle in the Colosseum, surrounded by cheering crowds in togas"

10) 과학적 개념 시각화
- 정확한 용어 사용: 과학적 원리나 구조를 정확히 설명합니다.
- 예: "A detailed cross-section of a human cell, showing the nucleus, mitochondria, and other organelles with vibrant colors"

프롬프트 최적화는 지속적인 실험과 반복을 통해 이루어집니다. 생성된 이미지를 분석하고, 프롬프트를 조금씩 수정해가며 원하는 결과에 가까워질 수 있습니다. 또한, AI 모델의 특성을 이해하고, 각 모델에 맞는 프롬프트 작성법을 익히는 것도 중요합니다. 끊임없는 학습과 실험을 통해 프롬프트 작성 능력을 향상시키면, 더욱 정교하고 창의적인 이미지를 생성할 수 있을 것입니다.

3. 일관된 스타일과 캐릭터 유지 기법

AI 이미지 생성에서 일관된 스타일과 캐릭터를 유지하는 것은 중요한 과제입니다. 특히 여러 장의 이미지를 연속적으로 생성할 때 이는 더욱 중요해집니다. 다음은 일관성을 유지하기 위한 기법들입니다:

1) 스타일 가이드 작성
- 핵심 스타일 요소를 정의하고 문서화합니다.
- 예: "Cyberpunk style: Neon colors, high contrast, futuristic technology, urban decay"

2) 기본 프롬프트 템플릿 사용
- 모든 이미지에 공통적으로 적용할 기본 프롬프트를 만듭니다.

- 예: "In the style of Studio Ghibli animation, soft pastel colors, detailed backgrounds"

3) 특정 아티스트나 작품 참조
- 일관된 스타일을 위해 특정 아티스트나 작품을 언급합니다.
- 예: "In the style of Monet's impressionist paintings"

4) 색상 팔레트 지정
- 사용할 주요 색상을 프롬프트에 포함시킵니다.
- 예: "Using a color palette of deep blues, purples, and silver accents"

5) 시드 값(Seed) 활용
- 동일한 시드 값을 사용하여 유사한 스타일을 유지합니다.
- 예: "--seed 1234" (도구에 따라 문법이 다를 수 있음)

6) 캐릭터 설명 일관성 유지
- 캐릭터의 주요 특징을 항상 동일하게 설명합니다.
- 예: "A young woman with long red hair, green eyes, and freckles, wearing a blue dress"

7) 배경 요소 일관성
- 주요 배경 요소를 일관되게 포함시킵니다.
- 예: "In a futuristic city with floating skyscrapers and hovering vehicles"

8) 조명과 분위기 유지
- 일관된 조명 조건과 분위기를 지정합니다.
- 예: "Bathed in warm, golden sunset light with long shadows"

9) 텍스처와 재질 일관성

- 특정 텍스처나 재질을 일관되게 사용합니다.
- 예: "With a watercolor painting effect, visible brush strokes and paper texture"

10) 구도와 앵글 일관성

- 유사한 구도나 카메라 앵글을 유지합니다.
- 예: "Viewed from a low angle, with dramatic perspective"

11) 네거티브 프롬프트 활용

- 원치 않는 요소를 일관되게 제외합니다.
- 예: "--no text, --no humans" (도구에 따라 문법이 다를 수 있음)

12) 이미지 시리즈 생성 시 번호 매기기

- 연속된 이미지임을 AI에게 알립니다.
- 예: "Image 1 of 5: [설명]", "Image 2 of 5: [설명]" 등

13) 스타일 전이 기술 활용

- 첫 번째 이미지를 기준으로 스타일을 전이합니다.
- 예: "Create an image in the exact style of [첫 번째 이미지 링크]"

14) 프롬프트 요소의 일관된 순서

- 프롬프트 내 요소들의 순서를 항상 동일하게 유지합니다.
- 예: [주제] [스타일] [조명] [구도] [세부 사항]

15) 정기적인 결과 검토 및 조정

- 생성된 이미지들을 주기적으로 검토하고 필요시 프롬프트를 미세 조정합니다.

이러한 기법들을 조합하여 사용하면 일관된 스타일과 캐릭터를 유지하는 데 도움이 될 것입니다. 그러나 AI의 특성상 완벽한 일관성을 보장하기는 어려우므로, 필요에 따라 수동으로 이미지를 선별하거나 후처리하는 과정이 필요할 수 있습니다. 지속적인 실험과 경험을 통해 자신만의 효과적인 일관성 유지 전략을 개발해 나가는 것이 중요합니다.

4. 구도와 원칙을 AI 프롬프트에 적용하기

전통적인 아트 기법의 구도와 원칙을 AI 프롬프트에 적용하면 더욱 효과적이고 미학적으로 우수한 이미지를 생성할 수 있습니다. 다음은 주요 구도 원칙과 이를 AI 프롬프트에 적용하는 방법입니다:

1) 삼분할 법칙
- 프롬프트: "A landscape with a lone tree positioned at the right third of the image, with mountains in the background"
- 설명: 화면을 3x3 그리드로 나누어 주요 요소를 교차점에 배치합니다.

2) 황금비율
- 프롬프트: "A spiral seashell following the golden ratio, centered in the composition"
- 설명: 약 1:1.618의 비율을 사용하여 조화로운 구도를 만듭니다.

3) 대각선 구도
- 프롬프트: "A dramatic cityscape with skyscrapers forming a diagonal line from bottom left to top right"
- 설명: 대각선을 이용해 역동적인 느낌을 줍니다.

4) 프레이밍
- 프롬프트: "A view of a castle through an arched stone window, with

vines framing the edges"
  - 설명: 주제를 프레임 안에 배치하여 주목도를 높입니다.

5) 중심 구도
  - 프롬프트: "A single red rose in full bloom, centered in the frame against a blurred background"
  - 설명: 주요 소재를 화면 중앙에 배치하여 강조합니다.

6) 대칭 구도
  - 프롬프트: "A perfectly symmetrical butterfly, its wings spread wide, reflected in still water below"
  - 설명: 좌우 또는 상하 대칭을 이용해 안정감을 줍니다.

7) 리드인 라인
  - 프롬프트: "A winding path through a forest, leading the eye to a small cottage in the distance"
  - 설명: 시선을 유도하는 선을 사용하여 깊이감을 만듭니다.

8) 반복과 패턴
  - 프롬프트: "A flock of birds in V-formation flying across a sunset sky, creating a repeating pattern"
  - 설명: 요소의 반복을 통해 리듬감을 만듭니다.

9) 비대칭 균형
  - 프롬프트: "A large tree on the left side of the image, balanced by a small group of people on the right"
  - 설명: 크기나 무게가 다른 요소들로 균형을 맞춥니다.

10) 네거티브 스페이스
- 프롬프트: "A single red balloon floating in a vast, empty blue sky, occupying only a small portion of the frame"
- 설명: 빈 공간을 활용하여 주제를 강조합니다.

이러한 구도 원칙들을 프롬프트에 적용할 때는 명확하고 구체적인 언어를 사용하는 것이 중요합니다. 또한, 여러 원칙을 조합하여 더 복잡하고 흥미로운 구도를 만들 수 있습니다. AI가 이러한 지시를 완벽하게 따르지 않을 수 있으므로, 여러 번의 시도와 미세한 조정이 필요할 수 있습니다. 구도 원칙을 적용한 프롬프트로 생성된 이미지를 분석하고, 필요에 따라 프롬프트를 수정하는 과정을 통해 원하는 결과에 더 가까워질 수 있습니다.

5. 색상, 조명, 형태의 이해와 AI 활용

색상, 조명, 형태는 시각 예술의 핵심 요소입니다. 이들을 이해하고 AI 프롬프트에 효과적으로 적용하면 더욱 인상적인 이미지를 생성할 수 있습니다.

1) 색상
  a) 색상 이론 적용
  - 프롬프트: "A painting using complementary colors: vibrant orange sunset sky contrasting with a deep blue ocean"
  b) 색상 화합
  - 프롬프트: "A serene landscape using a harmonious analogous color scheme of greens and blues"
  c) 색상 심리
  - 프롬프트: "A cozy interior scene with warm, inviting colors like soft yellows and muted oranges"
  d) 색상 강조
  - 프롬프트: "A black and white cityscape with a single red umbrella

as a focal point"

2) 조명
a) 자연광
- 프롬프트: "A sunlit forest scene with dappled light filtering through the leaves, creating a play of light and shadow"

b) 인공광
- 프롬프트: "A noir-style detective's office lit by a single, harsh desk lamp, casting dramatic shadows"

c) 분위기 조명
- 프롬프트: "A romantic candlelit dinner scene with soft, warm glowing light"

d) 실루엣
- 프롬프트: "A silhouette of a person standing on a hilltop against a bright, colorful sunset sky"

3) 형태
a) 기하학적 형태
- 프롬프트: "An abstract composition using geometric shapes: circles, triangles, and squares in bold colors"

b) 유기적 형태
- 프롬프트: "A flowing, organic sculpture inspired by natural forms like waves and leaves"

c) 형태와 공간
- 프롬프트: "A minimalist room interior emphasizing clean lines and negative space"

d) 형태 대비
- 프롬프트: "A still life composition contrasting soft, round fruits with angular, metallic objects"

4) 색상, 조명, 형태의 조합
a) 색상과 조명
- 프롬프트: "A moody street scene at dusk, with cool blue shadows contrasting warm orange street lights"

b) 조명과 형태
- 프롬프트: "A sculpture garden at night, with spotlights accentuating the curves and angles of modern art pieces"

c) 형태와 색상
- 프롬프트: "An Art Deco poster design with bold geometric shapes in a limited color palette of gold, black, and deep green"

5) 고급 기법
a) 색상 그라데이션
- 프롬프트: "A sunset beach scene with a smooth color gradient from deep purple to warm orange in the sky"

b) 복합 조명
- 프롬프트: "An indoor-outdoor scene where cool moonlight from a window meets warm indoor lamplight"

c) 형태의 변형
- 프롬프트: "A surrealist painting where everyday objects morph into unexpected shapes"

6) 스타일 특화
a) 인상주의
- 프롬프트: "An Impressionist-style garden scene with visible brushstrokes and a focus on light and color over detail"

b) 큐비즘
- 프롬프트: "A Cubist portrait breaking down facial features into

geometric planes and multiple perspectives"

c) 팝 아트
- 프롬프트: "A Pop Art-inspired image of a famous celebrity using bright, flat colors and bold outlines"

이러한 요소들을 AI 프롬프트에 적용할 때는 구체적이고 설명적인 언어를 사용하는 것이 중요합니다. 색상, 조명, 형태에 대한 이해를 바탕으로 프롬프트를 작성하면, AI가 더욱 섬세하고 의도에 맞는 이미지를 생성할 수 있습니다. 또한, 이러한 요소들을 다양하게 조합하고 실험해보면서 독창적이고 인상적인 이미지를 만들어낼 수 있습니다.

6. AI로 구현하는 다양한 아트 스타일

AI를 활용하여 다양한 전통적 아트 스타일을 구현할 수 있습니다. 각 스타일의 특징을 이해하고 이를 프롬프트에 적절히 적용하면, AI가 해당 스타일을 모방한 이미지를 생성할 수 있습니다. 다음은 주요 아트 스타일과 이를 AI 프롬프트에 적용하는 방법입니다:

1) 인상주의
- 특징: 빛과 색의 효과, 느슨한 붓 터치, 일상적인 주제
- 프롬프트: "A garden scene in the style of Claude Monet, with soft, blurred brushstrokes capturing the play of light on flowers and water"

2) 입체주의
- 특징: 다중 관점, 기하학적 형태, 평면적 구성
- 프롬프트: "A Cubist still life in the style of Pablo Picasso, featuring a guitar and fruit bowl broken down into geometric shapes and multiple perspectives"

3) 초현실주의
- 특징: 비현실적 이미지, 꿈같은 장면, 상징주의
- 프롬프트: "A surrealist landscape in the style of Salvador Dali, with melting clocks draped over barren tree branches in a desert setting"

4) 팝 아트
- 특징: 대중문화 이미지, 밝은 색상, 반복 패턴
- 프롬프트: "A Pop Art portrait of Marilyn Monroe in the style of Andy Warhol, using bold, flat colors and repeated images in a grid layout"

5) 추상 표현주의
- 특징: 비구상적 형태, 강렬한 색채, 즉흥적인 표현
- 프롬프트: "An abstract expressionist painting in the style of Jackson Pollock, with dynamic drips and splatters of vibrant colors on a large canvas"

6) 르네상스
- 특징: 원근법, 해부학적 정확성, 종교적/신화적 주제
- 프롬프트: "A Renaissance-style painting of The Last Supper, with perfect perspective, detailed figures, and rich, warm colors reminiscent of Leonardo da Vinci"

7) 아르누보
- 특징: 유기적 곡선, 자연 모티프, 장식적 요소
- 프롬프트: "An Art Nouveau poster design featuring a beautiful woman surrounded by flowing, organic floral patterns, in the style of Alphonse Mucha"

8) 미니멀리즘
- 특징: 단순한 형태, 제한된 색상, 공간 활용
- 프롬프트: "A minimalist composition with a single red square centered on a white background, inspired by Kazimir Malevich's 'Red Square'"

9) 포인틸리즘
- 특징: 점묘법, 색점의 조합, 광학적 혼합
- 프롬프트: "A pointillist landscape of a riverbank in the style of Georges Seurat, composed entirely of tiny dots of pure color"

10) 바로크
- 특징: 극적인 조명, 풍부한 색채, 복잡한 구도
- 프롬프트: "A Baroque-style portrait with dramatic chiaroscuro lighting, rich fabrics, and ornate background details, inspired by Rembrandt"

11) 표현주의
- 특징: 감정적 강조, 왜곡된 형태, 강렬한 색상
- 프롬프트: "An Expressionist cityscape with distorted buildings and intense, emotional use of color, in the style of Edvard Munch"

12) 옵 아트
- 특징: 기하학적 패턴, 착시 효과, 흑백 대비
- 프롬프트: "An Op Art composition with black and white geometric patterns creating a mesmerizing optical illusion, inspired by Bridget Riley"

이러한 프롬프트를 사용할 때, 해당 스타일의 대표적인 작가나 작품을 언급하면 AI가 더 정확하게 스타일을 파악하고 구현할 수 있습니다. 또한, 각 스타일의 핵심 특징을 구체적으로 설명하는 것이 중요합니다. AI는 이러한 지시를 바탕으로 해당 스타일을 모방한 이미지를 생성하지만, 완벽한 재현은 어려울 수 있습니다.

따라서 여러 번의 시도와 프롬프트 조정이 필요할 수 있습니다. 다양한 아트 스타일을 실험해보고, 각 스타일의 특징을 조합하여 새로운 하이브리드 스타일을 만들어보는 것도 흥미로운 접근 방법이 될 수 있습니다.

돈 되는 디자인: AI 도구로 콘텐츠 제작하기

1. 목적별 AI 이미지 제작 워크플로우

AI 이미지 제작의 효율성을 높이기 위해서는 목적에 맞는 워크플로우를 설계하는 것이 중요합니다. 여기서는 주요 목적별로 최적화된 워크플로우를 소개합니다.

1) 상업용 일러스트레이션 제작

a) 기획 및 아이디어 스케치 b) 초기 이미지 생성 (Midjourney 또는 DALL-E 사용) c) 이미지 선별 및 수정 지시 d) 세부 조정 및 변형 생성 e) 클라이언트 피드백 반영 f) 최종 이미지 선정 및 후처리

2) 책 표지 디자인

a) 책 내용 분석 및 컨셉 설정 b) 키워드 추출 및 프롬프트 작성 c) 다양한 표지 옵션 생성 (Midjourney 사용) d) 텍스트 및 타이포그래피 추가 (Photoshop 사용) e) 출판사 검토 및 수정 f) 최종 디자인 선정 및 인쇄 준비

3) 캐릭터 디자인

a) 캐릭터 설정 및 특징 정의 b) 초기 캐릭터 이미지 생성 (Artbreeder 사용) c) 스타일 및 포즈 변형 (Midjourney 사용) d) 세부 특징 조정 (DALL-E 사용) e) 다양한 표정과 포즈 생성 f) 캐릭터 설정집 제작

4) 제품 목업 이미지

a) 제품 스펙 및 특징 분석 b) 기본 제품 이미지 생성 (DALL-E 사용) c) 배경 및 환경 설정 (Midjourney 사용) d) 제품 세부 사항 조정 (Photoshop 사용) e) 다양한 각도 및 사용 상황 이미지 생성 f) 최종 이미지 선별 및 품질 개선

5) 소셜 미디어 콘텐츠

a) 콘텐츠 주제 및 목적 설정 b) 주요 비주얼 요소 정의 c) 다양한 구도의 이미지 생성 (Midjourney 사용) d) 텍스트 및 그래픽 요소 추가 (Canva 사용) e) A/B 테스트를 위한 변형 생성 f) 성과 분석 및 최적화

6) 영화 또는 게임 컨셉 아트

a) 시나리오 또는 게임 설정 분석 b) 주요 장면 또는 환경 컨셉 정의 c) 초기 이미지 생성 (Stable Diffusion 사용) d) 스타일 및 분위기 조정 (Midjourney 사용) e) 세부 요소 추가 및 수정 (Photoshop 사용) f) 디렉터 또는 개발팀 피드백 반영 및 최종화

7) 패턴 및 텍스처 디자인

a) 디자인 컨셉 및 용도 정의 b) 기본 패턴 요소 생성 (DALL-E 사용) c) 패턴 반복 및 변형 (Midjourney 사용) d) 색상 및 대비 조정 (Adobe Color 사용) e) 다양한 적용 예시 이미지 생성 f) 최종 패턴 선정 및 파일 준비

각 워크플로우는 프로젝트의 특성과 요구사항에 따라 조정될 수 있습니다. 중요한 것은 각 단계에서 가장 적합한 도구를 선택하고, 효율적으로 작업을 진행하는 것입니다. 또한, 피드백과 수정 과정을 충분히 고려하여 워크플로우를 설계해야 합니다. AI 도구의 특성을 잘 이해하고, 각 도구의 장점을 최대한 활용하는 것이 효과적인 워크플로우 구축의 핵심입니다.

2. AI 도구 간 연계를 통한 고급 이미지 생성

AI 이미지 생성 도구들을 효과적으로 연계하여 사용하면, 각 도구의 장점을 극대화하고 더욱 고품질의 이미지를 생성할 수 있습니다. 다음은 AI 도구 간 연계를 통한 고급 이미지 생성 방법입니다.

1) 초기 컨셉 생성 + 세부 조정

a) Midjourney로 초기 컨셉 이미지 생성 b) DALL-E 3을 사용하여 세부 사항 조정 및 변형 c) 최종 이미지를 Photoshop에서 후처리

예: 판타지 캐릭터 디자인 시, Midjourney로 전체적인 분위기와 포즈를 잡고, DALL-E 2로 얼굴 표정이나 의상 디테일을 조정합니다.

2) 이미지 확장 + 스타일 변경

a) DALL-E 3에서 초기 이미지 생성 b) Outpainting 기능으로 이미지 확장 c) Stable Diffusion으로 전체 이미지의 스타일 변경

예: 풍경화 제작 시, DALL-E 3에서 중심 이미지를 만들고 확장한 후, Stable Diffusion으로 특정 화가의 스타일을 적용합니다.

3) 배경 생성 + 캐릭터 합성

a) Midjourney로 세밀한 배경 이미지 생성 b) Artbreeder로 캐릭터 생성 c) Photoshop에서 두 이미지 합성 및 조정

예: 영화 포스터 제작 시, Midjourney로 도시 배경을 만들고, Artbreeder로 주인공 캐릭터를 생성하여 합성합니다.

4) 텍스트 기반 이미지 생성 + 이미지 편집

a) ChatGPT로 상세한 이미지 설명 생성 b) 이 설명을 바탕으로 Midjourney에서 이미지 생성 c) Adobe Firefly로 이미지 내 특정 요소 편집

예: 광고 이미지 제작 시, ChatGPT로 상세 컨셉을 만들고, 이를 Midjourney로 구현한 후, Adobe Firefly로 제품 로고나 텍스트를 자연스럽게 삽입합니다.

5) 3D 모델 생성 + 2D 변환

a) AI 기반 3D 모델링 도구로 기본 모델 생성 b) Midjourney의 이미지 입력 기능을 사용해 2D 이미지로 변환 c) DALL-E 3에서 추가적인 스타일 적용 및 배경 생성

예: 제품 디자인 시, 3D 모델을 생성하고 이를 Midjourney를 통해 다양한 스타일의 2D 이미지로 변환한 후, DALL-E 2로 다양한 사용 환경을 추가합니다.

6) 패턴 생성 + 질감 추가

a) DALL-E 3에서 기본 패턴 요소 생성 b) Midjourney로 패턴 반복 및 변형 c) Stable Diffusion으로 질감 및 재질감 추가

예: 직물 디자인 시, DALL-E 2로 기본 모티프를 만들고, Midjourney로 이를 반복 패턴화한 후, Stable Diffusion으로 직물 질감을 추가합니다.

7) 애니메이션 프레임 생성

a) Midjourney로 키 프레임 이미지 생성 b) DALL-E 2로 중간 프레임 생성 c) 전문 애니메이션 소프트웨어로 최종 편집

예: 짧은 애니메이션 제작 시, Midjourney로 주요 장면을 생성하고, DALL-E 2로 중간 동작을 채운 후, 이를 애니메이션으로 편집합니다.

이러한 연계 사용은 각 AI 도구의 강점을 최대한 활용하면서 서로의 단점을 보완할 수 있게 해줍니다. 또한, 인간의 창의성과 AI의 생성 능력을 효과적으로 결합하여 더욱 독창적이고 높은 품질의 이미지를 만들어낼 수 있습니다.

다만, 각 도구의 특성과 한계를 잘 이해하고 있어야 하며, 도구 간 전환 과정에서 발생할 수 있는 품질 저하나 스타일 불일치 등의 문제에 주의해야 합니다. 지속적인 실험과 경험을 통해 가장 효과적인 연계 방법을 찾아내는 것이 중요합니다.

3. AI 이미지의 후처리와 품질 향상 기법

AI가 생성한 이미지는 종종 추가적인 후처리와 품질 향상 작업이 필요합니다. 이를 통해 이미지의 완성도를 높이고 원하는 결과물에 더 가깝게 만들 수 있습니다. 다음은 AI 이미지의 후처리와 품질 향상을 위한 주요 기법들입니다.

1) 해상도 개선

AI 생성 이미지의 품질을 한 단계 높이는 핵심 과정입니다. AI 업스케일링 도구를 활용하면 이미지의 크기를 키우면서도 디테일을 유지할 수 있습니다. Topaz Gigapixel AI나 Let's Enhance 같은 전문 도구를 사용하면 더욱 효과적입니다. 디테일 강화 필터를 적용하여 이미지의 선명도를 높이고, 노이즈 제거 알고리즘을 활용하여 깨끗한 이미지를 얻을 수 있습니다. 이 과정에서 과도한 선명화로 인한 인공적인 느낌이 들지 않도록 주의해야 합니다.

2) 색상 보정

AI 생성 이미지의 분위기와 감성을 좌우하는 중요한 요소입니다. 색상 밸런스를 조정하여 전체적인 색감을 개선하고, 채도와 명도를 최적화하여 이미지의 생동감을 높일 수 있습니다. 선택적 색상 조정 기능을 활용하면 특정 색상만을 타겟으로 하여 미세한 조정이 가능합니다. 이를 통해 원하는 분위기를 더욱 강조하거나, 특정 요소를 부각시킬 수 있습니다. 색상 보정 시에는 과도한 조정으로 인한 부자연스러움을 피해야 합니다.

3) 구도 개선

AI 생성 이미지의 시각적 임팩트를 높이는 데 중요한 역할을 합니다. 크롭핑을 통해 불필요한 부분을 제거하고 주요 피사체에 집중할 수 있도록 프레임을 재구성할 수 있습니다. 콘텐츠 인식 확장 기능을 사용하면 원하는 화면 비율로 이미지를 확장할 수 있어 다양한 플랫폼에 맞는 이미지 제작이 가능합니다. 또한, 왜곡 보정과 원근 조정을 통해 더욱 자연스럽고 균형 잡힌 구도를 만들 수 있습니다.

4) 디테일 강화

AI 생성 이미지에 현실감과 깊이를 더해주는 과정입니다. 선명도를 증가시켜 전체적인 이미지의 선명함을 높이고, 텍스처 오버레이를 적용하여 표면의 질감을 강화할 수 있습니다. 브러시 도구를 이용해 수동으로 세부 사항을 추가하면 더욱 섬세한 디테일 표현이 가능합니다. 이 과정에서 자연스러움을 유지하는 것이 중요하며, 과도한 디테일 강화로 인한 인공적인 느낌을 피해야 합니다.

5) 조명 효과 개선

AI 생성 이미지에 깊이와 분위기를 더해줍니다. 하이라이트와 쉐도우의 밸런스를 조정하여 이미지의 전반적인 톤을 개선할 수 있습니다. 그라데이션 맵을 이용하면 자연스러운 조명 효과를 추가할 수 있으며, 이는 특히 풍경이나 인물 이미지에서 효과적입니다. 렌즈 플레어나 글로우 효과를 적절히 적용하면 이미지에 더욱 드라마틱한 분위기를 연출할 수 있습니다. 단, 과도한 조명 효과는 이미지의 자연스러움을 해칠 수 있으므로 주의가 필요합니다.

6) 배경 처리

AI 생성 이미지의 주제를 더욱 돋보이게 하는 중요한 과정입니다. 배경 흐림 효과(보케)를 적용하여 주요 피사체에 시선을 집중시킬 수 있습니다. 필요에 따라 배경 요소를 추가하거나 제거하여 이미지의 전체적인 구성을 개선할 수 있습니다. 배경의 색상이나 톤을 조정하여 전체 이미지의 분위기를 변화시킬 수 있으며, 이는 특히 주제와 배경 간의 조화를 이루는 데 효과적입니다. 배경 처리 시에는 주제와의 밸런스를 고려해야 합니다.

7) 객체 편집

AI 생성 이미지의 세부적인 완성도를 높이는 과정입니다. 콘텐츠 인식 채우기 기능을 사용하면 불필요한 요소를 자연스럽게 제거할 수 있습니다. 레이어 블렌딩 기법을 활용하여 여러 객체를 자연스럽게 통합할 수 있으며, 이는 복잡한 장면 구성에 유용합니다. 변형 도구를 이용하여 객체의 크기와 위치를 조정함으로

써 전체적인 구도를 개선할 수 있습니다. 객체 편집 시에는 원본 이미지의 특성을 해치지 않도록 주의해야 합니다.

8) 텍스처 및 재질감 향상

AI 생성 이미지에 현실감과 깊이를 더해주는 중요한 과정입니다. 텍스처 오버레이를 적용하여 표면의 질감을 강화할 수 있으며, 이는 특히 자연물이나 인공물의 표현에 효과적입니다. 브러시 도구를 사용하여 수동으로 질감을 추가하면 더욱 섬세한 표현이 가능합니다. 노멀 맵을 이용하면 평면적인 이미지에 입체감을 부여할 수 있어, 특히 3D 효과가 필요한 경우에 유용합니다. 이 과정에서 과도한 텍스처 적용으로 인한 부자연스러움을 피해야 합니다.

9) 특수 효과 적용

AI 생성 이미지에 독특한 분위기나 스타일을 더해줄 수 있습니다. 렌즈 왜곡 효과를 사용하면 이미지에 독특한 원근감을 줄 수 있으며, 이는 특히 건축물이나 풍경 이미지에서 효과적입니다. 모션 블러 효과는 이미지에 동적인 느낌을 더해주어 움직임이 있는 장면을 표현하는 데 유용합니다. 필름 그레인 효과를 추가하면 아날로그적인 질감을 부여할 수 있어, 레트로한 분위기나 예술적인 느낌을 연출할 수 있습니다. 특수 효과 적용 시에는 전체적인 이미지의 목적과 조화를 이루도록 주의해야 합니다.

10) 스타일 일관성 유지

여러 AI 생성 이미지를 하나의 프로젝트나 시리즈로 묶을 때 중요합니다. 룩업 테이블(LUT)을 적용하면 일관된 색감과 톤을 쉽게 유지할 수 있습니다. 액션이나 프리셋을 사용하면 여러 이미지에 동일한 후처리 과정을 빠르게 적용할 수 있어 효율적입니다. 스타일 전이 AI를 활용하면 특정 아티스트나 작품의 스타일을 일관되게 적용할 수 있습니다. 이 과정에서 각 이미지의 고유한 특성을 해치지 않도록 균형을 유지하는 것이 중요합니다.

11) 합성 및 통합

여러 AI 생성 이미지나 실제 사진을 결합하여 더욱 복잡하고 풍부한 장면을 만드는 과정입니다. 다중 AI 생성 이미지를 합성하여 단일 AI 모델의 한계를 넘어서는 창의적인 결과물을 만들 수 있습니다. 실제 사진과 AI 이미지를 블렌딩하면 현실감과 창의성을 동시에 얻을 수 있습니다. 마스킹 기법을 통해 선택적으로 요소를 통합함으로써 자연스러운 합성이 가능합니다. 이 과정에서 조명, 색상, 원근 등의 일관성을 유지하는 것이 중요합니다.

12) 최종 출력 최적화

AI 생성 이미지의 품질을 유지하면서 효율적인 사용을 가능케 하는 마지막 단계입니다. 이미지의 용도에 따라 적절한 포맷(JPEG, PNG, TIFF 등)을 선택해야 합니다. 색 공간 조정(sRGB, Adobe RGB 등)을 통해 다양한 디스플레이 환경에서 일관된 색상 표현을 보장할 수 있습니다. 적절한 압축 수준을 설정하여 파일 크기와 화질 사이의 최적의 균형을 찾아야 합니다. 이 과정에서 최종 사용 목적과 플랫폼의 요구사항을 고려하는 것이 중요합니다.

이러한 후처리 기법들을 적용할 때는 원본 AI 이미지의 특성을 고려해야 합니다. 과도한 후처리는 AI 생성 이미지의 고유한 특징을 해칠 수 있으므로 주의가 필요합니다. 또한, non-destructive 편집 기법을 사용하여 언제든 원본으로 돌아갈 수 있도록 하는 것이 좋습니다. 후처리 과정에서는 Adobe Photoshop, GIMP, Affinity Photo 등의 이미지 편집 소프트웨어를 주로 사용합니다. 최근에는 AI 기반의 자동화된 후처리 도구들도 등장하고 있어, 이를 활용하면 더욱 효율적인 작업이 가능합니다.

마지막으로, 저작권 및 윤리적 문제를 고려해야 합니다. AI 생성 이미지의 후처리 과정에서 다른 저작물을 무단으로 사용하지 않도록 주의해야 하며, AI 생성 이미지임을 명시해야 하는 상황에서는 이를 분명히 해야 합니다.

조회수 폭발시키는 영상 제작 전략

1. AI가 바꾸는 영상 제작의 패러다임

　인공지능(AI) 기술의 발전은 영상 제작 산업에 혁명적인 변화를 가져오고 있습니다. 전통적인 영상 제작 방식에서 벗어나, AI는 제작 과정의 효율성을 크게 향상시키고 새로운 창작 가능성을 열어주고 있습니다. 먼저, AI는 사전 제작 단계에서 큰 변화를 일으키고 있습니다. 스크립트 작성에 AI 언어 모델을 활용하여 아이디어 발상과 대본 초안 작성 시간을 단축할 수 있습니다. 또한, AI 기반 캐스팅 도구를 사용하여 프로젝트에 적합한 배우를 더 빠르고 정확하게 선별할 수 있습니다.

　촬영 단계에서는 AI 카메라 기술이 최적의 구도와 조명을 자동으로 설정하여 촬영의 질을 높이고 있습니다. 실시간 얼굴 인식과 트래킹 기술은 더 자연스러운 카메라 움직임을 가능하게 합니다. 또한, AI 기반 가상 세트 기술은 물리적 세트 구축 비용을 크게 줄이면서도 높은 퀄리티의 배경을 제공합니다.

　후반 작업에서 AI의 역할은 더욱 두드러집니다. AI 편집 도구는 수많은 영상 클립 중 최적의 장면을 자동으로 선별하고 조합하여 편집 시간을 대폭 단축시킵니다. 음성 인식 기술을 활용한 자동 자막 생성은 다국어 자막 제작을 용이하게 만들었습니다. 또한, 딥페이크 기술을 이용한 립싱크 조정은 더빙 작업의 퀄리티를 높이고 있습니다.

　특수 효과 분야에서도 AI의 영향력이 커지고 있습니다. AI 기반 모션 캡처 기술은 CG 캐릭터의 움직임을 더욱 자연스럽게 만들어주며, 생성형 AI는 복잡한 배경이나 효과를 손쉽게 만들어낼 수 있게 해줍니다. 마케팅과 배포 단계에서도 AI는 중요한 역할을 합니다. AI 분석 도구는 시청자의 선호도를 예측하여 맞춤형 콘텐츠 추천을 가능하게 하며, 트레일러 자동 생성 기술은 효과적인 프로모션 자료를 빠르게 만들어냅니다.

이러한 AI 기술의 도입으로 영상 제작의 전 과정이 더욱 효율적이고 창의적으로 변모하고 있습니다. 하지만 이는 동시에 새로운 도전과제도 제시합니다. AI 기술을 효과적으로 활용하기 위한 새로운 기술 습득이 필요하며, AI와 인간 창작자 사이의 적절한 균형을 찾는 것이 중요해졌습니다. 또한, AI 생성 콘텐츠의 저작권 문제나 윤리적 사용에 대한 고민도 증가하고 있습니다.

결론적으로, AI는 영상 제작의 패러다임을 크게 변화시키고 있으며, 이는 더 효율적이고 창의적인 콘텐츠 제작을 가능하게 합니다. 앞으로 AI 기술이 더욱 발전함에 따라, 영상 제작 산업은 계속해서 혁신적인 변화를 겪게 될 것입니다.

2. AI 기술과 창의성의 만남: 새로운 가능성

AI 기술과 인간의 창의성이 만나면서 영상 콘텐츠 제작 분야에서 무한한 가능성이 열리고 있습니다. 이 융합은 단순히 제작 과정의 효율성을 높이는 것을 넘어, 전에 없던 새로운 형태의 표현과 스토리텔링을 가능하게 합니다.

첫째, AI는 창작자의 상상력을 현실화하는 데 큰 도움을 줍니다. 생성형 AI 기술을 이용하면 상상 속의 캐릭터나 환경을 실제와 구분하기 어려울 정도로 정교하게 구현할 수 있습니다. 이는 특히 판타지나 SF 장르에서 큰 장점으로 작용하며, 제작 비용의 한계로 인해 실현하기 어려웠던 아이디어들을 구현 가능하게 만듭니다.

둘째, AI는 개인화된 시청 경험을 제공합니다. 시청자의 선호도와 반응을 분석하여 스토리의 전개나 엔딩을 실시간으로 변경할 수 있는 인터랙티브 영상 기술이 발전하고 있습니다. 이는 시청자가 단순한 관객이 아닌 스토리의 공동 창작자로 참여할 수 있게 합니다.

셋째, AI는 언어와 문화의 장벽을 넘는 글로벌 콘텐츠 제작을 용이하게 합니다. AI 기반 번역 및 더빙 기술은 다국어 버전의 콘텐츠를 빠르고 자연스럽게 제작할 수 있게 해주며, 이는 콘텐츠의 국제적 확산을 가속화합니다.

넷째, AI는 실험적이고 혁신적인 예술 형태를 만들어냅니다. 예를 들어, AI가 생성한 추상적 이미지나 사운드를 기반으로 한 실험적 영화나 뮤직비디오 제작이 가능해졌습니다. 이는 전통적인 예술의 경계를 넓히고 새로운 미학적 경험을 제공합니다.

다섯째, AI는 역사적 인물이나 사건을 재현하는 데 혁신적인 방법을 제공합니다. 딥페이크 기술을 이용하면 역사적 인물을 현대의 배우 없이도 스크린에 생생하게 재현할 수 있으며, 이는 역사 다큐멘터리나 교육용 콘텐츠 제작에 새로운 차원을 열어줍니다.

여섯째, AI는 실시간 영상 제작과 방송을 혁신합니다. AI 카메라 운영 시스템은 스포츠 중계나 라이브 공연에서 더욱 역동적이고 정확한 촬영을 가능하게 하며, 실시간 그래픽 생성 기술은 뉴스나 일기예보 같은 정보성 콘텐츠의 품질을 높입니다.

일곱째, AI는 아카이브 영상의 활용도를 높입니다. 오래된 흑백 영화를 컬러화하거나 저해상도 영상을 고해상도로 변환하는 기술은 과거의 영상 자료에 새 생명을 불어넣습니다.

그러나 이러한 가능성과 함께 고려해야 할 점들도 있습니다. AI 생성 콘텐츠의 진정성과 예술성에 대한 논쟁, 윤리적 사용에 대한 가이드라인 설정, 그리고 AI와 인간 창작자의 역할 분담 등이 중요한 과제로 떠오르고 있습니다.

결론적으로, AI 기술과 인간의 창의성이 만나 영상 콘텐츠 분야에 무한한 가능성이 열리고 있습니다. 이 새로운 시대에 성공적으로 적응하기 위해서는 AI 기술을 이해하고 활용하는 능력과 함께, 인간만이 가질 수 있는 독창적인 창의성과 감성을 계발하는 것이 더욱 중요해질 것입니다.

3. AI를 활용한 효율적인 영상 제작과 수익화 전략

AI 기술의 발전은 영상 제작의 효율성을 크게 높이고 새로운 수익화 전략을 가능하게 합니다. 이를 통해 창작자들은 더 적은 시간과 비용으로 고품질의 콘텐츠를 제작하고, 다양한 방식으로 수익을 창출할 수 있습니다.

먼저, AI를 활용한 효율적인 영상 제작 방법을 살펴보겠습니다:

1) 자동화된 편집

AI 편집 도구를 사용하여 raw 영상에서 최적의 장면을 선별하고 자동으로 편집할 수 있습니다. 이는 편집 시간을 크게 단축시킵니다.

2) 스크립트 생성

AI 언어 모델을 활용하여 초기 스크립트 작성이나 아이디어 발상을 보조할 수 있습니다.

3) 음성-텍스트 변환

AI 음성 인식 기술을 이용해 자동으로 자막을 생성하고, 이를 다국어로 번역할 수 있습니다.

4) 가상 세트 제작

AI 기반 그래픽 생성 기술로 실제 세트 구축 없이 다양한 배경을 만들 수 있습니다.

5) 컬러 그레이딩

AI가 자동으로 색상을 보정하고 일관된 룩을 적용할 수 있습니다.

다음으로, AI를 활용한 수익화 전략을 알아보겠습니다:

1) 타겟 마케팅

AI 분석을 통해 시청자 선호도를 파악하고, 이에 맞는 맞춤형 광고를 제공합니다.

2) 콘텐츠 추천

AI 알고리즘을 활용해 사용자에게 최적화된 콘텐츠를 추천하여 시청 시간과 충성도를 높입니다.

3) 다국어 버전 제작

AI 번역 및 더빙 기술로 다양한 언어 버전을 쉽게 제작하여 글로벌 시장에 진출할 수 있습니다.

4) 인터랙티브 콘텐츠

AI를 활용한 실시간 상호작용 기능으로 시청자 참여를 유도하고 체류 시간을 늘립니다.

5) 맞춤형 미드롤 광고

AI가 영상 내용을 분석하여 가장 적절한 시점에 관련 광고를 삽입합니다.

6) 상품 연계

AI 이미지 인식 기술을 활용해 영상 속 제품을 자동으로 태그하고 관련 상품 정보를 제공합니다.

7) 트렌드 예측

AI 분석을 통해 향후 인기 있을 콘텐츠 주제를 예측하고 선제적으로 제작합니다.

이러한 AI 기술의 활용은 영상 제작의 진입 장벽을 낮추고, 개인 창작자도 높은 품질의 콘텐츠를 제작할 수 있게 합니다. 또한, 더욱 정교한 타겟팅과 개인화된 경험 제공으로 시청자 만족도와 수익성을 동시에 높일 수 있습니다.

그러나 AI 활용에 있어 윤리적 고려사항과 저작권 문제에 주의를 기울여야 합니다. 또한, AI에 과도하게 의존하지 않고 인간의 창의성과 균형을 이루는 것이 중요합니다.

결론적으로, AI는 영상 제작과 수익화에 혁명적인 변화를 가져오고 있습니다. 이를 효과적으로 활용하는 창작자와 기업이 앞으로의 미디어 산업에서 경쟁력을 가질 것으로 예상됩니다.

4. 목적에 맞는 AI 도구 선정 가이드

AI 영상 제작 도구를 선택할 때는 프로젝트의 목적과 요구사항을 명확히 이해하고, 각 도구의 특성을 고려해야 합니다. 다음은 목적별 AI 도구 선정 가이드입니다:

1) 스크립트 작성 GPT-3, ChatGPT, Claude 등의 언어 모델을 활용하면 초기 아이디어 구상과 스크립트 초안 작성에 도움을 받을 수 있습니다.

2) 이미지 생성 DALL-E 3, Midjourney, Stable Diffusion 등을 사용하여 컨셉 아트, 스토리보드, 배경 이미지 등을 생성할 수 있습니다.

3) 음성 합성 Google Text-to-Speech, Amazon Polly, Replica Studios 등으로 나레이션이나 캐릭터 음성을 만들 수 있습니다.

4) 영상 편집 RunwayML, Fliki, Lumen5 등의 AI 기반 편집 도구를 사용하여 자동화된 편집 과정을 거칠 수 있습니다.

5) 특수 효과 DeepArt, Artbreeder 등을 활용하여 스타일 전이나 이미지 합성 효과를 만들 수 있습니다.

6) 음악 생성 AIVA, Amper Music, Soundraw, Suno 등으로 맞춤형 배경 음악을 제작할 수 있습니다.

7) 자막 생성 Rev.com, Otter.ai 등의 AI 음성 인식 도구를 사용하여 자동으로 자막을 생성할 수 있습니다.

도구 선택 시 고려해야 할 주요 요소들

1) 사용 편의성 초보자도 쉽게 사용할 수 있는 직관적인 인터페이스인지 확인하세요.

2) 출력 품질 생성된 콘텐츠의 품질이 프로젝트 요구사항을 충족하는지 확인하세요.

3) 통합성 기존 워크플로우와 잘 통합될 수 있는 도구를 선택하세요.

4) 비용 프로젝트 예산에 맞는 가격 정책을 가진 도구를 선택하세요.

5) 지원 및 커뮤니티 활발한 사용자 커뮤니티와 충분한 기술 지원이 있는지

확인하세요.
6) 학습 곡선 도구 습득에 필요한 시간과 노력을 고려하세요.
7) 확장성 프로젝트 규모가 커질 때 확장 가능한 도구를 선택하세요.

각 도구의 장단점을 철저히 비교하고, 가능하다면 무료 체험판을 통해 실제 사용해보는 것이 좋습니다. 또한, 새로운 AI 도구들이 계속해서 등장하고 있으므로, 최신 트렌드를 주시하며 도구를 선택하는 것이 중요합니다.

5. AI 도구의 비용 대비 효율성 분석

AI 영상 제작 도구를 선택할 때 비용 대비 효율성은 중요한 고려사항입니다. 다음은 AI 도구의 비용 대비 효율성을 분석하는 방법입니다:

1) 시간 절약 AI 도구 사용으로 절약되는 시간을 금전적 가치로 환산하세요. 예를 들어, 자동 편집 도구로 4시간이 절약된다면, 그 시간 동안의 인건비를 계산해 보세요.
2) 품질 향상 AI 도구 사용 전후의 결과물 품질을 비교하세요. 품질 향상이 가져올 수 있는 잠재적 수익 증가를 고려하세요.
3) 리소스 활용 AI 도구가 기존 장비나 인력을 얼마나 효율적으로 대체할 수 있는지 분석하세요.
4) 학습 비용 도구 습득에 필요한 시간과 교육 비용을 고려하세요.
5) 구독 모델 vs 일회성 구매 장기적인 사용 계획에 따라 어느 모델이 더 경제적인지 비교하세요.
6) 확장성 프로젝트 규모 확장 시 추가 비용이 얼마나 발생하는지 고려하세요.
7) 유지보수 비용 업데이트, 기술 지원 등에 드는 비용을 계산에 포함하세요.
8) ROI 계산 투자 대비 수익률을 계산하여 도구의 경제성을 평가하세요.

각 도구의 비용 대비 효율성은 프로젝트의 특성과 규모에 따라 다를 수 있으므로, 실제 사용을 통한 지속적인 평가가 중요합니다.

6. AI를 활용한 영상제작 과정 최적화 전략

AI를 활용한 영상 제작 과정 최적화는 효율성을 극대화하고 창의적인 결과물을 얻는 데 핵심적입니다. 사전 기획 단계에서는 AI 기반 트렌드 분석 도구를 사용하여 인기 있는 주제와 키워드를 파악하고, 자연어 처리 AI를 활용하여 스크립트 초안을 빠르게 작성할 수 있습니다. 또한 AI 이미지 생성 도구로 컨셉 아트와 스토리보드를 신속하게 만들 수 있습니다.

촬영 단계에서는 AI 카메라 기술을 활용하여 최적의 구도와 조명을 자동으로 설정하고, 실시간 AI 영상 분석으로 촬영 중 문제점을 즉시 파악하고 수정할 수 있습니다. AI 기반 가상 세트 기술을 사용하면 세트 제작 비용과 시간을 크게 절감할 수 있습니다.

후반 작업 단계에서는 AI 편집 도구를 사용하여 초기 편집본을 자동으로 생성하고, 자동 색보정 AI로 일관된 색감을 빠르게 적용할 수 있습니다. AI 음성 인식 기술로 자동 자막을 생성하고, 번역 AI로 다국어 자막을 만들 수 있으며, AI 음악 생성 도구로 저작권 걱정 없는 배경 음악을 제작할 수 있습니다.

워크플로우 통합을 위해 다양한 AI 도구들을 하나의 워크플로우로 통합하여 작업 효율을 높이고, API를 활용하여 AI 도구들 간의 자동화된 데이터 전송을 구현할 수 있습니다. 피드백 및 수정 과정에서는 AI 기반 A/B 테스팅 도구를 사용하여 여러 버전의 영상을 빠르게 비교하고, 감정 분석 AI를 활용하여 시청자 반응을 실시간으로 분석할 수 있습니다.

배포 및 마케팅 단계에서는 AI 추천 시스템을 활용하여 타겟 시청자에게 효과적으로 콘텐츠를 노출시키고, AI 기반 SEO 도구로 영상의 검색 엔진 노출을 최적화할 수 있습니다.

지속적인 학습과 개선을 위해 AI 분석 도구를 사용하여 제작 과정의 비효율적인 부분을 지속적으로 파악하고 개선할 수 있으며, 머신 러닝 모델을 활용하여 팀의 작업 패턴을 학습하고 최적의 워크플로우를 제안할 수 있습니다. 이러한 전략을 효과적으로 구현하기 위해서는 팀원들의 AI 리터러시를 높이는 것이 중요합니다. AI 도구의 장단점을 정확히 이해하고, 인간의 창의성과 AI의 효율성을 적절히 조화시키는 능력이 필요합니다. 또한, AI 도구를 도입할 때는 단계적 접근이 중요하며, 가장 효과가 큰 영역부터 시작하여 점진적으로 확대해 나가는 것이 좋습니다. 마지막으로, AI 기술은 빠르게 발전하고 있으므로, 최신 AI 도구와 기술 동향을 지속적으로 모니터링하고 적용하는 것이 중요합니다.

초보자도 할 수 있는 영상 편집 툴 완전 정복

AI 기술의 발전으로 음성 합성과 자막 생성 분야에서 큰 혁신이 일어나고 있습니다. 이러한 기술은 영상 제작 과정을 크게 간소화하고, 비용을 절감하며, 더 높은 품질의 결과물을 얻을 수 있게 해줍니다. 여기서는 AI 음성 및 자막 생성 기술의 활용 방법과 주요 도구들의 특징을 살펴보겠습니다.

1. AI 음성 및 자막 생성 기술 활용하기
1) AI 음성 합성 기술

AI 음성 합성 기술은 텍스트를 자연스러운 음성으로 변환하는 기술입니다. 이 기술은 나레이션, 더빙, 캐릭터 음성 등 다양한 용도로 활용될 수 있습니다.

다음은 주요 AI 음성 합성 도구에 대한 설명입니다.
  a) Google Cloud Text-to-Speech 구글의 AI 음성 합성 서비스로, 다양한 언어와 음성을 지원합니다. 자연스러운 발음과 억양을 제공하며, API를 통해 쉽게 통합할 수 있습니다.
    △180개 이상의 음성과 40개 이상의 언어 지원
    △SSML(Speech Synthesis Markup Language)을 통한 세밀한 제어

△ 신경망 기반 WaveNet 모델 사용으로 자연스러운 음성 생성
△ 프롬프트 예시: "긴장감 있는 목소리로, 천천히: 어둠 속에서 그림자가 움직였다."

b) Amazon Polly 아마존의 음성 합성 서비스로, 다양한 언어와 음성을 제공합니다. 뉴스캐스터 스타일의 음성도 지원하여 전문적인 나레이션에 적합합니다.
△ 신경망 기반 NTTS(Neural Text-to-Speech) 엔진 사용
△ 실시간 음성 합성 지원 △ AWS 서비스와의 쉬운 통합
△ 프롬프트 예시: "<speak><amazon:domain name="news">오늘의 주요 뉴스입니다. AI 기술의 발전으로 영상 제작 산업에 큰 변화가 일고 있습니다.</amazon:domain></speak>"

c) Replica Studios AI 음성 합성에 특화된 서비스로, 특히 게임과 애니메이션 분야에서 많이 사용됩니다. 감정 표현이 풍부한 음성을 생성할 수 있습니다.
△ 다양한 감정과 톤을 표현할 수 있는 음성 모델
△ 실시간 음성 합성 기능 △ 사용자 정의 음성 모델 생성 가능
△ 프롬프트 예시: "[Excited] 우와! 저기 봐, 무지개다! [Whispering] 조용히, 요정들이 놀라겠어."

이러한 AI 음성 합성 도구들을 활용하면 전문 성우를 고용하지 않고도 고품질의 나레이션이나 캐릭터 음성을 만들 수 있습니다. 특히 다국어 버전의 콘텐츠를 제작할 때 매우 유용합니다.

2) AI 자막 생성 기술

AI 자막 생성 기술은 음성을 텍스트로 변환하고, 이를 자동으로 자막화하는 기술입니다. 이 기술은 작업 시간을 크게 단축시키고, 다국어 자막 제작을 용이하게 합니다. 다음은 주요 AI 자막 생성 도구에 대한 설명입니다.

a) Rev.com 전문적인 자막 및 번역 서비스를 제공하는 회사로, AI 기술을 활용한 자동 자막 생성 서비스도 제공합니다.
△ 높은 정확도의 음성 인식 기술 △ 자동 생성된 자막의 수동 편집 기능

△ 다양한 비디오 플랫폼과의 통합
△ 프롬프트 예시: "영어 음성을 인식하여 자막을 생성하고, 시간 코드를 포함해 주세요. 전문 용어는 별도로 표시해 주세요."

b) Otter.ai 실시간 음성 인식 및 자막 생성 서비스로, 회의나 인터뷰 등의 녹취에 많이 사용됩니다.
△ 실시간 음성 인식 및 자막 생성 △ 화자 구분 기능
△ 키워드 추출 및 요약 기능
△ 프롬프트 예시: "다음 회의 내용을 실시간으로 텍스트화하고, 주요 키워드를 하이라이트 해주세요. 각 발언자를 구분하여 표시해 주세요."

c) Descript 영상 편집과 자막 생성을 동시에 할 수 있는 올인원 도구입니다. AI를 활용한 음성 인식과 자막 생성, 그리고 영상 편집 기능을 제공합니다.
△ 텍스트 기반 영상 편집 기능 △ AI 음성 복제 기능
△ 자동 자막 생성 및 번역 기능
△ 프롬프트 예시: "이 10분짜리 인터뷰 영상의 자막을 생성하고, 'AI'라는 단어가 언급될 때마다 빨간색으로 표시해 주세요. 그리고 불필요한 간투어는 제거해 주세요."

이러한 AI 자막 생성 도구들은 자막 작업의 효율성을 크게 높여줍니다. 하지만 100% 정확한 결과를 제공하지는 않으므로, 생성된 자막을 검토하고 수정하는 과정이 필요합니다.

요즘 유튜브나 인스타그램 릴스 같은 영상 콘텐츠를 만들 때, AI 기술을 활용하면 정말 편리합니다. 특히 음성과 자막을 만드는 데 AI가 큰 도움을 줍니다. 여기서는 실제로 많이 사용되는 몇 가지 도구들을 소개하고, 어떻게 활용하면 좋을지 알아보겠습니다.

3) Heygen: AI 아바타와 음성으로 전문적인 영상 만들기

Heygen은 AI 아바타와 음성 합성 기술을 이용해 전문적인 영상을 쉽게 만들

수 있는 도구입니다.
a) 주요 특징
△ 다양한 AI 아바타 선택 가능 △ 자연스러운 AI 음성 합성
△ 간단한 드래그 앤 드롭 방식의 영상 편집
b) 사용 팁
△ 교육 영상이나 제품 소개 영상을 만들 때 특히 유용합니다.
△ 실제 사람이 출연하지 않아도 되니, 시간과 비용을 크게 절약할 수 있어요.
c) 프롬프트 예시
"밝고 친근한 목소리의 30대 여성 아바타를 사용해서 신제품 소개 영상을 만들어주세요. 배경은 현대적인 사무실 환경으로 설정해주세요."

4) ElevenLabs: 고품질 AI 음성 생성하기

텍스트를 자연스러운 음성으로 변환해주는 AI 도구입니다. 다양한 언어와 감정 표현이 가능하며, 영상 콘텐츠에서 나레이션을 빠르고 효율적으로 생성할 수 있어 음성 녹음이 필요하지 않습니다. 이를 통해 프로페셔널한 음성 트랙을 짧은 시간 안에 제작할 수 있습니다.

a) 주요 특징:
△ 다양한 언어와 억양 지원 △ 감정과 톤 조절 가능
△ 자신의 목소리를 AI로 복제 가능
b) 사용 팁:
△ 팟캐스트나 나레이션 제작에 활용하면 좋습니다.
△ 다국어 버전의 콘텐츠를 만들 때 매우 유용해요.
c) 프롬프트 예시:
"차분하고 지적인 남성 음성으로, 약간의 호기심이 느껴지는 톤으로 다음 문장을 읽어주세요: 'AI 기술의 발전은 우리의 일상을 어떻게 변화시킬까요?'"

5) Vrew: AI 기반 올인원 영상 편집 도구

Vrew는 AI를 활용한 자동 자막 생성과 영상 편집 기능을 제공하는 올인원 도

구입니다.

a) 주요 특징:
△ 자동 음성 인식 및 자막 생성 △ 텍스트 기반 영상 편집
△ 다국어 자막 지원

b) 사용 팁:
△ 인터뷰 영상이나 강의 영상 편집에 매우 효과적입니다.
△ 자동 생성된 자막을 기반으로 영상을 쉽게 편집할 수 있어요.

c) 프롬프트 예시:
"이 30분짜리 인터뷰 영상에서 'AI'라는 단어가 언급된 부분만 추출해서 3분 길이의 하이라이트 영상을 만들어주세요. 자막은 한국어와 영어로 제공해주세요."

6) VideoStew: AI로 쉽게 만드는 숏폼 콘텐츠

VideoStew는 AI를 활용해 짧은 영상 콘텐츠를 쉽고 빠르게 만들 수 있는 도구입니다.

a) 주요 특징:
△ 템플릿 기반의 쉬운 영상 제작 △ AI 음성 합성 및 자동 자막 생성
△ 소셜 미디어 최적화 기능

b) 사용 팁:
△ 인스타그램 릴스나 틱톡용 숏폼 콘텐츠 제작에 적합합니다.
△ 다양한 템플릿을 활용하면 전문적인 느낌의 영상을 빠르게 만들 수 있어요.

c) 프롬프트 예시:
"10초 길이의 제품 소개 영상을 만들어주세요. 배경음악은 경쾌한 팝 스타일로, 텍스트는 화면 중앙에 크게 표시해주세요. 마지막에는 우리 브랜드 로고를 넣어주세요."

이런 AI 도구들을 활용하면 영상 제작 과정이 정말 쉬워집니다. 전문가 수준의 나레이션이나 자막을 직접 만들지 않아도 되고, 복잡한 편집 기술이 없어도 멋진 영상을 만들 수 있죠. 특히 혼자서 콘텐츠를 만드는 1인 크리에이터들에게

정말 유용할 거예요.

하지만 주의할 점도 있습니다:

△ AI가 만든 내용은 항상 한 번 검토해야 해요. 가끔 이상한 실수를 하기도 하거든요.

△ AI 음성을 사용할 때는 너무 기계적으로 들리지 않는지 체크해보세요.

△ 저작권 문제에 주의해야 합니다. AI가 만든 콘텐츠의 저작권 규정을 꼭 확인하세요.

그리고 가장 중요한 건, 이런 도구들은 우리의 창의성을 돕는 보조 수단이라는 거예요. 결국 어떤 내용을 어떻게 전달할지 결정하는 건 우리 몫입니다. AI의 도움을 받되, 여러분만의 독특한 스타일과 아이디어를 잃지 않는 게 중요해요.

앞으로 이런 AI 도구들은 계속 발전할 거예요. 더 자연스러운 음성, 더 정확한 자막, 더 쉬운 편집 기능들이 나올 겁니다. 이런 도구들을 잘 활용하면, 우리의 창의적인 아이디어를 더 쉽고 빠르게 현실로 만들 수 있을 거예요. 여러분만의 멋진 콘텐츠를 마음껏 만들어보세요!

2. AI 기반 영상 편집의 혁신

AI 기술의 발전으로 영상 편집 분야에 혁명적인 변화가 일어나고 있습니다. 이제 전문적인 편집 기술이 없어도 AI의 도움을 받아 고품질의 영상을 만들 수 있게 되었죠. 여기서는 실제로 여러분이 사용할 수 있는 AI 기반 영상 편집 도구들과 그 활용법을 상세히 알아보겠습니다.

1) Runway ML: AI로 영상의 마법을 부리다

Runway ML은 AI 기술을 활용한 **고급 영상 편집 도구**입니다. 이 도구는 영상에서 인물을 제거하고, 배경을 변경하며, 동영상의 스타일을 변환할 수 있습니다. 또한 텍스트 설명만으로 새로운 영상을 생성할 수 있는 기능도 제공합니다.

a) 주요 기능

△ 인물 제거 △ 배경 변경 △ 동영상 스타일 변환 △텍스트로 영상 생성

b) 사용 방법:

가) 인물 제거하기

① Runway ML 사이트(runway.ml)에 접속해 계정을 만듭니다.
② 'Create New Project' 버튼을 클릭하고, 편집할 영상을 업로드합니다.
③ 좌측 메뉴에서 'Inpainting' 도구를 선택합니다.
④ 제거하고 싶은 인물이나 물체 위에 브러시로 마스크를 그립니다.
⑤ 'Remove' 버튼을 클릭하면 AI가 자동으로 해당 부분을 제거하고 배경을 채웁니다.
△ 프롬프트 예시: "영상 속 걸어가는 사람을 자연스럽게 제거하고, 빈 거리 장면으로 만들어주세요."

나) 배경 변경하기

① 'Green Screen' 도구를 선택합니다.
② 변경하고 싶은 배경 부분을 선택합니다.
③ 새로운 배경 이미지를 업로드하거나, 텍스트로 원하는 배경을 설명합니다.
④ AI가 자동으로 배경을 변경해줍니다.
△ 프롬프트 예시: "현재 사무실 배경을 화성 표면의 풍경으로 바꿔주세요. 붉은 모래와 바위가 보이는 광활한 풍경으로 만들어주세요."

Runway ML의 장점은 전문적인 편집 기술 없이도 영화 같은 효과를 낼 수 있다는 거예요. 특히 SF나 판타지 장르의 영상을 만들 때 유용합니다.

2) Descript: 텍스트로 영상 편집하기

Descript는 텍스트 기반의 영상 편집 도구입니다. 이 도구는 영상의 음성을 자동으로 텍스트로 변환하고, 이 텍스트를 편집함으로써 영상을 편집할 수 있게 해줍니다. 또한 AI를 이용해 음성을 복제하고 자동으로 자막을 생성하는 기능도 제공합니다.

a) 주요 기능

△ 자동 음성-텍스트 변환 △ 텍스트 편집으로 영상 편집
△ AI 음성 복제 △ 자동 자막 생성

b) 사용 방법

가) 텍스트로 영상 편집하기

① Descript 사이트(www.descript.com)에서 계정을 만들고 프로그램을 설치합니다.

② 새 프로젝트를 만들고 편집할 영상을 업로드합니다.

③ 영상의 음성이 자동으로 텍스트로 변환됩니다.

④ 변환된 텍스트에서 불필요한 부분을 삭제하거나 수정합니다.

⑤ 텍스트 수정에 따라 영상이 자동으로 편집됩니다.

△ 프롬프트 예시: "이 인터뷰 영상에서 'umm', 'ah' 같은 간투어를 모두 제거해주세요. 그리고 'AI 기술'에 대해 언급한 부분만 추출해서 하이라이트 영상을 만들어주세요."

나) AI 음성 복제 사용하기

① 'Voice Clone' 기능을 선택합니다.

② 복제하고 싶은 음성이 담긴 음성 파일을 업로드합니다.

③ AI가 해당 음성을 학습하고 복제 모델을 만듭니다.

④ 새로운 텍스트를 입력하면 복제된 음성으로 읽어줍니다.

△ 프롬프트 예시: "이 나레이터의 목소리를 복제한 후, 다음 새로운 스크립트를 해당 목소리로 읽어주세요: '인공지능 기술의 발전으로 영상 제작의 패러다임이 변하고 있습니다.'"

Descript의 장점은 영상 편집을 마치 문서 편집하듯 할 수 있다는 거예요. 특히 인터뷰 영상이나 강의 영상을 편집할 때 매우 효율적입니다.

3) Capcut: 모바일에서 쉽게 하는 AI 영상 편집

Capcut은 스마트폰에서 사용할 수 있는 AI 기반 영상 편집 앱입니다. 이 앱은 AI를 이용해 자동으로 영상을 편집하고, 인물을 배경에서 분리하며, 자동으로 자막을 생성할 수 있습니다. 또한 다양한 AI 효과와 필터를 제공하여 전문적인 영상을 쉽게 만들 수 있게 해줍니다.

a) 주요 기능

△ AI 자동 편집 △ 인물 분리 △ 자동 자막 생성 △ AI 효과 및 필터

b) 사용 방법

가) AI 자동 편집 사용하기

① 앱스토어나 구글 플레이에서 Capcut을 다운로드 받아 설치합니다.

② 앱을 실행하고 '새 프로젝트' 버튼을 누릅니다.

③ 편집할 영상이나 사진을 선택합니다.

④ 하단의 'AI 편집' 버튼을 누릅니다.

⑤ AI가 제안하는 여러 편집 스타일 중 원하는 것을 선택합니다.

⑥ AI가 자동으로 영상을 편집해줍니다.

△ 프롬프트 예시: "여행 중 찍은 여러 장의 사진과 짧은 영상들을 활용해서 1분 길이의 여행 하이라이트 영상을 만들어주세요. 경쾌한 배경 음악과 함께 부드러운 전환 효과를 사용해주세요."

나) 인물 분리 기능 사용하기

① 편집 화면에서 영상을 선택합니다.

② 하단 메뉴에서 '인물 분리' 도구를 선택합니다.

③ AI가 자동으로 인물을 배경에서 분리합니다.

④ 분리된 인물에 다양한 효과나 새로운 배경을 적용할 수 있습니다.

△ 프롬프트 예시: "이 동영상에서 춤추는 사람만 분리해서 추출한 후, 배경을 화려한 무대로 바꿔주세요."

Capcut의 장점은 스마트폰만으로도 고품질의 영상을 빠르게 만들 수 있다는 거예요. 특히 SNS용 숏폼 콘텐츠를 만들 때 매우 유용합니다.

4) Fliki: AI 음성으로 쉽게 만드는 영상

Fliki는 텍스트를 입력하면 AI가 자동으로 음성을 생성하고 관련 이미지나 영상을 찾아 영상을 만들어주는 도구입니다. 이 도구는 다양한 언어와 음성을 지원하며, 텍스트만으로도 완성된 영상을 빠르게 만들 수 있게 해줍니다.

a) 주요 기능

△ 텍스트를 AI 음성으로 변환 △ 자동 영상 생성

△ 다국어 지원 △ 다양한 AI 음성 선택 가능

b) 사용 방법:
① Fliki 사이트(fliki.ai)에 접속해 계정을 만듭니다.
② 'Create' 버튼을 클릭하고 'Video' 옵션을 선택합니다.
③ 스크립트를 입력하거나 문서를 업로드합니다.
④ AI 음성과 언어를 선택합니다.
⑤ 영상의 주제에 맞는 키워드를 입력하면 AI가 관련 이미지와 영상을 찾아 매칭합니다.
⑥ 'Create' 버튼을 누르면 AI가 자동으로 영상을 생성합니다.
△ 프롬프트 예시: "AI 기술의 발전에 대한 2분 길이의 교육용 영상을 만들어주세요. 내레이션은 차분한 남성 목소리로 해주시고, 관련된 기술 이미지와 그래프 등을 활용해주세요."

Fliki의 장점은 텍스트만으로도 완성된 영상을 빠르게 만들 수 있다는 거예요. 교육 콘텐츠나 뉴스 요약 영상을 만들 때 특히 유용합니다.

5) InVideo: 템플릿으로 쉽게 만드는 전문적인 영상

InVideo는 다양한 템플릿을 제공하여 쉽게 전문적인 영상을 만들 수 있게 해주는 도구입니다. 이 도구는 AI를 이용해 텍스트를 자동으로 음성으로 변환하고, 자동으로 자막을 생성합니다. 또한 다양한 스톡 이미지와 영상을 제공하여 풍부한 콘텐츠로 영상을 만들 수 있게 해줍니다.

a) 주요 기능
△ 다양한 템플릿 제공 △ AI 자동 텍스트-음성 변환
△자동 자막 생성 △ 스톡 이미지 및 영상 제공

b) 사용 방법:
① InVideo 사이트(invideo.io)에 접속해 계정을 만듭니다.
② 'Create a Video' 버튼을 클릭합니다.
③ 목적에 맞는 템플릿을 선택합니다.
④ 텍스트, 이미지, 영상 등을 템플릿에 맞게 삽입합니다.
⑤ AI 음성 나레이션을 추가하거나 자동 자막을 생성합니다.

ⓔ 'Export' 버튼을 눌러 최종 영상을 생성합니다.

△ 프롬프트 예시: "신제품 소개를 위한 30초 광고 영상을 만들어주세요. 현대적이고 세련된 디자인의 템플릿을 사용하고, 제품 이미지와 핵심 기능을 강조해주세요. 배경 음악은 경쾌한 일렉트로닉 스타일로 해주세요."

InVideo의 장점은 전문적인 디자인 실력이 없어도 고품질의 영상을 만들 수 있다는 거예요. 특히 마케팅이나 소셜 미디어용 영상을 만들 때 유용합니다.

3. AI 기반 영상 편집 도구들을 사용할 때 주의할 점:

a) 저작권 문제 : AI가 생성하거나 사용하는 이미지, 음악 등의 저작권 문제에 주의해야 합니다. 가능한 한 저작권 프리 자료를 사용하거나, 사용 조건을 꼭 확인하세요.

b) 품질 확인 : AI가 생성한 내용은 항상 사람이 최종 확인해야 합니다. 때로는 이상한 결과물이 나올 수 있으니 꼭 검토하세요.

c) 개인정보 보호 : 얼굴 인식이나 음성 복제 기능을 사용할 때는 개인정보 보호에 주의해야 합니다. 당사자의 동의를 구하는 것이 좋아요.

d) 과도한 의존 주의 : AI는 도구일 뿐, 모든 창의적인 결정을 대신해줄 수는 없습니다. 여러분의 아이디어와 감각을 바탕으로 AI를 활용하세요.

e) 학습 곡선 : 각 도구마다 사용법이 다르므로, 처음에는 시간을 들여 익숙해지는 과정이 필요합니다. 포기하지 말고 꾸준히 사용해보세요.

AI 기반 영상 편집의 미래:

AI 기술은 계속 발전하고 있어요. 앞으로는 더욱 정교한 편집이 가능해지고, 사용자의 의도를 더 정확히 파악하는 AI가 등장할 거예요. 또한, 실시간 영상 처리 기술이 발전하면 라이브 방송에서도 AI 편집을 활용할 수 있게 될 겁니다.

VR이나 AR 기술과 AI가 결합하면, 완전히 새로운 형태의 몰입형 콘텐츠 제작도 가능해질 거예요. 예를 들어, AI가 실시간으로 사용자의 움직임을 분석하여 VR 환경을 동적으로 생성하는 등의 기술이 실현될 수 있습니다.

또한, AI가 사용자의 편집 스타일을 학습하여 개인화된 추천과 자동화를 제공하는 날이 올 수도 있어요. 여러분만의 고유한 스타일을 AI가 이해하고, 그에 맞는 편집을 제안하는 거죠.

4. AI 영상 편집을 시작하는 초보자를 위한 팁:

a) 단계적 접근 : 처음부터 복잡한 기능을 사용하려 하지 마세요. 기본적인 기능부터 차근차근 익혀나가세요.

b) 튜토리얼 활용 : 대부분의 AI 편집 도구들은 공식 튜토리얼을 제공합니다. 이를 꼭 활용해보세요.

c) 실험 정신 : 다양한 설정과 기능을 두려워하지 말고 실험해보세요. 실수를 통해 더 많이 배울 수 있습니다.

d) 커뮤니티 참여 : 각 도구의 사용자 커뮤니티에 참여해보세요. 다른 사용자들의 팁과 경험을 배울 수 있습니다.

e) 피드백 수용 : 만든 영상에 대해 다른 사람들의 의견을 들어보세요. 객관적인 시각은 실력 향상에 도움이 됩니다.

5. 영상제작 및 디자인 최신 AI 사이트 더 알아보기

Canva (https://www.canva.com)

다재다능한 그래픽 디자인 플랫폼으로, 이제 영상 제작 기능도 강화되어 비전공자도 쉽게 활용할 수 있는 도구로 자리 잡았습니다. 드래그 앤 드롭 방식으로 간편하게 비디오 편집을 할 수 있으며, 미리 준비된 템플릿과 다양한 시각적 요소를 이용해 짧은 마케팅 영상, 소셜 미디어 콘텐츠, 프레젠테이션 등을 손쉽게 만들 수 있습니다. Canva는 그래픽 디자인뿐만 아니라 영상 제작에도 강력한 기능을 제공해, 초보자도 빠르게 전문적인 비디오를 제작할 수 있어 창의적인 작업을 더 효율적으로 처리할 수 있습니다.

특장점:

△ 직관적이고 사용하기 쉬운 인터페이스 △ 다양한 템플릿과 에셋 제공

△ 무료 버전과 유료 버전 모두 이용 가능 △ 협업 기능 지원

　　△ 모바일 앱으로도 이용 가능

　Canva는 전문적인 디자인 지식이 없는 사용자도 쉽게 고품질의 영상을 만들 수 있도록 돕습니다. 특히 소셜 미디어용 짧은 영상이나 프레젠테이션 영상 제작에 적합합니다.

Adobe Express (https://www.adobe.com/express)

　Adobe의 간편한 온라인 비디오 편집 도구로, 전문가 수준의 영상을 빠르게 제작할 수 있습니다.

　특장점:

　　△ Adobe의 강력한 기술력 활용 △ 고품질 템플릿과 스톡 에셋 제공

　　△ AI 기반 편집 도구 지원 △ 브랜드 키트 기능으로 일관된 디자인 유지 가능

　　△ Adobe Creative Cloud와의 연동

　Adobe Express는 특히 마케팅 영상이나 소셜 미디어 콘텐츠 제작에 강점을 보입니다. Adobe의 다른 툴들과의 호환성도 큰 장점입니다.

Animoto (https://www.animoto.com)

　드래그 앤 드롭 방식으로 누구나 쉽게 비디오를 제작할 수 있는 간편한 비디오 제작 도구입니다. 비전공자도 미리 준비된 템플릿과 직관적인 편집 기능을 활용해 전문적인 비디오를 만들 수 있으며, 사진, 영상 클립, 음악을 빠르게 결합하여 마케팅 영상, 소셜 미디어 콘텐츠, 프레젠테이션 등 다양한 용도의 영상을 제작할 수 있습니다. 특히 짧은 시간 안에 고품질의 비디오를 만들어야 할 때 유용하며, 비즈니스, 교육, 개인 프로젝트에 모두 적합한 플랫폼입니다.

　특장점:

　　△ 사용하기 쉬운 인터페이스 △ 다양한 비즈니스 템플릿 제공

　　△ 자동 영상 생성 기능 △ 음악 라이브러리 제공 △ 브랜딩 기능 강화

　Animoto는 특히 비즈니스 프레젠테이션, 제품 소개, 이벤트 홍보 등의 영상 제작에 적합합니다.

Biteable (https://www.biteable.com)

애니메이션과 실사 영상을 혼합하여 독특한 스타일의 비디오를 만들 수 있는 플랫폼입니다. 사용자는 다양한 템플릿을 선택해 손쉽게 편집할 수 있으며, 드래그 앤 드롭 기능을 통해 비전공자도 전문가 수준의 비디오를 제작할 수 있습니다. 특히, 마케팅 영상, 소셜 미디어 콘텐츠, 광고와 같은 비디오 제작에 적합하며, 애니메이션 효과와 실사 영상을 조합해 시각적으로 눈에 띄는 콘텐츠를 만들 수 있습니다. 간단한 인터페이스 덕분에 초보자도 빠르게 고품질의 비디오를 제작할 수 있는 것이 큰 장점입니다.

특장점:
△ 다양한 애니메이션 스타일 제공 △ 실사 영상과 애니메이션의 조화
△ 브랜드 커스터마이징 기능 △ 텍스트 음성 변환(TTS) 기능 지원
△ 팀 협업 기능

Biteable은 특히 설명 영상, 교육용 콘텐츠, 인포그래픽 영상 제작에 강점을 보입니다.

Vimeo Create (https://www.vimeo.com/create)

마케팅 영상, 소셜 미디어 콘텐츠, 제품 소개 영상 등의 제작에 적합한 영상 제작 도구입니다. 비전공자도 쉽게 사용할 수 있도록 미리 준비된 템플릿과 드래그 앤 드롭 방식의 간편한 편집 기능을 제공하며, 짧은 시간 안에 전문적인 비디오를 제작할 수 있습니다. 특히 소셜 미디어에 최적화된 영상 크기와 형식을 제공해, 바로 플랫폼에 맞는 콘텐츠를 만들 수 있는 점이 강점입니다. 이 도구를 통해 사용자들은 고품질의 마케팅 및 홍보 영상을 빠르고 효율적으로 제작할 수 있습니다.

특장점:
△ AI 기반 자동 편집 기능 △ 고품질 스톡 영상, 이미지, 음악 제공
△ 브랜드 키트 기능으로 일관된 디자인 유지 △ 모바일 앱 지원
△ Vimeo 플랫폼과의 원활한 통합

Vimeo에서 제공하는 영상 제작 도구 Vimeo Create는 특히 마케팅 영상, 소셜 미디어 콘텐츠, 제품 소개 영상 등의 제작에 적합합니다.

Moovly (https://www.moovly.com)

교육, 비즈니스, 마케팅 등 다양한 목적의 영상을 제작할 수 있는 비디오 제작 플랫폼입니다. 비전공자도 쉽게 사용할 수 있도록 직관적인 인터페이스와 다양한 템플릿을 제공하며, 애니메이션, 텍스트, 이미지 등을 활용하여 프레젠테이션이나 광고 영상을 빠르게 만들 수 있습니다. 또한, 클라우드 기반으로 어디서든지 작업할 수 있으며, 팀 협업도 지원하여 여러 사람이 함께 프로젝트를 진행할 수 있는 기능도 갖추고 있습니다. Moovly는 특히 교육 영상이나 비즈니스 프로모션에 유용하게 활용됩니다.

특장점:

△ 드래그 앤 드롭 방식의 편집기 △ 다양한 애니메이션 효과 제공
△ 자동 자막 생성 기능 △ API를 통한 자동화된 비디오 생성 가능
△ LMS(학습관리시스템)와의 통합 지원

Moovly는 특히 교육용 콘텐츠, e-러닝 자료, 기업 교육 영상 등의 제작에 강점을 보입니다.

Renderforest (https://www.renderforest.com)

로고 애니메이션, 제품 프로모션 영상, 설명 영상 등 다양한 유형의 영상을 제작할 수 있는 올인원 플랫폼입니다. 비전공자도 쉽게 사용할 수 있도록 사용자 친화적인 인터페이스를 제공하며, 템플릿 기반으로 영상 제작을 간단하게 할 수 있습니다. 몇 번의 클릭만으로 로고 디자인부터 프로모션 영상까지 고품질 콘텐츠를 만들 수 있어, 비즈니스, 마케팅, 브랜딩을 위한 도구로 매우 유용합니다. 또한, 웹 기반이라 별도의 소프트웨어 설치가 필요 없고, 어디서든지 접근할 수 있는 장점이 있습니다.

특장점:

△ 다양한 영상 유형별 템플릿 제공 △ 고품질 렌더링

△ 상업적 사용 라이선스 제공 △ 음성 녹음 기능 내장
△ 로고 메이커, 웹사이트 빌더 등 부가 기능 제공

Renderforest는 특히 로고 애니메이션, 회사 소개 영상, 제품 데모 등의 제작에 적합합니다.

Powtoon (https://www.powtoon.com)

애니메이션 스타일의 영상과 프레젠테이션을 쉽게 만들 수 있는 도구입니다. 비전공자도 간단한 드래그 앤 드롭 방식으로 전문적인 설명 영상이나 비즈니스 프레젠테이션을 제작할 수 있으며, 다양한 템플릿과 애니메이션 효과를 제공해 창의적인 콘텐츠를 빠르게 만들 수 있습니다. 특히, 교육, 마케팅, 기업 발표 등 다양한 분야에서 활용할 수 있어, 누구나 복잡한 기술 없이도 시각적으로 매력적인 영상을 제작할 수 있습니다.

특장점:
△ 다양한 캐릭터와 애니메이션 효과 △ 실사 영상과 애니메이션 혼합 가능
△ 화이트보드 애니메이션 스타일 지원 △ 텍스트 음성 변환(TTS) 기능
△ PowerPoint와의 호환성

Powtoon은 특히 교육용 콘텐츠, 비즈니스 프레젠테이션, 내부 커뮤니케이션 자료 등의 제작에 강점을 보입니다.

WeVideo (https://www.wevideo.com)

클라우드 기반의 비디오 편집 플랫폼으로, 웹 브라우저만 있으면 어디서든지 영상 편집 작업을 할 수 있습니다. 이 도구는 간단한 인터페이스를 제공해 비전공자도 쉽게 사용 가능하며, 협업 기능이 강화되어 여러 사람이 동시에 같은 프로젝트에서 작업할 수 있습니다. 특히 교육용 기능이 뛰어나 교사와 학생들이 함께 영상 프로젝트를 진행하거나, 학습 자료를 만들고 공유하는 데 유용합니다. 별도의 소프트웨어 설치 없이 온라인에서 바로 작업할 수 있다는 점도 큰 장점입니다.

특장점:

△ 클라우드 기반으로 어디서나 접근 가능 △ 실시간 협업 기능

△ 크로마키(그린스크린) 효과 지원 △ 교육용 계정 및 기능 제공

△ 모바일 앱 지원

WeVideo는 특히 학교나 교육 기관에서의 사용에 적합합니다.

VCAT (https://vcat.ai)

VCAT은 AI 기술을 활용한 자동 비디오 생성 플랫폼입니다. 영상에 애니메이션이나 특수 효과를 쉽게 추가할 수 있는 AI 도구로, 특히 쇼츠(Shorts)나 틱톡(TikTok)과 같은 짧은 영상 콘텐츠에서 시각적으로 강렬한 효과를 적용하는 데 유용합니다. 이 도구는 사용자가 복잡한 편집 기술 없이도 쉽게 다양한 효과를 추가하여 영상의 시청자 몰입도를 높일 수 있게 도와줍니다. 이를 통해 콘텐츠 제작자들은 더 창의적이고 매력적인 영상을 손쉽게 제작할 수 있으며, 빠른 작업과 효율적인 결과물을 기대할 수 있습니다.

특장점:

△ AI를 이용한 텍스트 기반 자동 영상 생성 △ 다양한 언어 지원

△ 커스터마이징 가능한 템플릿 △ 빠른 처리 속도

△ 비용 효율적인 영상 제작

VCAT은 특히 뉴스, 기사, 블로그 포스트 등의 텍스트 콘텐츠를 자동으로 영상화하는 데 탁월합니다.

Envato Elements (https://elements.envato.com)

크리에이티브 에셋을 제공하는 구독 기반 서비스로, 디자이너, 영상 제작자, 마케터 등 다양한 콘텐츠 제작자들이 필요한 이미지, 영상, 템플릿, 아이콘 등을 무제한으로 다운로드할 수 있습니다. 간단한 구독으로 수천 개의 고품질 자원을 자유롭게 사용할 수 있으며, 로열티 프리로 제공되기 때문에 상업적인 프로젝트에도 안전하게 활용할 수 있습니다. 복잡한 라이선스 문제를 신경 쓰지 않고 창작 활동에 집중할 수 있는 편리한 서비스입니다.

특장점:

△ 방대한 양의 영상 템플릿, 스톡 영상, 음악, 사운드 효과 제공
△ 상업적 라이선스 포함 △ 월간 구독 모델로 무제한 다운로드 가능
△ After Effects, Premiere Pro 등 다양한 편집 소프트웨어용 템플릿 제공
△ 높은 품질의 프리미엄 에셋

Envato Elements는 직접적인 영상 제작 도구는 아니지만, 영상 제작에 필요한 거의 모든 리소스를 제공합니다.

Suno (https://suno.ai)

AI 음성 합성과 음악 생성에 특화된 도구로, 다양한 미디어 프로젝트에서 활용할 수 있는 강력한 기능을 제공합니다. 이 도구의 주요 특징은 텍스트를 음성으로 변환하는 TTS(Text-to-Speech) 기능과, 독창적이고 감각적인 배경 음악 생성 기능입니다. 이를 통해 사용자는 영상의 분위기를 설정하거나 나레이션을 추가하는 작업을 손쉽게 처리할 수 있습니다. 특히 영화, 광고, 게임과 같은 미디어 프로젝트에서 맞춤형 음악이나 음성을 빠르게 제작할 수 있어, 창의적인 작업 흐름을 더욱 효율적으로 관리할 수 있습니다. Suno는 고품질의 AI 합성 음성을 제공하여 자연스러운 나레이션과 음악을 제작하는 데 매우 유용합니다.

Suno의 특장점:
△ 텍스트를 음성으로 변환하는 AI 기반 음성 합성 기능 제공
△ AI 음악 생성을 통해 독창적이고 감각적인 배경 음악 제작 가능
△ 영화, 광고, 게임 등 다양한 미디어 프로젝트에 활용 가능
△ 사용자 정의 음악 및 음성을 통해 콘텐츠에 맞는 분위기 설정 가능
△ 자연스러운 음성으로 나레이션 추가 시 적합
△ 빠르고 효율적인 작업 처리로 프로젝트의 생산성 향상

Suno 사용법 절차:
1. Suno 웹사이트 접속: suno.ai로 접속해 계정을 생성하거나 로그인합니다.
2. 음성 합성 또는 음악 생성 선택: 프로젝트에 따라 음성 합성(TTS) 또는 AI 음악 생성 기능을 선택합니다.

3.텍스트 입력 또는 음악 설정: 음성 합성을 원할 경우 나레이션할 텍스트 입력 또는 배경 음악 설정을 입력합니다.

4.음성 및 음악 스타일 선택: 다양한 음성 톤이나 음악 스타일을 선택해 프로젝트의 분위기를 맞춥니다.

5.미리보기 및 수정: 생성된 음성이나 음악을 미리 청취한 후, 필요에 따라 수정하거나 조정할 수 있습니다.

6.다운로드: 만족스러운 결과물이 나왔다면, 프로젝트 파일을 다운로드하여 영화, 광고, 게임 등의 미디어에 사용합니다.

Suno를 통해 고품질 음성 및 음악 콘텐츠를 손쉽게 제작하여 다양한 프로젝트에서 활용할 수 있습니다.

Custom & Instrumental 기능

Custom 기능 이 기능을 활성화하면 사용자가 원하는 특정 설정을 통해 음성을 더욱 개인화할 수 있습니다. 예를 들어, 음성 톤, 감정 표현, 말하는 속도 등을 조절할 수 있어 사용자가 맞춤형으로 자신만의 음성을 생성할 수 있습니다. 나레이션이나 음악에서 더 세밀한 조정을 원하는 경우 이 기능을 사용하면 좋습니다.

Instrumental 기능 이 기능을 활성화하면 음악만 생성됩니다. 즉, 가사 없이 배경 음악만 만들 수 있는 기능입니다. 영상의 배경음악으로 사용하거나, 특정 프로젝트에서 가사 없이 음악만 필요한 경우 이 기능을 사용하면 적합합니다.

간단히 말해, Custom은 음성 합성의 세부 조정을 가능하게 하고, Instrumental은 가사 없이 음악만 제공하는 기능입니다.

Gen3: AI (https://gen-3.ai)

Gen-3 Alpha는 Runway에서 제공하는 **고급 영상 생성 도구로**, 텍스트나 이미지를 입력하여 고품질의 영상을 자동으로 생성할 수 있는 기능을 갖추고 있습니다. 이를 통해 영상 제작에 필요한 복잡한 프로세스를 단순화하고, 사용자들이 더 빠르고 직관적으로 영상을 만들 수 있게 해줍니다. Gen-3 Alpha는 복잡한 영상 작업을 간단하게 처리할 수 있는 직관적인 도구로, 전문가와 초보자 모두에게 적합합니다. 이를 통해 영화, 광고, 게임 등의 다양한 프로젝트에서 고품질의 영상 콘텐츠를 빠르게 제작할 수 있습니다.

  1) 주요 기능 및 사용법: 텍스트 또는 이미지 입력: Gen-3 Alpha는 텍스트나 이미지를 기반으로 영상을 생성합니다. 사용자는 영상의 세부적인 내용, 조명, 카메라 움직임 등을 포함한 텍스트 프롬프트를 입력하여 자신이 원하는 영상을 구체적으로 설정할 수 있습니다.
  2) 영상 길이 선택: 5초 또는 10초 길이의 영상을 생성할 수 있으며, 영상의 해상도는 720p로, 5초짜리 영상은 약 60초, 10초짜리 영상은 약 90초 내에 생성됩니다.
  3) 고급 제어 기능: 사용자는 속도, 장면 간 전환, 카메라 움직임과 같은 다양한 요소를 조절할 수 있어 더욱 창의적이고 맞춤형 영상을 제작할 수 있습니다. 또한, 여러 프레임을 사용해 일관성 있는 움직임을 유지하면서 자연스러운 동작을 구현할 수 있습니다.
  4) 빠른 처리: AI를 통해 실시간으로 영상이 생성되기 때문에, 반복 작업을 줄이고 즉각적인 피드백을 받을 수 있습니다.

  Runway ML과 Gen-3는 둘 다 AI 기반 영상 제작 및 편집 도구지만, 그 기능과 초점이 다릅니다
  주요 차이점 기능 초점 : Runway ML은 기존 영상 편집에 중점을 두고, Gen-3는 텍스트로 새로운 영상 생성에 중점을 둡니다.
  주요 차이점 작업 방식 : Runway ML은 사용자가 영상을 업로드하고 그 영상을 수정하는 방식인 반면, Gen-3는 텍스트 설명을 통해 영상 자체를 처음부터 생성하는 방식입니다

  Luma Dream (https://lumadream.ai)
  고퀄리티의 드림라이크한 영상을 제작할 수 있는 AI 도구입니다. 꿈속 장면이나 몽환적인 분위기를 원하는 경우, Luma Dream을 사용해 독특한 시각적 효

과를 손쉽게 구현할 수 있습니다. 텍스트 프롬프트만으로 환상적인 영상을 생성할 수 있어 창의적인 표현이 가능합니다. 또한 실시간 렌더링 기능을 제공하여 즉각적인 결과물 확인이 가능합니다.

Geditor (https://geditor.io)

텍스트 기반의 편집 도구로, 영상에서 중요한 부분만을 추출하여 하이라이트 영상을 만드는데 유용합니다. 긴 영상을 짧고 효과적으로 편집하고 싶은 사용자에게 적합합니다. AI가 영상의 내용을 분석하여 자동으로 중요 장면을 선별해주는 기능이 특징적입니다. 또한 자막 생성 및 번역 기능을 제공하여 다국어 콘텐츠 제작에도 도움을 줍니다.

Zebracat (https://zebracat.ai)

다양한 시각 효과와 애니메이션을 자동으로 추가할 수 있는 AI 도구입니다. 쇼츠나 짧은 영상 콘텐츠에서 눈에 띄는 비주얼을 간단하게 추가할 수 있어, 영상의 완성도를 크게 높여줍니다. 사용자 친화적인 인터페이스로 전문적인 편집 기술 없이도 고품질의 영상을 만들 수 있습니다. 또한 트렌디한 효과 템플릿을 지속적으로 업데이트하여 항상 최신 스타일의 영상 제작이 가능합니다.

Photio (https://photio.ai)

AI를 사용해 사진을 리터칭하거나 보정해주는 도구로, 영상에서 사용할 이미지의 퀄리티를 높일 때 유용합니다. 사진의 품질을 개선하거나 필요한 부분을 수정할 수 있습니다. 자동 색상 보정, 노이즈 제거, 선명도 향상 등 다양한 보정 기능을 원클릭으로 적용할 수 있습니다. 또한 얼굴 인식 기술을 활용한 인물 사진 최적화 기능도 제공하여 프로페셔널한 결과물을 얻을 수 있습니다.

비전공자도 코딩없이 만드는 웹사이트 : 노코드 툴 활용법

노코드(No-code) 플랫폼은 웹사이트 제작에서 복잡한 코딩 지식 없이도 웹사이트를 쉽게 구축할 수 있게 도와주는 도구입니다. 이러한 플랫폼은 웹 개발에 필요한 복잡한 코드를 자동화하고 시각적인 인터페이스를 통해 사용자들이 직관적으로 웹사이트를 디자인할 수 있도록 해주기 때문에, 초보자나 기술적 지식이 부족한 소규모 비즈니스 소유자들에게 큰 인기를 끌고 있습니다.

1. 노코드 웹사이트 제작의 장점

노코드 웹사이트 제작 도구는 주로 드래그 앤 드롭 방식으로 구성되어 있어, 사용자는 웹 페이지의 템플릿을 선택하고 필요한 요소를 간단하게 추가하거나 배치할 수 있습니다. 이 과정에서 복잡한 HTML, CSS 또는 JavaScript 코드를 전혀 몰라도 된다는 점이 큰 장점입니다. 또한, 실시간으로 변경 사항을 미리보기 할 수 있어, 수정 과정에서의 불편함도 최소화됩니다. 이러한 특징 덕분에 많은 개인 사용자와 소규모 비즈니스가 빠르게 웹사이트를 제작하고 배포할 수 있습니다.

2. 주요 노코드 플랫폼 소개

1. 노션 (Notion) 노션은 원래는 노트 작성과 프로젝트 관리 도구로 시작했으나, 현재는 노코드 방식으로 웹사이트를 구축할 수 있는 기능도 제공합니다. 노션에서 작성한 페이지를 공개하고 웹사이트처럼 사용할 수 있으며, 마크다운 형식의 문서 작성, 데이터베이스 관리, 할 일 목록, 위키 등 다양한 기능을 하나의 플랫폼에서 지원합니다. 간편하게 콘텐츠를 업데이트하고 공유할 수 있어 개인 웹사이트나 소규모 팀의 정보 공유 페이지로 많이 사용됩니다. 특히 템플릿을 통해 빠르게 페이지를 생성할 수 있습니다.

2. 아임웹 (I'm Web) 아임웹은 한국에서 매우 인기 있는 노코드 웹사이트 제작 플랫폼입니다. 누구나 손쉽게 드래그 앤 드롭 방식으로 웹사이트를 만들 수

있으며, 특히 한국 사용자에게 맞춘 다양한 기능을 제공합니다. 전자상거래 기능이 내장되어 있어 온라인 쇼핑몰을 운영하기에 적합하고, SEO 기능, 결제 시스템, 회원 관리 등의 부가 기능도 잘 갖추어져 있습니다. 다양한 디자인 템플릿이 제공되어 웹사이트 제작이 간편하고, 한국어로 된 고객 지원 서비스도 제공되어 초보자에게 매우 적합합니다.

3. Wix 직관적인 드래그 앤 드롭 방식의 인터페이스를 제공하며, 다양한 템플릿을 통해 개인 블로그, 비즈니스 웹사이트, 온라인 상점 등 다양한 형태의 웹사이트를 손쉽게 제작할 수 있습니다. 사용자 친화적인 디자인과 다양한 기능 덕분에 초보자도 쉽게 사용할 수 있습니다.

4. Squarespace 깔끔하고 세련된 디자인 템플릿으로 유명합니다. 예술가, 포토그래퍼, 블로거 등 창의적인 콘텐츠를 시각적으로 아름답게 표현하고 싶은 사용자에게 적합합니다. 또한, 전자상거래 기능도 내장되어 있어 온라인 상점 운영도 가능합니다.

5. Dorik 간단한 드래그 앤 드롭 방식으로 웹사이트를 제작할 수 있는 노코드 플랫폼입니다. 미리 설계된 템플릿과 AI 기반 디자인 제안을 통해 초보자도 쉽게 웹사이트를 제작할 수 있으며, CSS 수정이나 코드 내보내기 등 고급 사용자에게도 유용한 기능을 제공합니다.

6. Zyro 빠르고 간편하게 웹사이트를 제작할 수 있는 도구입니다. AI 도구를 사용하여 콘텐츠 생성 및 디자인 최적화를 도와주며, 소규모 비즈니스나 개인 프로젝트에 적합한 저렴한 가격대로 제공됩니다.

7. Carrd 개인 포트폴리오나 간단한 랜딩 페이지 제작에 최적화된 노코드 도구입니다. 사용하기 매우 간단하고 저렴한 가격으로 제공되며, 한 페이지로 구성된 웹사이트를 만들기에 이상적입니다.

AI 프롬프트로 브랜드 경쟁력 높이기

퍼스널브랜딩을 위한 프롬프트

현대 사회에서 개인의 브랜드 가치를 높이는 것이 중요해지면서, 퍼스널 브랜딩은 단순한 자기 표현을 넘어 전문가로서의 신뢰를 구축하고, 업계에서의 영향력을 확대하는 필수적인 전략이 되었습니다. 특히 AI 기술의 발전으로 인해 퍼스널 브랜딩 전략 수립에 새로운 가능성이 열리고 있습니다. AI는 개인의 성과와 특성을 분석하고, 타겟팅된 콘텐츠를 생성하여 최적화된 브랜딩을 가능하게 합니다. 예를 들어, AI 기반 데이터 분석 도구는 개인의 강점과 성과를 면밀히 분석하여 효과적인 스토리텔링을 구축할 수 있도록 돕고, AI 생성 콘텐츠는 맞춤형 글쓰기나 디자인을 제공하여 브랜딩 콘텐츠의 질을 높입니다. 이로 인해 퍼스널 브랜딩은 더욱 체계적이고 전략적인 접근이 가능해졌습니다.

 당신은 퍼스널 브랜딩 전문가입니다. 다음 정보를 바탕으로 유튜브 프로필을 최적화하는 전략을 제안해주세요:
대상: 40대 경력단절 여성
전문 분야 글쓰기 지도
강점: 그림동화 만들기
목표: 그림동화 작가로 활동하면서 강사로도 활동

다음 요소를 포함해주세요:
주목을 끄는 헤드라인 (220자 이내)
이 헤드라인은 그녀의 전문성과 강점을 즉각적으로 나타낼 수 있는 문구여야 합니다. 또한, 타겟층의 관심을 끌 수 있도록 따뜻함과 전문성을 결합하세요.

프로필 요약문 (2000자 이내)
프로필 요약문은 그녀의 경력과 강점을 중심으로 경력 단절 후 다시 시작하는 과정을 효과적으로 전달해야 합니다. 그림동화 작가로서의 전문성과 강사로서의 역할을 통합하는 서사를 담고, 타겟층에게 영감을 주는 이야기를 제시하세요. 유연하고 따뜻한 톤을 유지하면서도 그녀의 전문성을 강조해야 합니다.

주요 업적 3가지 (각 100자 이내)
그녀의 주요 성과를 3가지로 요약하세요. 각 성과는 구체적이고 데이터 기반일수록 좋습니다. 예를 들어, 그림동화 출판 이력, 수강생 수 증가, 또는 성공적인 워크숍 운영 등을 제시하세요.

활용할 해시태그 5개
그녀의 브랜드 가치를 강화하고 관련 타겟층과 연결될 수 있는 해시태그를 제안하세요. 예: #그림동화 #글쓰기강의 #창의적문해력

브랜드아이덴터티 개발

일관된 브랜드 아이덴티티 구축은 성공적인 마케팅의 핵심 요소입니다. 브랜드 아이덴티티는 고객에게 전달되는 일관된 이미지와 메시지를 통해 신뢰를 형성하고, 차별화된 가치를 제공하는 데 중요한 역할을 합니다. 오늘날, AI 기술을 활용하면 이러한 브랜드 아이덴티티의 요소들을 보다 효과적으로 개발하고 관리할 수 있습니다.

AI는 데이터 분석을 통해 고객의 기대와 시장 트렌드를 파악하고, 이를 바탕으로 로고, 색상, 메시지 등 브랜드의 시각적 및 언어적 표현을 최적화할 수 있습니다. AI 기반의 접근 방식은 빠르고 일관되며, 브랜드가 지속적으로 경쟁력을 유지할 수 있도록 돕습니다.

당신은 브랜드 전략 컨설턴트입니다. 다음 정보를 바탕으로 새로운 에듀테크 스타트업의 브랜드 아이덴티티를 개발해주세요:
회사명: 재노스쿨 & 미디어창업아카데미
비즈니스: 개인화학습 플랫폼
타겟: 30~70세 자기계발에 관심 있는 직장인, 주부, 경단녀, 퇴직자
핵심 가치: 혁신, 개인화, 평생학습
다음 요소를 포함해주세요:

브랜드 슬로건 (10단어 이내)
고객이 이 플랫폼을 통해 즉시 떠올릴 수 있는 강력하고 매력적인 슬로건을 개발하세요. 슬로건은 핵심 가치를 반영하고, 타겟층의 감성에 호소할 수 있어야 합니다.

브랜드 개성 5가지 키워드
브랜드가 나타내고자 하는 개성 또는 특징 5가지를 개발하세요. 이 키워드는 브랜드의 본질적인 정체성을 정의하고, 고객과 감정적으로 연결될 수 있는 방향으로 설정되어야 합니다.

브랜드 컬러 팔레트 (주요 색상 3가지와 각 색상의 의미)
브랜드의 핵심 가치를 시각적으로 반영할 수 있는 색상 3가지를 선택하세요. 각 색상의 의미를 설명하고, 어떻게 브랜드의 가치와 타겟 고객에게 호소할 수 있을지 설명하세요.

로고 디자인 가이드라인 (형태, 스타일, 상징성)
로고의 형태, 스타일, 그리고 어떤 상징성이 포함되어야 하는지 구체적으로 제시하세요. 로고가 어떻게 브랜드의 정체성과 가치를 시각적으로 나타낼 수 있을지 설명하세요.

브랜드 보이스 가이드라인 (톤, 어휘 선택, 커뮤니케이션 스타일)
브랜드의 목소리 톤과 커뮤니케이션 스타일을 정의하세요. 이 목소리가 어떻게 고객과 소통하고, 브랜드의 가치를 전달할 수 있을지 설명하세요. 예: 따뜻하고 전문적인 어휘, 격려하는 톤.

핵심 메시지 3가지 (각 50단어 이내)
브랜드가 고객에게 전달하고자 하는 핵심 메시지를 3가지 작성하세요. 각 메시지는 브랜드의 핵심 가치(혁신, 개인화, 평생학습)를 반영하고, 타겟 고객의 니즈와 기대에 부응해야 합니다.

비주얼 스타일 가이드 (이미지 스타일, 아이콘 디자인 방향)
브랜드의 시각적 스타일을 정의하세요. 이미지 스타일(예: 현대적, 따뜻함)과 아이콘 디자인 방향(예: 간결함, 상징성)을 구체적으로 설명하고, 어떻게 브랜드의 일관성을 유지할 수 있을지 설명하세요.

[실습 예제1: 유튜브 브이로그 만들기]

이제 배운 내용을 바탕으로 실제 유튜브 브이로그를 만들어볼까요? Capcut과 Descript를 활용해 보겠습니다.

1단계: 촬영 및 기본 편집 (Capcut 사용)
1. 하루 동안의 활동을 스마트폰으로 여러 클립으로 나눠 촬영합니다.
2. Capcut 앱을 열고 새 프로젝트를 만듭니다.
3. 촬영한 클립들을 순서대로 불러옵니다.
4. 'AI 편집' 기능을 사용해 기본적인 편집을 합니다.
5. 각 클립의 길이를 조절하고, 불필요한 부분은 잘라냅니다.
6. 전환 효과를 추가하여 클립 간 연결을 부드럽게 만듭니다.
7. 배경 음악을 추가합니다. Capcut의 무료 음원을 활용하세요.

2단계: 나레이션 및 자막 추가 (Descript 사용)
1. Capcut에서 편집한 영상을 내보내기 합니다.
2. Descript를 열고 새 프로젝트를 만듭니다.
3. 편집한 영상을 불러옵니다.
4. 'Transcribe' 기능을 사용해 자동으로 자막을 생성합니다.
5. 생성된 자막을 검토하고 필요한 부분을 수정합니다.
6. 나레이션을 추가하고 싶은 부분에 텍스트를 입력합니다.
7. AI 음성 기능을 사용해 나레이션을 생성합니다.

3단계: 최종 편집 및 업로드
1. Descript에서 편집한 영상을 내보내기 합니다.
2. 다시 Capcut으로 돌아가 최종 영상을 불러옵니다.
3. 인트로와 아웃트로를 추가합니다.

4. 필요한 경우 자막 스타일을 조정합니다.
5. 색보정을 통해 영상의 전체적인 톤을 조정합니다.
6. 최종 확인 후 영상을 내보내기 합니다.
7. 유튜브에 업로드합니다.

이렇게 AI 도구들을 활용하면, 전문적인 편집 실력이 없어도 퀄리티 높은 브이로그를 만들 수 있어요. 처음에는 시간이 좀 걸릴 수 있지만, 몇 번 해보면 금방 익숙해질 거예요.

 [실습 예제2: 블로그 포스팅 글쓰기]

이번에는 AI를 활용하여 여행 블로그 포스팅을 작성해보겠습니다. ChatGPT와 Midjourney를 활용해 보겠습니다.

1단계: 아이디어 구상 및 개요 작성 (ChatGPT 사용)

1. ChatGPT에 접속합니다.
2. "제주도 3박 4일 여행 블로그 포스팅 개요를 만들어줘"라고 프롬프트를 입력합니다.
3. 생성된 개요를 검토하고 필요한 부분을 수정합니다.
4. 각 섹션별로 더 자세한 내용을 요청합니다. 예: "첫째 날 일정에 대해 더 자세히 설명해줘"

2단계: 본문 작성 (ChatGPT 사용)

1. 개요를 바탕으로 각 섹션의 본문을 작성합니다.
2. "제주도 여행 첫째 날 경험을 블로그 스타일로 작성해줘"와 같은 프롬프트를 사용합니다.
3. 생성된 텍스트를 검토하고 자신의 경험과 감성을 추가합니다.
4. 필요한 경우 추가 정보를 요청합니다. 예: "제주도 맛집 추천 리스트를 5개 작성해줘"

3단계: 이미지 생성 및 최종 편집 (Midjourney 사용)

1. Discord에서 Midjourney 봇을 실행합니다.
2. "/imagine 제주도 성산일출봉 일출 장면, 아름다운 풍경 사진"과 같은 프롬프트로 이미지를 생성합니다.
3. 생성된 이미지 중 마음에 드는 것을 선택하여 다운로드합니다.
4. 블로그 플랫폼(예: Tistory, Naver Blog)에 접속하여 새 글을 작성합니다.
5. ChatGPT로 작성한 텍스트를 붙여넣고, 적절한 위치에 Midjourney로 생성한 이미지를 삽입합니다.
6. 전체적인 글의 흐름과 가독성을 체크하고 필요한 부분을 수정합니다.
7. 태그를 추가하고 발행합니다.

 [실습 예제3: 인스타 릴스 영상제작]

이번에는 AI를 활용하여 요리 레시피 인스타 릴스를 만들어보겠습니다. CapCut과 Fliki를 활용해 보겠습니다.

1단계: 컨텐츠 준비 (Fliki 사용)

1. Fliki 웹사이트에 접속합니다.
2. "간단한 파스타 레시피 스크립트를 작성해줘"라고 입력합니다.
3. 생성된 스크립트를 검토하고 필요한 부분을 수정합니다.
4. AI 음성 기능을 사용해 나레이션을 생성합니다.
5. 생성된 오디오 파일을 다운로드합니다.

2단계: 영상 촬영 및 기본 편집 (CapCut 사용)

1. 스마트폰으로 요리 과정을 짧은 클립으로 나누어 촬영합니다.
2. CapCut 앱을 열고 새 프로젝트를 만듭니다.
3. 촬영한 클립들을 순서대로 불러옵니다.

4. 각 클립의 길이를 조절하고, 불필요한 부분은 잘라냅니다.
5. 전환 효과를 추가하여 클립 간 연결을 부드럽게 만듭니다.
6. Fliki에서 생성한 나레이션 오디오를 추가합니다.

3단계: 최종 편집 및 업로드
1. CapCut의 AI 자막 기능을 사용해 자동으로 자막을 생성합니다.
2. 템플릿을 적용하여 인스타 릴스에 맞는 세로 형식(9:16)으로 변환합니다.
3. 필요한 경우 이모티콘이나 스티커를 추가합니다.
4. 색보정을 통해 영상의 전체적인 톤을 조정합니다.
5. 최종 확인 후 영상을 내보내기 합니다.
6. 인스타그램 앱을 열고 릴스로 업로드합니다.

 [실습 예제4: 유튜브 쇼츠 영상제작]

이번에는 AI를 활용하여 일상 팁 공유 유튜브 쇼츠를 만들어보겠습니다. Fliki와 InVideo를 활용해 보겠습니다.

1단계: 컨텐츠 준비 (Fliki 사용)
1. Fliki 웹사이트에 접속합니다.
2. "일상에서 활용할 수 있는 시간 관리 팁 5가지를 쇼츠 형식으로 작성해줘"라고 입력합니다.
3. 생성된 스크립트를 검토하고 필요한 부분을 수정합니다.
4. AI 음성 기능을 사용해 나레이션을 생성합니다.
5. 생성된 오디오 파일을 다운로드합니다.

2단계: 영상 제작 (InVideo 사용)
1. InVideo 웹사이트에 접속하여 새 프로젝트를 만듭니다.
2. 쇼츠에 적합한 세로 형식(9:16) 템플릿을 선택합니다.
3. Fliki에서 생성한 스크립트를 바탕으로 각 팁을 텍스트로 추가합니다.

4. 각 팁에 어울리는 스톡 이미지나 영상을 InVideo 라이브러리에서 선택하여 추가합니다.
5. Fliki에서 생성한 나레이션 오디오를 추가합니다.

3단계: 최종 편집 및 업로드
1. 각 팁 사이에 전환 효과를 추가합니다.
2. 배경 음악을 추가합니다. InVideo의 음원 라이브러리를 활용하세요.
3. 자막 스타일을 조정하고 필요한 경우 애니메이션을 추가합니다.
4. 인트로와 아웃트로를 추가합니다.
5. 최종 확인 후 영상을 내보내기 합니다.
6. 유튜브 스튜디오에 접속하여 쇼츠로 업로드합니다.

 [실습 예제5: 틱톡 영상제작]

이번에는 AI를 활용하여 댄스 챌린지 틱톡 영상을 만들어보겠습니다. CapCut과 Vrew를 활용해 보겠습니다.

1단계: 음악 선택 및 안무 학습 (CapCut 사용)
1. CapCut 앱을 열고 새 프로젝트를 만듭니다.
2. 'Sounds' 탭에서 트렌딩 음악을 선택합니다.
3. 선택한 음악에 맞는 댄스 챌린지 영상을 찾아 참고합니다.

2단계: 영상 촬영 및 기본 편집 (CapCut 사용)
1. 스마트폰으로 댄스 영상을 촬영합니다.
2. 촬영한 영상을 CapCut 프로젝트에 불러옵니다.
3. 음악에 맞춰 영상을 트리밍합니다.
4. CapCut의 AI 편집 기능을 사용해 기본적인 효과를 적용합니다.

3단계: 특수 효과 및 자막 추가 (Vrew 사용)
1. CapCut에서 편집한 영상을 내보내기 합니다.
2. Vrew를 열고 새 프로젝트를 만듭니다.
3. 편집한 영상을 불러옵니다.
4. Vrew의 AI 자막 기능을 사용해 자동으로 자막을 생성합니다.
5. 생성된 자막을 틱톡 스타일로 편집합니다.
6. AI 특수 효과를 적용합니다 (예: 얼굴 인식 필터, 모션 트래킹 효과).

4단계: 최종 편집 및 업로드
1. Vrew에서 편집한 영상을 내보내기 합니다.
2. 다시 CapCut으로 돌아가 최종 영상을 불러옵니다.
3. 틱톡 트렌드에 맞는 텍스트나 이모티콘을 추가합니다.
4. 최종 확인 후 영상을 내보내기 합니다.
5. 틱톡 앱을 열고 영상을 업로드합니다.

이렇게 AI 도구들을 활용하면, 다양한 플랫폼에 맞는 콘텐츠를 효율적으로 제작할 수 있습니다. 각 플랫폼의 특성을 이해하고, AI 도구의 장점을 최대한 활용하는 것이 중요합니다.

마지막으로, AI 도구를 사용할 때 가장 중요한 건 여러분의 창의성입니다. AI는 도구일 뿐, 여러분의 아이디어와 감성을 대체할 수는 없어요. AI의 힘을 빌리되, 여러분만의 독특한 시각과 이야기를 담아내는 것이 중요합니다.

 [실습 예제6: 콘텐츠 전용 AI사이트 활용하기]

먼저 사이트에 접속합니다. (https://you.com/) You.com은 사용자의 검색 경험을 혁신적으로 개선한 콘텐츠 전용 AI 사이트입니다. 기존의 검색 엔진과 달리, You.com은 사용자에게 맞춤형 결과를 제공하며, 사용자가 원하는 방식으로 검색 환경을 최적화할 수 있습니다. 검색 결과를 빠르고 직관적으로 보여주며, 콘텐츠 창작 도구 및 AI 도구를 통합해 더욱 효과적인 정보 탐색과 생성이 가능합니다.

특히, AI가 생성한 문서나 답변을 통해 실시간으로 검색 질문에 대한 최적의 답변을 제공하여 시간 절약과 생산성을 극대화합니다. 정보의 깊이와 정확성, 개인화된 추천으로 사용자 만족도를 높이는 것이 특징입니다.

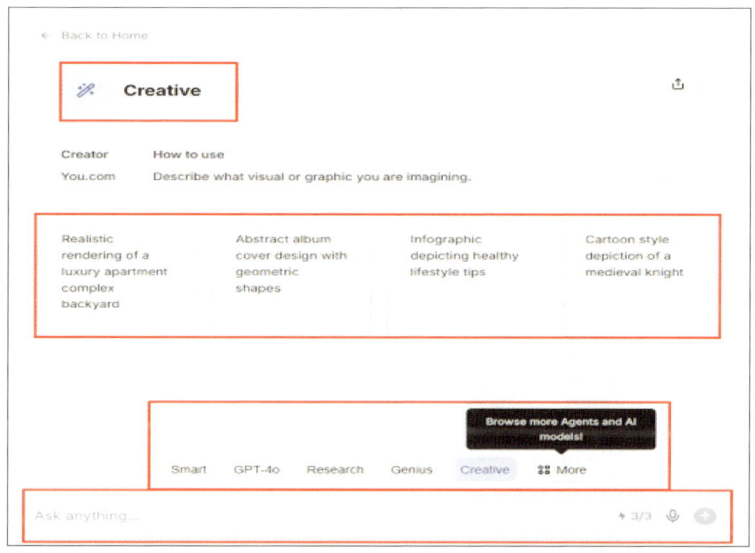

명령어 프롬프트의 종류는 다양합니다. 사용자는 원하는 스타일의 프롬프트를 선택할 수 있습니다. 스마트한 시장조사 느낌 등 원하는 느낌을 설정할 수도 있습니다. 보시는것 처럼 GPT 부터 클로드 등 여러가지 AI 모델이 연동되어 있습니다. 아직까지는 무료 입니다.

[실습 예제7: VCAT으로 5분만에 홍보영상 제작하기]

    기업홍보, 제품홍보, 신간도서홍보, 강의홍보 영상을 VCAT에서는 쉽게 누구나 제작이 가능합니다. 블로그, 쿠팡, 교보문고 등의 URL을 넣어서 영상만들기 하면 이미지처럼 자동으로 만들어줍니다. 소셜미디어에 예약 발행도 가능합니다. 틱톡과 바로 연동해서 업로딩도 가능합니다. 다운로드는 3개까지만 무료입니다. 다운로드를 계속 하면 유료계정으로 전환이 필요합니다. 이때 계속 무료로 사용하는 방법은 영상을 제작후 플레이하고 녹화프로그램으로 녹화하는 방법이 있습니다.

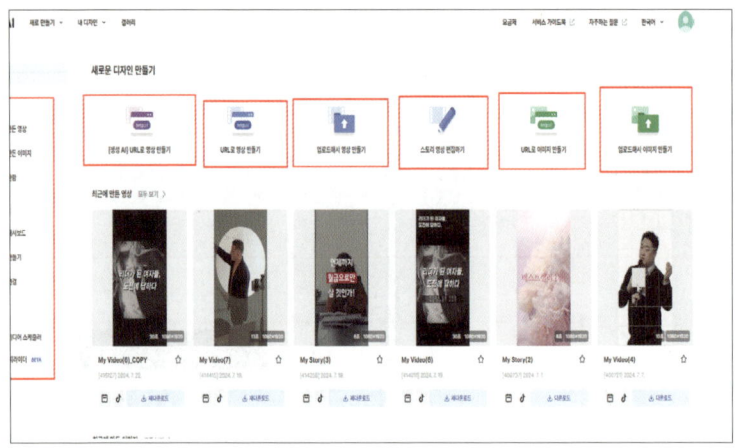

    내 디자인 > 내가 만든 영상 클립 하단에 마우스를 올리면 '소셜미디어스케줄러'를 확인할 수 있습니다. 좌측 메뉴에 파일업로드, 혹은 샘플이미지를 활용해서 최종 영상을 수정할 수도 있습니다. 로고, 타이틀도 변경할 수 있습니다. 각 씬마다 완성도를 녹색바로 표시해줍니다.

    URL 입력을 통한 자동 영상 생성 : 블로그, 쿠팡, 교보문고 등의 홍보할 URL을 복사하여 VCAT에 붙여 넣습니다. VCAT은 이 URL에서 필요한 이미지를 자동으로 추출해 홍보 영상을 만들어줍니다.

디자인 및 편집 : 생성된 영상 클립을 확인한 후, 추가적인 편집이 필요하면 내 디자인 메뉴에서 로고, 타이틀, 배경 이미지 등을 수정할 수 있습니다. 각 장면(scene)의 완성도를 확인하고, 필요한 경우 파일을 업로드하거나 샘플 이미지를 활용해 영상을 더욱 개선할 수 있습니다.

소셜미디어 예약 발행 : 영상이 완성되면, 영상 하단에 있는 소셜미디어 스케줄러 기능을 통해 틱톡과 같은 소셜미디어에 예약 발행을 설정합니다. 이렇게 하면 설정한 날짜와 시간에 자동으로 영상이 업로드됩니다.

다운로드 및 업로드 : 최종 영상은 무료 계정에서는 3개까지만 다운로드 가능합니다. 더 많은 다운로드가 필요할 경우 유료 계정으로 업그레이드하거나, 무료로 계속 이용하려면 영상을 재생 후 화면 녹화 프로그램을 이용해 저장할 수 있습니다.

이 절차를 따라 쉽게 홍보 영상을 제작하고, 소셜미디어에 효과적으로 배포할 수 있습니다.

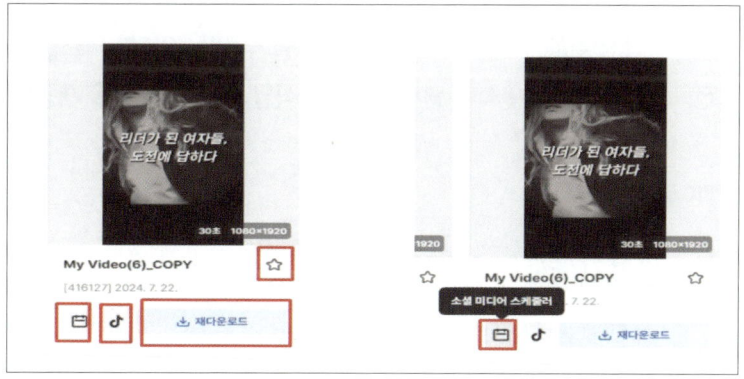

[실전 예시8: AI와 채팅하고 홈페이지 제작하기]

AI와 채팅하면서 홈페이지를 뚝딱 만들어 낼 수 있는 세상이 왔습니다. 코딩, 디자인 비전공자들도 홈페이지를 쉽게 제작할 수 있습니다. 홈페이지의 이름과 종류 콘텐츠와 언어만 입력하면 복잡한 디자인 작업이나 코딩 없이도 홈페이지 1개가 완성됩니다.

Wegic.ai는 AI를 활용하여 코딩이나 디자인 지식 없이도 누구나 손쉽게 홈페이지를 제작할 수 있는 혁신적인 플랫폼입니다. 이 서비스는 사용자가 웹사이트의 이름, 종류, 콘텐츠, 그리고 사용할 언어만 입력하면 AI가 알아서 복잡한 디자인 작업이나 코딩을 처리해 줍니다.

그 결과, 사용자는 채팅만으로도 완성된 홈페이지를 받아볼 수 있습니다. 모바일 반응형으로도 완성되어서 간편하고, 채팅만으로도 누구나 쉽게 제작할 수 있습니다. 사이트 주소는 https://wegic.ai/ 입니다.

특히, 모바일 반응형으로 자동 최적화되어 있어, 모바일 디바이스에서도 깔끔하게 표시되며, 추가적인 조정 없이도 완성도 높은 웹사이트를 손쉽게 구축할 수 있습니다. Wegic.ai는 누구나 쉽게 접근할 수 있는 인터페이스를 제공하여, 비전공자들까지도 전문적인 웹사이트를 제작할 수 있는 환경을 제공합니다.

Wegic.ai 사용방법
1. 먼저 https://wegic.ai 웹사이트에 접속합니다.
2. 홈페이지 정보 입력
　1) 이름: 제작할 홈페이지의 이름을 입력합니다.
　2) 종류: 홈페이지의 용도나 종류(예: 블로그, 비즈니스, 포트폴리오 등)를 선택합니다.

3) 콘텐츠: 웹사이트에 포함될 텍스트나 미디어 콘텐츠의 간략한 정보를 입력합니다.

4) 언어: 웹사이트에 사용할 언어를 선택합니다.

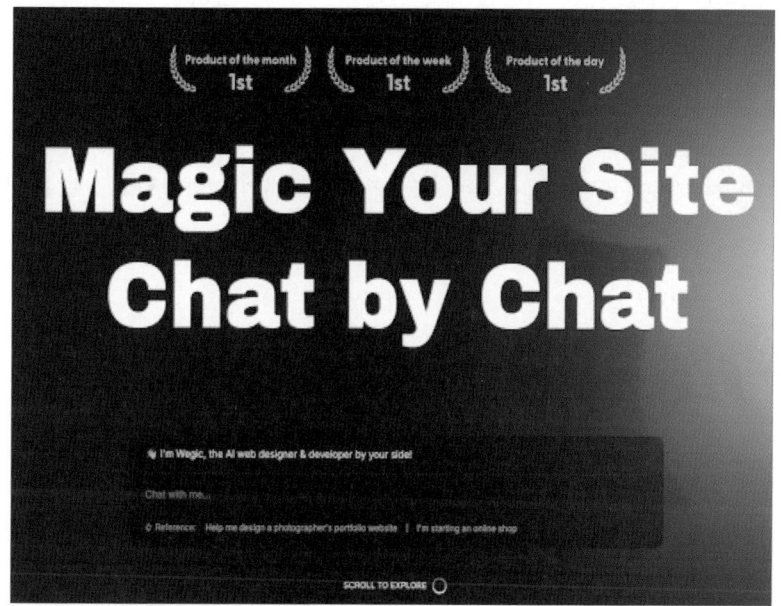

3. 디자인 및 레이아웃 자동 생성

AI가 사용자가 입력한 정보를 바탕으로 적합한 디자인과 레이아웃을 자동으로 생성합니다. 이 과정에서 사용자는 별도의 디자인 작업이나 코딩을 할 필요가 없습니다.

4. 모바일 반응형 사이트 자동 완성

AI는 데스크톱뿐만 아니라 모바일에서도 최적화된 반응형 웹사이트를 자동으로 제작합니다.

5. 최종 확인 및 수정

생성된 웹사이트를 미리 보고, 필요한 경우 간단한 수정 요청을 AI에게 입력하여 즉시 반영할 수 있습니다.

6. 웹사이트 배포
모든 과정이 완료되면, 완성된 웹사이트를 웹상에 배포하고 사이트 주소를 통해 바로 사용할 수 있습니다.

이 절차를 통해 사용자는 간단한 정보만 입력하여 전문적인 웹사이트를 쉽게 제작할 수 있습니다. Wegic.ai는 AI의 힘을 활용하여 웹사이트 제작의 장벽을 허물고, 누구나 쉽게 웹 존재감을 확립할 수 있도록 돕습니다.

 [실습 예제9: 신제품 광고영상 제작하기]

이번에는 AI 도구들을 활용하여 효율적으로 **신제품 광고 영상을 제작하는 과정을 소개하겠습니다.** ElevenLabs, DALL-E, Gen3, Videomonster를 활용하여 고퀄리티의 광고 영상을 만들어 보겠습니다.

1단계: 스크립트 및 음성 준비 (ElevenLabs 사용)
1. ElevenLabs 웹사이트에 접속합니다.
2. "새로운 제품 출시를 홍보하는 30초 광고 스크립트를 작성해줘"라고 입력합니다.
3. 생성된 스크립트를 검토하고 필요한 부분을 수정합니다.
4. AI 음성 기능을 사용해 스크립트에 맞는 자연스러운 나레이션을 생성합니다.
5. 생성된 오디오 파일을 다운로드합니다.

2단계: 이미지 및 영상 요소 준비 (DALL-E 사용)
1. DALL-E 웹사이트에 접속하여 "세련된 디자인의 신제품 이미지"라고 입력해 제품 이미지를 생성합니다.

2. 생성된 이미지를 검토하고 필요한 부분을 선택한 후 다운로드합니다.

3. 영상 배경에 사용할 추가 이미지를 "모던한 오피스 배경" 등으로 생성해 광고 분위기에 맞는 배경 이미지를 준비합니다.

3단계: 영상 템플릿 및 기본 편집 (Videomonster 사용)

1. Videomonster 웹사이트에 접속하여 새로운 프로젝트를 만듭니다.
2. 광고에 적합한 세로 형식(9:16) 템플릿을 선택합니다.
3. DALL-E에서 생성한 제품 이미지를 업로드하고, 템플릿에 맞게 배치합니다.
4. 나레이션 파일을 추가하여 영상과 음성을 결합합니다.

4단계: 고급 편집 및 효과 추가 (Gen3 사용)

1. Gen3 웹사이트에 접속하여 편집된 영상을 불러옵니다.
2. AI 기반 기능을 사용해 영상의 클립을 자동 분할하고 필요에 따라 자막을 추가합니다.
3. 전환 효과와 애니메이션 효과를 추가하여 영상의 흐름을 자연스럽게 연결합니다.
4. 광고에 맞는 배경 음악을 추가하여 몰입감을 높입니다.

5단계: 최종 편집 및 업로드

1. 각 장면 사이에 전환 효과를 추가하고, DALL-E에서 생성한 배경 이미지를 적용해 광고 분위기를 조정합니다.
2. Videomonster 라이브러리에서 배경 음악을 선택하여 적절히 배치합니다.
3. 자막 스타일을 조정하고 필요에 따라 텍스트 애니메이션을 추가합니다.
4. 광고 인트로와 아웃트로를 만들어 시각적으로 완성도를 높입니다.
5. 최종 확인 후 영상을 내보내기 합니다.
6. 유튜브 스튜디오에 접속하여 광고 영상을 업로드합니다.

이러한 AI 도구들을 활용하면 광고 영상 제작 과정이 훨씬 간단하고 빠르게 진행됩니다. 각 도구의 특성을 활용하여 창의적인 아이디어를 효과적으로 구현해보세요.

[실습 예제10: 강의 홍보영상 제작하기]

이번에는 AI 도구들을 활용하여 효율적으로 강의 홍보 영상을 제작하는 과정을 소개하겠습니다. Suno, Photio, Hedra, Geditor를 활용하여 강의를 홍보하는 영상을 만들어 보겠습니다.

1단계: 스크립트 및 음성 준비 (Suno 사용)
1. Suno 웹사이트에 접속합니다.
2. "이번 강의에서 배울 수 있는 3가지 핵심 포인트"를 주제로 30초 분량의 홍보 스크립트를 작성해달라고 입력합니다.
3. 생성된 스크립트를 검토하고 필요한 부분을 수정합니다.
4. AI 음성 합성 기능을 사용해 자연스러운 나레이션을 생성합니다. 감정이 담긴 음성을 선택해 강의 홍보에 효과적인 음성을 사용합니다.
5. 생성된 나레이션 파일을 다운로드합니다.

2단계: 이미지 및 영상 요소 준비 (Photio 사용)
1. Photio 웹사이트에 접속하여 "강의 중 강사의 프로필 사진 보정" 기능을 사용해 강사의 사진을 선명하고 매력적으로 보이도록 수정합니다.
2. 강의 관련 자료나 이미지를 AI 보정 기능을 활용하여 퀄리티를 높입니다.
3. 보정된 사진 및 자료 이미지를 다운로드합니다.

3단계: 영상 템플릿 및 기본 편집 (Hedra 사용)
1. Hedra 웹사이트에 접속하여 새로운 프로젝트를 시작합니다.
2. 강의 주제에 맞는 3D 애니메이션 효과를 활용하여 강의 내용을 강조할 수

있는 장면을 추가합니다.

3. Photio에서 보정한 이미지를 영상 내에 자연스럽게 삽입합니다.

4. Suno에서 생성한 나레이션 파일을 업로드하고 영상에 맞게 배치합니다.

4단계: 고급 편집 및 효과 추가 (Geditor 사용)

1. Geditor를 사용하여 강의 홍보 영상의 하이라이트 부분을 강조하고 불필요한 부분을 자동으로 트리밍합니다.

2. 자동 자막 기능을 활용해 나레이션에 맞춰 자막을 추가합니다.

3. 영상의 각 장면에 매끄러운 전환 효과와 텍스트 애니메이션을 넣어 시각적으로 더 풍부하게 만듭니다.

4. 배경 음악을 추가하여 영상의 몰입감을 높입니다.

5단계: 최종 편집 및 업로드

1. 각 장면 사이에 부드러운 전환 효과를 추가하고, Hedra의 3D 애니메이션을 활용하여 강의 주제를 강조합니다.

2. 자막 스타일을 조정하고, 영상의 색감을 Photio에서 보정한 이미지에 맞춰 최종 조정합니다.

3. 강의의 인트로와 아웃트로를 추가하여 영상의 완성도를 높입니다.

4. 최종 확인 후 영상을 내보내기 합니다.

5. 유튜브 또는 다른 소셜 미디어 플랫폼에 접속하여 강의 홍보 영상을 업로드합니다.

이러한 AI 도구들을 사용하면 간단하고 빠르게 강의 홍보 영상을 제작할 수 있습니다. 각 도구의 기능을 적절히 활용하여 더욱 효과적인 홍보 콘텐츠를 만들어 보세요.

[실습 예제11: 제품 홍보영상 제작하기]

이번에는 AI 도구들을 활용하여 빠르고 효율적으로 **제품 홍보 영상을 제작하는 과정을 소개하겠습니다.** DALL-E, Videomonster, Zebracat, Envato Elements를 사용하여 고퀄리티의 제품 홍보 영상을 만들어 보겠습니다.

1단계: 제품 이미지 생성 (DALL-E 사용)
1. DALL-E 웹사이트에 접속하여 "최신 스마트 워치 제품 이미지"라고 입력해 고품질의 제품 이미지를 생성합니다.
2. 생성된 이미지를 검토한 후, 여러 각도에서 보여줄 수 있는 다양한 제품 이미지를 생성합니다.
3. 홍보에 사용할 이미지들을 선택하고 다운로드합니다.

2단계: 영상 템플릿 및 기본 편집 (Videomonster 사용)
1. Videomonster에 접속하여 새 프로젝트를 만듭니다.
2. 제품 홍보에 적합한 세로 형식(9:16) 또는 가로 형식(16:9) 템플릿을 선택합니다.
3. DALL-E에서 생성한 제품 이미지를 템플릿에 맞춰 삽입합니다.
4. 각 이미지에 제품의 주요 기능을 설명하는 텍스트를 추가합니다.
5. Videomonster의 라이브러리에서 배경 음악을 선택하여 삽입합니다.

3단계: 효과 및 애니메이션 추가 (Zebracat 사용)
1. Zebracat 웹사이트에 접속하여 제품 홍보 영상에 애니메이션과 시각 효과를 추가합니다.
2. 제품의 주요 기능을 강조하는 애니메이션 효과를 적용해 시청자의 관심을 끌 수 있도록 만듭니다.
3. 제품의 3D 회전 애니메이션이나 확대/축소 효과를 추가하여 시각적으로

더 다채로운 영상이 되도록 편집합니다.

4단계: 고급 자원 추가 (Envato Elements 사용)

1. Envato Elements에서 고해상도의 스톡 비디오 클립, 이미지, 음원 등을 검색합니다.
2. 제품과 관련된 배경 영상이나 분위기 있는 이미지를 찾아 영상에 추가합니다. 예를 들어, 스마트 워치를 사용하는 라이프스타일 영상 등을 선택할 수 있습니다.
3. Envato Elements에서 제공하는 다양한 자원을 활용해 제품의 사용 장면을 더욱 현실감 있게 연출합니다.

5단계: 최종 편집 및 업로드

1. 각 장면 사이에 부드러운 전환 효과와 Zebracat에서 추가한 애니메이션 효과를 조정하여 영상의 흐름을 매끄럽게 만듭니다.
2. 자막 스타일을 조정하고, 제품의 주요 특징을 강조하는 텍스트를 추가합니다.
3. 인트로와 아웃트로를 추가하여 제품의 브랜드 이미지를 강화합니다.
4. 최종 확인 후 영상을 내보내기 합니다.
5. 유튜브, 인스타그램, 페이스북 등 소셜 미디어 플랫폼에 맞는 형식으로 변환하여 제품 홍보 영상을 업로드합니다.

이렇게 AI 도구들을 활용하면 손쉽게 고퀄리티의 제품 홍보 영상을 제작할 수 있습니다. AI의 힘을 빌려 창의성을 극대화하고, 빠르게 콘텐츠를 제작해 효과적으로 제품을 홍보해 보세요.

[실습 예제12: 영화 홍보영상 제작하기]

이번에는 AI 도구들을 활용하여 **영화 홍보 영상을 효율적으로 제작하는 과정을 소개하겠습니다.** Luma Dream, ElevenLabs, Gen3, Envato Elements 를 활용하여 영화의 분위기와 스토리를 강조한 홍보 영상을 만들어 보겠습니다.

1단계: 영화 트레일러 스크립트 및 음성 준비 (ElevenLabs 사용)
1. ElevenLabs 웹사이트에 접속하여 "영화의 핵심 줄거리와 스릴을 느낄 수 있는 30초 트레일러 스크립트를 작성해줘"라고 입력합니다.
2. 생성된 스크립트를 검토하고, 영화의 주요 장면과 메시지를 담은 스토리를 포함하도록 수정합니다.
3. AI 음성 합성 기능을 사용해 트레일러에 적합한 나레이션을 생성합니다. 영화의 긴장감을 살릴 수 있는 목소리와 감정 표현을 선택합니다.
생성된 나레이션 파일을 다운로드합니다.

2단계: 트레일러의 시각적 효과 준비 (Luma Dream 사용)
1. Luma Dream 웹사이트에 접속하여 영화의 주요 장면을 시각적으로 표현할 수 있는 드림라이크한 효과를 생성합니다.
2. "어두운 도시 속에서 주인공이 걷는 장면" 등 영화의 중요한 순간을 묘사하는 시각적 효과를 만들고, 영화의 테마에 맞게 영상의 색감과 스타일을 조정합니다.
3. 생성된 영상 효과를 저장하고, 영화의 다양한 장면에 맞게 활용할 수 있도록 준비합니다.

3단계: 영상 편집 및 애니메이션 추가 (Gen3 사용)
1. Gen3 웹사이트에 접속하여 새로운 프로젝트를 시작합니다.
2. 영화의 주요 장면을 업로드하고, Luma Dream에서 생성한 시각 효과를 각

장면에 추가합니다.

3. ElevenLabs에서 생성한 나레이션 파일을 영상에 맞춰 배치합니다.

4. AI 기반 기능을 사용해 각 장면을 자동으로 분할하고, 긴장감을 높이는 애니메이션 효과를 추가합니다.

5. 영화 장면에 맞는 음악과 음향 효과를 추가해 몰입감을 높입니다.

4단계: 고급 자원 추가 (Envato Elements 사용)

1. Envato Elements에서 영화 트레일러에 적합한 스톡 영상 클립과 고품질 음원을 검색합니다.

2. 영화의 분위기에 맞는 추가 영상이나 배경 영상을 다운로드하여 트레일러에 삽입합니다.

3. Envato Elements에서 제공하는 영화 관련 음향 효과나 배경 음악을 추가하여 트레일러의 완성도를 높입니다.

5단계: 최종 편집 및 업로드

1. 각 장면 사이에 부드러운 전환 효과를 추가하고, 긴장감을 더하기 위해 Gen3에서 제공하는 애니메이션과 음향 효과를 적절히 조정합니다.

2. 자막 스타일을 조정하고, 영화의 제목과 개봉일을 강조하는 텍스트를 추가합니다.

3. 영화의 인트로와 아웃트로를 추가하여 트레일러 영상의 완성도를 높이고 브랜드 이미지를 강화합니다.

4. 최종 확인 후 영상을 내보내기 합니다.

5. 유튜브, 인스타그램, 페이스북, 트위터 등 다양한 소셜 미디어 플랫폼에 맞는 형식으로 변환하여 영화 홍보 영상을 업로드합니다.

AI 도구를 활용하면 빠르게 감각적인 영화 홍보 영상을 제작할 수 있습니다. 다양한 AI 기능을 활용하여 시각적, 청각적으로 완성도 높은 트레일러를 만들어 영화의 매력을 효과적으로 전달해보세요.

인공지능 콘텐츠 트렌드

1인 미디어를 위한
인공지능콘텐츠 30일 완성가이드

초보자도 쉽게 따라하는 AI 콘텐츠 제작 로드맵

Part 2

AI활용 콘텐츠로 인공지능강사 도전

윤성임

　(사)농어촌유통산업진흥원 부회장 등을 역임하고 있으며, 현재 챗GPT/생성형AI 활용, 온라인(SNS) 마케팅 등 AX/DT/업무생산성/비즈니스 융합 강의 및 컨설팅을 진행하고 있습니다.

- 동국대학교 기술창업학 박사
- 소셜앤비즈 대표
- 디지털융합교육원 부원장
- AI융합비즈니스포럼 부회장

CONTENTS

인공지능강사에게 유용한 도구 10가지　　　　　　　　130

인공지능강사 브랜딩을 위한 도구 5가지　　　　　　　136

인공지능강사 되기 꿀팁 3가지　　　　　　　　　　　141

인공지능강사 성공 노하우 5가지　　　　　　　　　　150

2023년 챗GPT를 필두로 생성AI 시대가 도래하였습니다. 하루가 다르게 발전하는 최신 생성형 AI 기술들은 우리의 생활과 업무 방식을 근본적으로 변화시키고 있습니다. 이제 AI는 단순히 기술적 영역을 넘어서, 교육, 비즈니스, 예술 등 다양한 분야에서 혁신을 주도하고 있다. 이러한 변화 속에서 인공지능 리터러시(AI Literacy)의 중요성이 더욱 부각되고 있습니다.

인공지능 리터러시란, AI를 이해하고 활용할 수 있는 능력을 의미합니다. 이는 단순히 AI 기술을 사용하는 것에 그치지 않고, AI의 원리와 작동 방식을 이해하며, 이를 통해 창의적이고 문제 해결적인 접근을 할 수 있는 역량을 포함합니다. AI 리터러시는 미래 사회를 살아가는 모든 이들에게 필수적인 역량으로 자리매김하게 될 것입니다.

이에, 인공지능강사의 역할은 더욱 중요해지고 있습니다. AI 기술이 발전함에 따라 이를 가르치고, 효과적으로 전달할 수 있는 전문가에 대한 수요가 커질것이 예상됩니다. 인공지능강사는 최신 AI 기술을 학습자들에게 알기 쉽게 전달하고, 이를 통해 학습자들이 자신의 분야에서 AI를 효과적으로 활용할 수 있도록 돕는 중요한 역할을 할 것입니다. 이는 단순히 기술 교육을 넘어서, 학습자들의 창의성과 문제 해결 능력을 향상시키는 데 기여합니다.

이 챕터에서는 인공지능강사가 되기 위한 실질적인 가이드와 AI 기술을 활용한 교육 방법과 강사로서 성공하기 위한 다양한 노하우를 제공합니다. 최신 AI 기술의 동향을 파악하고, 이를 교육 현장에서 효과적으로 활용할 수 있는 방법들을 제시하며, 인공지능강사로서의 브랜딩과 마케팅 전략도 함께 다룹니다.

미래 사회에서 중요한 역할을 담당할 인공지능강사를 꿈꾸는 모든 이들에게 유용한 길잡이가 되기를 바랍니다. 최신 AI 기술의 발전에 발맞춰, 우리는 더 나은 교육을 제공하고, 더 많은 이들이 AI를 통해 자신의 잠재력을 최대한 발휘할 수 있도록 돕는 역할을 할 것입니다.

인공지능강사에게 유용한 도구 10가지

1. 줌(ZOOM) : https://zoom.us/

- 줌 온라인 강의 및 미팅을 위한 플랫폼입니다.
- 줌 사용법 또한 숙지가 되어 있어야 합니다.

2. 듀얼 모니터 환경

- 줌으로 온라인 교육할 때, 실습 중심의 강의에 듀얼 모니터 환경을 구축하는 것을 권장합니다.
- 한 화면은 교육생들을 보거나 채팅으로 소통하는 화면으로, 다른 한 화면은 강의 자료 및 실습을 위한 공유하는 화면으로 강의를 해야 하기 때문입니다.
- 듀얼모니터 환경을 구축하기 위해 모니터를 추가로 구매할 경우 휴대용 듀얼 모니터를 구매하는 것도 고려하는 것도 좋은 선택입니다.
- 컴퓨터 기종에 따라 모니터를 2개 추가하여 쓰리 모니터로 구성할 수도 있습니다.

3. 네트워크 환경

줌으로 온라인 교육할 때, 네트워크 환경이 좋은 곳에서 강의를 해야 합니다. 특히 와이파이보다는 유선으로 연결하는 것이 더 안정적입니다.

4. 컴퓨터 공간 확보

생성형AI교육은 그림이나 영상등을 제작하여 다운로드 하는 경우가 많으므로 PC/노트북 여유 공간이 확보되었는지 확인합니다.

5. 스마트폰 미러링 도구

- 삼성 플로우(Samsung Flow)나 윈도우PC의 '휴대폰과 연결' 기능을 이용해 스마트폰 화면을 PC/노트북에 미러링할 수 있어야 합니다. 스마트폰의 앱으로 서비스하고 있는 chatGPT, MS Copilot를 활용합니다.
- chatGPT, MS Copilot 등 스마트폰 앱 강의할 때는 스마트폰을 미러링하여 강의하는 것이 현장감이 있어 좋습니다.
- 미러링 연결 방법은 와이파이, 블루투스, USB 이므로 앞 2가지 방법으로 미러링이 안될 경우를 대비하여 USB를 꼭 준비하는 것도 권장합니다.

6. 윈도우 화면 분할 및 윈도우 단축키

- 한 모니터 화면에서 여러개의 윈도우 화면(창)을 동시에 보여줘야 할 때 사용하는 방법입니다.
- 한 윈도우 화면을 클릭한 후 윈도우 + 왼쪽 방향키를 누르면 왼쪽 화면으로 위치하고, 또 하나의 윈도우 화면을 터치하면 반대편으로 위치합니다. 상하좌우 모두 가능합니다. 또한 4개의 화면 분할도 가능합니다.
- 분할된 윈도우 화면의 가운데 축에 마우스를 대면 화살표가 나타나 화면의 크기를 조절할 수 있습니다.

[그림 1] 윈도우 분할 화면

- 아래 그림의 윈도우 단축키를 활용하여 컴퓨터를 아주 스마트하게 사용할 수 있습니다. 아래 단축키는 꼭 한번씩 사용해보고 익혀서 사용하길 권장합니다.

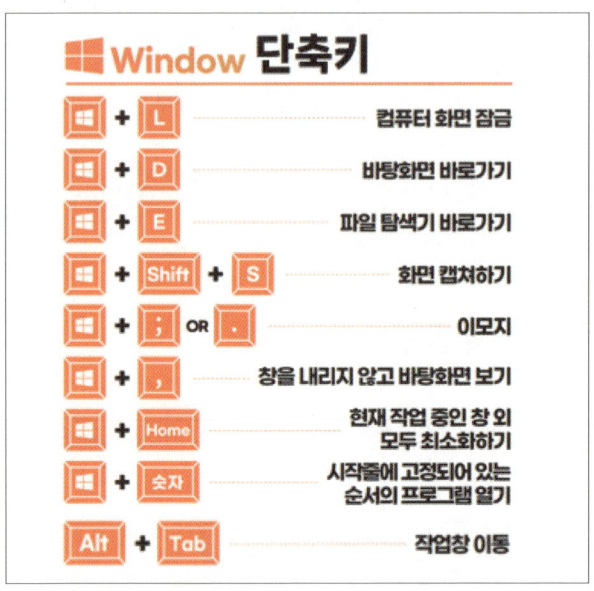

[그림 2] 윈도우 단축키, 출처:그린컴퓨터아카데미

7. 마우스 가독성 높게 설정하기

- 컴퓨터 설정 장치 마우스에서 마우스 포인터 크기 및 색상도 변경할 수 있습니다.
- 또한 마우스 포인터 옵션에서 '<ctrl>키를 누르면 포인터 위치 표시'를 체크한 후 강조하고자하는 부분에 마우스를 대고 콘트롤 키를 터치할 때 마다 동그라미가 나타나 강조하는 효과를 나타낼 수 있습니다.

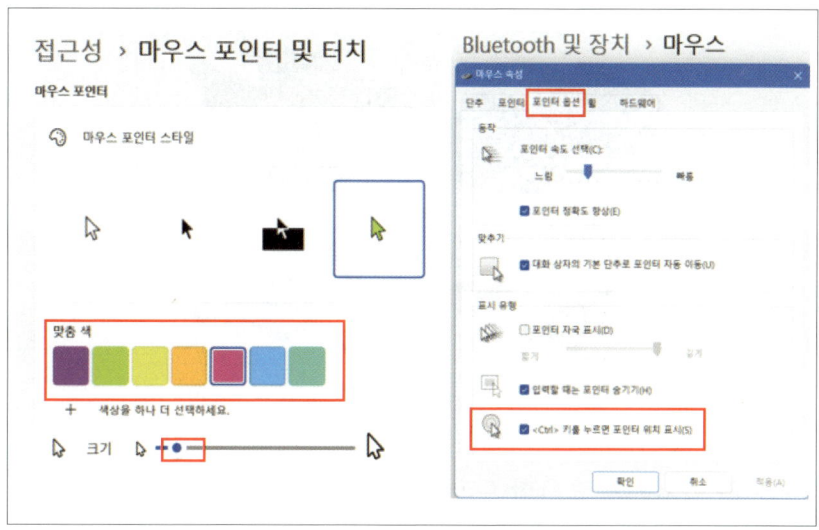

[그림 3] 마우스 포인터 설정

8. 프리젠테이션 도구

　MS의 zoomit(줌잇) 또는 kscreen(빨간펜) 소프트웨어를 활용하여 화면 확대, 주석, 도형이나 선 등으로 화면의 특정 부분을 강조하거나 실시간으로 내용을 설명할 때 아주 유용합니다.

9. 빔과 노트북 연결 케이블

　- 인공지능강사 및 실습을 많이 하는 강의일 경우는 실습 자료 및 로그인 인증 문제 등 내 노트북으로 강의를 하는 것이 편리합니다.
　- 강의장에 있는 빔과 내 노트북 기종에 따라 아래 그림의 예시와 같은 연결 케이블을 준비하는 것이 좋습니다.
　- 강의장에 준비되어 있는 경우도 있지만 다양한 경우의 수가 있으므로 내 노트북에 맞는 케이블을 준비하는 것을 권장합니다.

PART2 AI 활용 콘텐츠로 인공지능강사 도전　133

[그림 4] 노트북 연결 케이블

10. 기타 강사에게 유용한 도구

강사들의 필수 사항인 강의안 제작 및 강의 준비물 안내 등에 관련된 도구를 소개하고자 합니다.

1) MS office 설치 프로그램이나 MS 365 웹

- 강의안 제작에 가장 대표적으로 활용되는 프로그램입니다. 2024년 4월 30일자로 MS 365 Copilot 한글 버전이 출시되었습니다.
- PPT 제작해주는 생성AI 서비스 'gamma.app'처럼 프롬프트로 강의안을 제작할 수 있게 되었습니다.

2) canva 와 미리캔버스

- 최근에는 프리젠테이션 등 다양한 템플릿을 활용하여 강의안 뿐만 아니라 SNS 브랜딩을 위한 카드뉴스, 숏폼, 홈페이지 등 다양한 유형의 콘텐츠를 누구나 쉽게 제작할 수 있어 많이 활용되고 있습니다.
- 이미지 자동 생성 등의 생성AI 기능이 추가되었습니다.

3) 노션 과 패들릿

- 강의 내용이나 준비물을 학습자에게 편리하게 일괄적으로 제공하기 위해 많이 활용되고 있습니다.
- 노션 : 다목적 생산성 도구로, 문서 작성, 프로젝트 관리, 데이터베이스 관리 등 다양한 용도로 사용되는 생산성 도구인데 홈페이지 및 교육 과정을 정리하는 도구로도 많이 활용되고 있습니다.
- 패들릿 : 시각적 아이디어 정리와 공유, 브레인스토밍, 결과물 공유 및 코칭 등 교육 목적으로 많이 사용되고 있습니다.

5) 픽픽(PicPick)

화면 캡처를 많이 하는 강의안 제작시 아주 유용합니다.

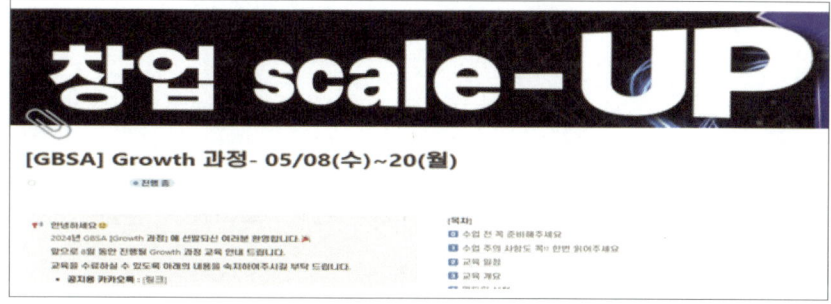

[그림 5] 노션 활용 사례

[그림 6] 패들릿 활용 사례

인공지능강사 브랜딩을 위한 도구 5가지

1. 네이버 인물정보 본인 참여 서비스

- 네이버 인물정보 본인 참여 서비스는 네이버 아이디를 가지고 있는 모든 사용자가 자신의 인물 정보를 직접 관리하고 업데이트할 수 있는 서비스로 이름으로 검색했을 때 가장 메인에 노출되어 홍보 효과가 뛰어납니다.

- 이 서비스는 주로 공인, 전문가, 기업인, 아티스트 등 다양한 분야의 인물들이 자신의 프로필을 직접 수정하고 보완할 수 있도록 네이버에서 무료로 제공하는 기능입니다.

- 경력 증명서, 수상 이력, 저서 등 증빙 서류 첨부하여 등록할 수 있습니다.

- 홈페이지 등 SNS 채널도 총 망라하여 홍보할 수 있습니다.

[그림 7] 네이버 인물 검색 윤성임

2. 네이버 스마트 플레이스

- 네이버 스마트플레이스(Naver SmartPlace)는 네이버에서 제공하는 무료 서비스로, 네이버 아이디를 가지고 있는 모든 사업자들은 직접 자신의 가게나 비즈니스를 네이버 지도와 검색에 등록하고 관리할 수 있습니다.

- 특히 오프라인 매장을 가지고 있는 사업자는 홈페이지 이상의 홍보 효과를 높이고, 고객과의 소통을 강화하며, 더 나은 비즈니스 성장을 도모할 수 있습니다.

- 업체명으로 검색했을 때 네이버 스마트 플레이스 영역에 노출되어 불필요한 위치에 대한 문의를 받을 필요가 없습니다.

- 또한 0507의 평생 대표번호를 무료로 제공하고, 네이버 예약, 네이버 모두, 네이버 스마트 스토어 등 네이버 서비스와 모두 연동되어 네이버 마케팅 효과를 극대화할 수 있습니다.

- 특히, 네이버 스마트 플레이스를 먼저 등록한 후 블로그 포스팅시 '장소'추가하면 해당 블로그 게시글이 스마트 플레이스 리뷰로 연동되어 홍보 효과를 높일 수 있습니다.

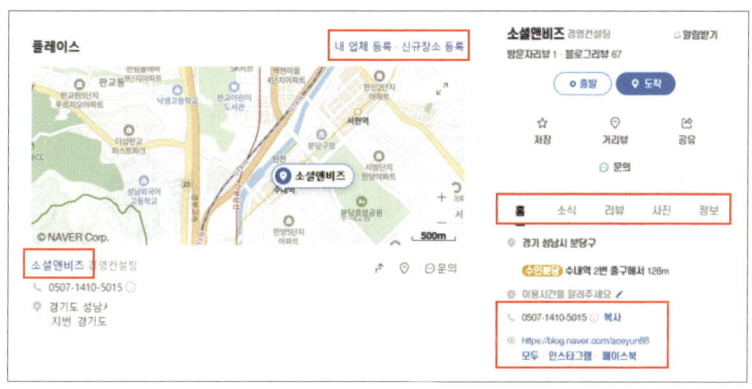

[그림 8] 네이버 스마트플레이스

3. 네이버 모두(modoo)

- 네이버 모두는 네이버 아이디를 가지고 있는 누구나 자신의 홈페이지를 쉽게 만들 수 있고 네이버에 바로 노출할 수 있습니다.

- 네이버 스마트 플레이스, 네이버 스마트스토어 등 네이버 다양한 서비스와 연동되어 네이버 홍보 마케팅을 극대화 할 수 있습니다.

- 홈페이지를 제작할 수 있는 도구는 아주 다양합니다.

- 홈페이지를 제작하는 이유는 온라인상에 노출되는 홈페이지를 통해 홍보 마케팅 및 브랜딩이 되고자 하는 것입니다.

- canva, 미리캔버스, 노션 등으로 쉽게 홈페이지처럼 만들어 그 URL 공유하여 편리하게 사용할 수 있지만, 네이버나 구글에 검색되게 하려면 별도의 도메인을 구매한 후 네이버나 구글 등의 검색 사이트에 또 사이트 등록해야지만 검색됩니다.

4. SNS(Social Networking Service) 채널 운영.

[그림 9] 대표적 SNS 채널 종류

- SNS는 'Social Networking Service'의 약자이다. 이는 사람들이 인터넷을 통해 상호작용하고, 정보를 공유하며, 네트워크를 형성할 수 있는 온라인 플랫폼을 지칭합니다.

- 대표적으로 블로그, 인스타그램, 페이스북, 유튜브 등이 있습니다.

- 텍스트(글) 중심의 블로그, 직장인들의 소통 중심 페이스북, 이미지 중심의 인스타그램, 동영상 중심의 유튜브, 숏폼 중심의 틱톡으로 발전하여 왔습니다.

- 특히 숏폼 중심의 틱톡에 대응하는 블로그 클립, 인스타그램 릴스, 유튜브 쇼츠 등 숏폼 콘텐츠의 대세가 이어지고 있습니다.

- 인공지능강사의 브랜딩을 위한 최적의 SNS 채널은 교육 담당자들이 강사를 찾는 채널일 것인데, 우리나라는 여전히 네이버 블로그가 검색 중심의 사이트이고, 유튜브, 인스타그램 순으로 이어집니다.

- SNS 채널은 운영할 때 기본적으로 아래와 같은 구성 요소를 SEO(검색엔진최적화)에 최적화되도록 구성해야 합니다.

- 각 SNS 채널명은 브랜딩 키워드가 들어가 있는 이름으로 설정하는 것이 좋고, 설명 등에도 그 키워드를 적절히 배치하여야 한다. 또한 채널 배경 이미지에는 강사로서 홍보할 수 있는 요소들을 최적화하여 담아내야 합니다.

- 각 SNS 채널의 콘텐츠는 브랜딩 키워드가 제목이나 설명 등에 잘 배치되어야 하고 공감할 수 있는 스토리를 담은 콘텐츠를 업로드 하는 것을 권장합니다.

- 각 SNS 채널의 친구 수(팔로우 수)는 절대적인 숫자로 말할 수는 없으나 선팔, 맞팔 등을 통해 가능한 많은 수를 확보하기 위한 노력을 해야 합니다.

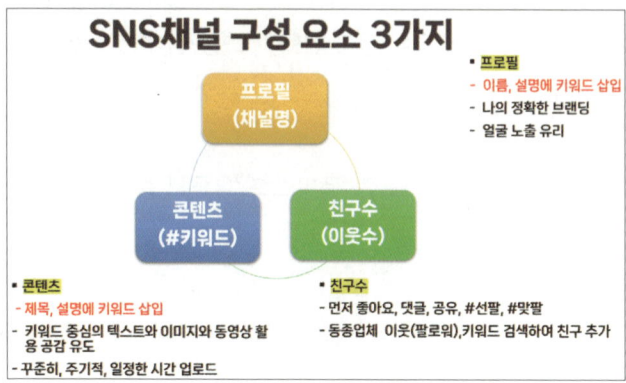

[그림 10] SNS채널 구성 요소 3가지

[그림 11] 블로그 홈페이지 예시

5. 저서(전자책) 출판

네이버 인물 정보의 저서 부분에 추가하여 퍼스널 브랜딩을 하기 위한 저서를 출판하기를 권장합니다. 저서는 인터랙티브한 강의 이벤트 선물용으로도 좋습니다. 특히 강의안을 대체하는 수업 교재로 공동 구매되는 기회를 만나게 되기도 합니다.

[그림 12] 종이책 & 전자책

6. 교육 콘텐츠 제작 및 판매

인공지능강사로서 초청 강의 외에도 크몽에 전자책 이나 전문가도 등록하여 재능을 판매하여 브랜딩과 함께 수익화할 수 있습니다. 또한 유튜브는 물론 클래스 101, 유데미 같은 교육 동영상 사이트에 생성형AI활용법 등으로 교육 콘텐츠를 제작하여 판매 수익을 올릴 수도 있습니다.

 인공지능강사 되기 꿀팁 3가지

1. 생성형AI 활용 트렌드 따라가기

생성형AI 관련 기술 및 활용 트렌드 따라가는데 유용한 유튜브 채널 5종을 소개합니다. 이 채널 외에도 다양한 관점에서 빠른 정보를 제공하는 유튜브 채널이 많으니 각자의 교육 대상자 레벨에 따른 적절한 채널을 2~3개를 구독하여 발빠른 소식으로 업데이트 하기 바랍니다.

1) 티타임즈

https://www.youtube.com/@TTimesTV

[그림 13] 티타임즈

2) 지피터스 GPTers

https://www.youtube.com/@gpters

[그림 14] 지피터스

3) AI코리아 커뮤니티

https://www.youtube.com/@AIKoreaCommunity

[그림 15] AI코리아커뮤니티

4) 조코딩

https://www.youtube.com/@jocoding

[그림 16] 조코딩

5) 평범한 사업가

https://www.youtube.com/@ordinary_businessman

[그림 17] 평범한 사업가

2. 강의안 완성도를 높이는 유용한 자료 찾기

생성형AI 관련 강의안을 만들기 위한 유용한 자료를 찾는 방법을 소개하고자 합니다. 유용한 자료를 강의안으로 사용할 때는 출처 표시를 하고 활용해야 합니다.

1) 유튜브 설명 부분
좋은 정보나 트렌드를 전해주는 유튜브의 설명란에 해당되는 자료를 다운로드 할 수 있는 URL를 추가해놓은 경우가 많습니다. 유튜브 설명 부분을 살펴보겠습니다.

2) 구글 검색
- 유용한 자료 검색은 유튜브에서 하는 경우를 추천합니다.

- 특히 pdf 등 파일 형식으로 받을 경우는 '키워드 + filetype:[화일형식]' 으로 검색하면 해당되는 파일 형식이 첨부된 사이트 위주로 검색 결과를 보여줍니다. 파일형식은 ppt, pptx, doc, rtf 등 다양하며 '고급 검색 - 파일 형식'을 터치하여 검색하고자 하는 파일 형식을 지정할 수 있습니다.

- '도구'를 터치하여 언어별, 기간별, '고급 검색'으로 검색할 수 있습니다.

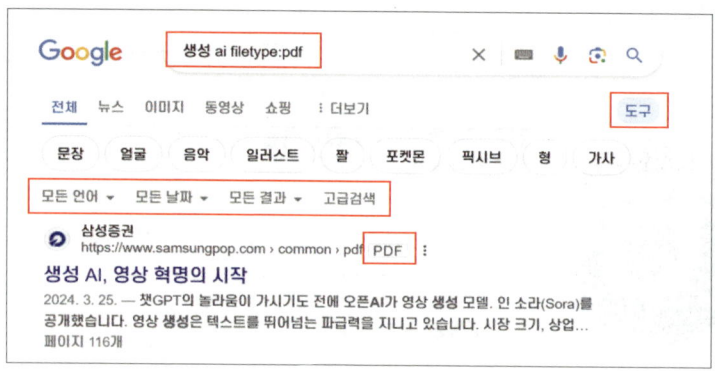

[그림 18] 구글 검색

- 또한 '고급 검색'을 터치하면 아래와 같이 더욱 구체적인 검색 조건을 추가하여 원하는 검색 결과 위주로 얻을 수 있습니다.

[그림 19] 구글 고급 검색

- 이렇게 PDF 파일 형식으로 검색하면 대부분 ICT 전문 기업, 관련 공공기관 등의 보고서나 공개된 세미나 자료이므로 강의안에 활용하기 아주 유용한 자료입니다.

3) 논문 검색

a) 구글 스칼라(Google Scholar) : https://scholar.google.co.kr
일반적으로 많이 알려진 글로벌 논문 검색 사이트입니다

b) RISS(학술연구정보사이트) : https://www.riss.kr
우리나라에서 대표적인 논문 검색 사이트입니다. 키워드 검색하면 일반 논문과 함께 책, 보고서 등이 함께 검색되고 공공기관의 연구 보고서 pdf를 다운을 받을 수 있습니다.

c) AI기반 논문 검색 및 요약 사이트
대표적인 AI 기반 논문 검색 및 요약 사이트 2종은 다음과 같습니다.
- perplexity : https://www.perplexity.ai
- SCISPACE : https://typeset.io/

4) 각 연관 주요 기관 홈페이지

위의 구글 검색 등으로 pdf 파일로 검색해보면 대체적으로 각 연관된 기관에서 업로드한 보고서나 세미나 자료입니다. 또한 세미나 자료 같은 경우는 해당 세미나 영상을 유튜브에 업로드해 놓는 경우도 많으므로 자료를 함께 보면서 영상을 들으면 이해가 더 빠르기도 합니다.

다양한 산업별 전문 분야에서 생성AI가 각 산업에 미치는 영향 등의 보고서를 작성하거나 세미나를 개최합니다. 그중 유용한 연구 보고서 및 세미나 자료 등을 공개한 대표적인 기관으로는 다음과 같습니다.

- NIA(한국지능정보사회진흥원) : https://www.nia.or.kr
- KISTEP(한국과학기술기획평가원) : https://www.kistep.re.kr
- KCA(한국방송통신전파진흥원) : https://www.kca.kr
- 서울디지털재단 : https://sdf.seoul.kr
- 서울시50플러스포털 : https://50plus.or.kr/

5) 생성AI 관련 유용한 자료 모음 카페

생성AI 관련 유용한 자료 모음 카페와 유용한 트렌드 소식을 전하며 원원하는 커뮤니티를 소개하고자 합니다.
 - 네이버 카페 : AI융합비즈니스세상(https://cafe.naver.com/newnormal2020)
 - 카카오톡 오픈채팅방 : AI융합비즈니스포럼(https://open.kakao.com/o/gOS6mw8e, 비밀번호:2023)

'AI융합비즈니스세상' 카페에 방문하면, 구글 Gemini의 프롬프트 가이드 101, 농촌진흥청의 시장조사 및 사업기획을 위한 생성형AI활용 매뉴얼, 서울디지털재단의 소상공인 비즈니스 역량 강화를 위한 ChatGPT 활용 매뉴얼, 디지털플랫폼정부위원회 와 NIA 한국지능정보사회진흥원의 공공부문 초거대 AI 도입.활용 가이드라인, 공공부문 초거대 AI 도입.활용 가이드라인 등 최신 유용한 자료 모음이 있습니다.

3. 데이터 분석용 실습 자료 찾기

chatGPT 4(유료) 버전의 탁월한 기능중 하나는 데이터 분석입니다. 이 데이터 분석 교육을 하기 위해서는 데이터 분석 실습하기 위한 엑셀 파일(xls 또는 csv) 자료가 필요합니다. 자체 보유중인 데이터를 사용하면 더욱 좋고, 그렇지 못할 경우 데이터 분석 실습용 데이터를 다운 받을 수 있는 대표적인 사이트는 다음과 같습니다. 이외에도 다양한 각 산업 분야마다 공공데이터포탈 같은 데이터 공유 사이트들도 많습니다.

[그림 20] 유용한 자료 모음

1) 공공데이터포탈 : https://www.data.go.kr/index.do

데이터 분석 강의를 위한 실습용 데이터를 검색 또는 이슈 및 추천 데이터 나 공공 데이터 활용 신청 Top 10 중에서 교육생들의 이해를 도울 수 있는 데이터를 다운 받으면 됩니다.

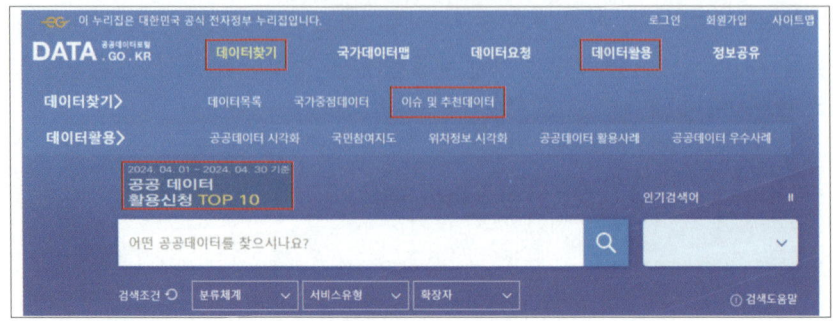

[그림 21] 공공데이터포털

2) Kaggle dataset : https://www.kaggle.com/datasets

누구나 데이터를 공유 및 다운로드 할 수 있는 글로벌 사이트입니다. 분야별 데이터를 검색하거나 인기 데이터 셋트나 필터를 적용하여 실습하기 적합한 종류의 데이터를 다운로드 하면 됩니다.

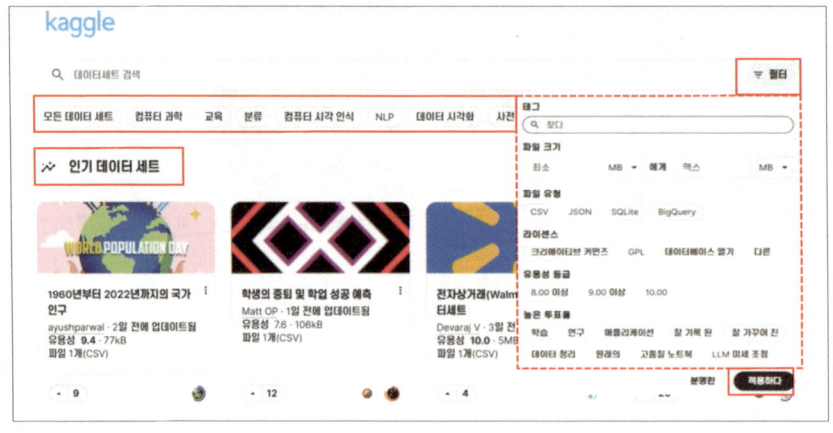

[그림 22] Kaggle dataset

3) 경영정보시각화능력시험 실기 자료 : https://license.korcham.net/co/examguide.do

경영정보시각화능력시험은 대한상공회의소에서 2024년 신설되어 제1회 필기 시험과 실기 시험이 실시됩니다. 경영정보시각화능력시험 안내 페이지의 '관련 자료'에서 실기 시험 프로그램 과 모의 문제의 소스 테이터를 실습 데이터로 활용하는 것도 효율적입니다.

갈수록 데이터 분석 활용 역량에 대한 니즈가 높아갈 때 아직은 챗GPT 4o에서 데이터 분석 및 시각화의 한계가 있으므로 MS 파워BI 시각화 도구 활용을 강의 영역에 포함하고 경영정보시각화능력시험을 준비하는 것도 1석2조 좋은 방향이라 생각됩니다.

[그림 23] 경영정보시각화시험-실기자료

인공지능강사 성공 노하우 5가지

일반적으로 강사로 성공하기 위해서는 ①전문성 강화 및 맞춤형 강의 개발, ②커뮤니케이션 스킬 향상, ③강사 브랜딩 및 성공 사례 구축, ④지속적인 자기개발, ⑤전문가 네트워킹 및 커뮤니티 활동, ⑥ 최신 자료 및 도구 활용 등이 언급되고 있습니다.

그러나, 2023년 패러다임 전환을 촉발한 생성AI 서비스 활용 및 AI 리터러시 역량 강화 교육을 전문으로 하는 인공지능강사의 성공을 위한 노하우는 새로운 패러다임 전환 관점에서 살펴볼 필요가 있습니다.

2023년 1월부터 챗GPT강사과정, AI융합전문가과정, 외부 출강 등을 경험한 필자는 아래와 같이 5가지로 정리해보았습니다.

1. 인공지능강사로서의 SNS 퍼스널 브랜딩과 성공 사례를 구축하라.

퍼스널 브랜딩과 성공 사례 구축은 인공지능강사뿐만아니라 SNS시대를 살아가는 강사, 프리랜서, 컨설턴트, 중소상공인 등 1인기업 또는 소규모 경영자들에게는 필수적인 사항입니다.

인공지능 강사는 새로운 강사 영역인 만큼 SNS를 통해 인공지능강사임을 알리고, 신뢰성을 구축하는 것이 중요합니다.

특히, 과거의 업무 경험을 다양한 AI기술 활용한 AI 콘텐츠로 SNS채널에 올리고, 학습자들의 성공 사례를 공유하는 것만으로도 인공지능강사로서의 전문성도 알리고, 셀프 퍼스널 브랜딩 효과도 높일 수 있습니다.

2. 챗GPT 등 생성형AI 서비스 활용을 습관화하여 다양한 활용 사례를 발굴하라.

LLM(대형언어모델)의 역량은 어느 정도인지 누구도 모릅니다. 또한 챗GPT 등 생성AI가 패러다임 전환을 촉발한다고 합니다. 패러다임 전환(paradigm shift)이란 기존의 지배적 사고 방식이나 시스템, 방법론 등이 새로운 패러다임으로 전환되는 것을 의미합니다.

즉, 생성AI 같은 새로운 패러다임 전환을 가져온 도구는 다양한 분야에서 기존의 틀을 벗어나 혁신적이고 근본적인 변화를 수반한다는 뜻입니다.

이에 인공지능강사들은 구글 검색 등 기존 틀에서 생성AI 활용으로 새로운 패러다임 전환을 빠르게 수용하며 시시각각 업그레이드 되는 생성AI의 활용 사례를 발굴해서 나만의 강의 레시피를 완성해가야 합니다.

3. 각 업무 분야별 핵심 키워드 및 프레임워크를 파악하라.

각 업무별 핵심 키워드 및 프레임워크를 파악하는 이유는 나의 전문 분야가 아니더라도 그 분야 업무를 파악하고 좋은 프롬프트를 활용할 수 있는 가장 빠르고 효과적인 방법이기 때문입니다.

강사가 그 분야 업무 경험이 없더라도 각 용어에 대한 설명과 함께 프롬프트 사용 예시를 토대로 강의를 한다면 해당 분야 전문가들에게 조금 더 눈맞춤형 교육이 될 수 있으리라 생각됩니다.

이 또한 챗GPT 등 생성AI를 활용하여 파악해보겠습니다. chatGPT 4o에 아래와 같은 프롬프트로 지시했더니 다음와 같이 표를 작성해주었습니다.

ChatGPT 4o 프롬프트

각 업무 분야별 핵심 키워드 및 프레임워크와 그에 대한 상세 설명. 프롬프트 사용예시를 표로 정리해줘.
를 제외하고 문장 단위로 새로운 행으로 정리해줘.

업무 분야	핵심 키워드	프레임워크	상세 설명	프롬프트 사용 예시
마케팅	SEO 콘텐츠 마케팅 브랜딩	AIDA STP	SEO: 검색 엔진 최적화. 콘텐츠마케팅: 유용한 콘텐츠제작으로 고객 유치. 브랜딩: 브랜드 이미지 및 인식 관리.	"SEO전략을위해 어떤 키워드를 사용해야할까?"
데이터 분석	데이터 시각화 통계 분석 머신 러닝	pandas NumPy scikit-learn	데이터 시각화: 데이터의 시각적 표현. 통계 분석: 데이터의 통계적 분석. 머신 러닝: 데이터 기반 예측 모델 개발.	"pandas를 사용해 데이터 프레임을 생성하는 방법을 알려줘."
소프트웨어 개발	Agile DevOps 코드 리뷰	Scrum Kanban	Agile: 유연한 개발 방법론. DevOps: 개발과 운영의 통합. 코드 리뷰: 코드 품질 향상 위한 리뷰 과정.	"Agile 방법론을 적용한 프로젝트 관리 방안을 설명해줘."
인사 관리	성과 관리 채용 조직 개발	OKR 360도 피드백	성과 관리: 목표 설정 및 평가. 채용: 인재 확보 과정. 조직 개발: 조직 효율성 및 문화 개선.	"OKR을 사용해 직원 성과를 관리하는 방법을 설명해줘."
재무 관리	예산 편성 자산 관리 위험 관리	GAAP IFRS	예산 편성: 예산 계획 수립. 자산 관리: 자산 최적화 및 보호. 위험 관리: 재무적 위험 식별 및 관리.	"GAAP 기준에 따라 재무 보고서를 작성하는 방법을 알려줘."
프로젝트관리	일정 관리 자원 관리 위험 관리	PMBOK PRINCE2	일정 관리: 프로젝트 일정 계획 및 통제. 자원 관리: 프로젝트 자원 최적화. 위험 관리: 프로젝트 위험 식별 및 대응.	"PMBOK 가이드에 따라 프로젝트 위험 관리 방법을 설명해줘."

[그림 24] 각 업무별 핵심 키워드 및 프레임워크

4. 좋은 프롬프트와 그 결과물을 관리하라.

생성AI를 잘 활용하는 핵심은 프롬프트를 잘 구성하는 것입니다.

프롬프트는 각 업무 분야별 핵심 키워드 및 프레임워크를 잘 알고 있으면, 즉 도메인별 기본 역량이 있으면, 자연스레 한 핵심 키워드로 강의 현장 및 즉석에서 좋은 프롬프트를 완성할 수 있습니다.

그러나 나의 전문 분야가 아닌 분야의 프롬프트는 나 또한 정리해두고 벤치마킹해야하고 강의때는 그 준비된 프롬프트로 수업해야 합니다.

그러니 챗GPT에게 프롬프트 예시를 작성해달라고 하거나 인터넷에서 프롬프트 템플릿을 검색해서 별도로 관리하는 것을 권장합니다.

특히, 이미지나 음악 같은 예술 문화 등 전문적인 분야의 프롬프트는 더욱 별도 정리 및 관리할 필요가 있습니다.

실습한 프롬프트와 결과물을 블로그나 카페 등 SNS에 1일1프롬프트 포스팅을 하면 SNS 유입율도 높이고 강사 브랜딩도 되고 실습 및 활용 사례 자료로 활용할 수도 있어 유용합니다.

5. 지속적인 자기 개발로 맞춤형 인터렉티브한 강의를 준비하라.

인공지능(AI) 기술은 매우 빠른 속도로 발전하고 있고, 다양한 분야에서 활용될 수 있는 범용 기술입니다.

그러므로 인공지능강사들은 학습자들의 배경과 필요에 따라 맞춤형 강의를 제공하여 학습자들에게 가장 최신의, 실무에 적용 가능한 지식을 제공하기 위해 지속적인 자기 개발이 굉장히 중요합니다.

또한 AI 기술은 창의적이면서 개인화할 수 있는 실용적인 기술이므로 프롬프트 구성 실습이나 결과물을 공유하는 등 학습자들을 적극적으로 참여시키는 인터렉티브한 강의로 참여도와 만족도를 높이기도 쉽습니다.

세상이 급변하고 있습니다. 특히, 인공지능 기술의 발전은 우리의 일상과 직업 환경에 큰 변화를 가져오고 있습니다. 이러한 변화 속에서 인공지능 리터러시의 중요성은 날로 커지고 있으며, 이를 교육할 수 있는 인공지능강사에 대한 수요도 증가될 것입니다.

이 책을 통해 우리는 인공지능강사로서의 역량을 강화하고, 최신 AI 도구와 플랫폼, 강의 준비 및 운영에 필요한 다양한 기술들, 그리고 인공지능강사로서의 브랜딩과 마케팅 전략까지, 모든 것이 이 책에 담겨 있다. 이러한 지식과 기술들이 인공지능강사로서 성장하는데 큰 도움이 되기를 바란다.

끝으로, 인공지능강사는 지속적인 자기 개발과 학습이 필요한 직업이다. AI 기술은 빠르게 발전하고 있으며, 이에 발맞추어 끊임없이 학습하고 성장해야 한다. 앞으로의 여정에서도 최신 기술과 트렌드를 파악하며, 학습자들에게 최상의 교육을 제공하는 인공지능강사가 되기를 기원한다.

인공지능 강사가 되기 위한

브레인스토밍해보세요.

인공지능 콘텐츠 트렌드

1인 미디어를 위한
인공지능콘텐츠 30일 완성가이드

초보자도 쉽게 따라하는 AI 콘텐츠 제작 로드맵

Part 3

AI로 글쓰기 혁명
10배 빠른 콘텐츠 제작

김수진

 김수진작가는 대학에서 문학을 전공한 디지털마케팅 컨설턴트로 <브레인학원마케팅> 1인 기업 대표이자 <브레인국어논술> 원장이다. 오픈 카톡방 '학원모'에서 전국에 계신 학원장을 대상으로 학원 분야 온라인 마케팅 교육을 담당하고 있다.

- 브레인학원마케팅 대표
- 브레인국어논술 원장
- 경기도 평생교육 진흥원 배움교실 국어강사 양성과정 강사(2021~2023)
- 서울시립금천청소년센터 방과후 아카데미 강사 (2007~2011)
- 쌍문청소년문화의집 학교폭력예방 법교육 (2012)
- 미래교육 온라인 학원 마케팅 블로그 강의 (2020~2023)
- 홈플러스 문화센터 신내점 출강 (2023)

CONTENTS

AI 글쓰기 도구의 이해와 선택　　　　　　　　　　159

AI를 활용한 효율적인 글쓰기 프로세스　　　　　　162

다양한 장르별 AI 글쓰기 전략　　　　　　　　　　165

AI와 인간의 협업: 창의성 극대화하기 5가지 방법　169

AI 글쓰기의 윤리와 저작권 문제　　　　　　　　　172

AI 글쓰기 도구의 이해와 선택

디지털 시대의 급속한 발전과 함께 AI 기술은 우리의 일상 생활 곳곳에 스며들고 있습니다. 특히 글쓰기 분야에서 AI의 활용은 놀라운 속도로 확산되고 있으며, 이는 콘텐츠 제작의 효율성을 크게 향상시키고 있습니다. 이 장에서는 주요 AI 글쓰기 도구들을 소개하고, 각 도구의 장단점을 비교한 후, 목적에 맞는 AI 글쓰기 도구를 선택하는 방법에 대해 알아보겠습니다.

1. 주요 AI 글쓰기 도구 소개

GPT-4 (OpenAI)

GPT-3는 현재 가장 강력한 언어 모델 중 하나로 평가받고 있습니다. 이 모델은 다양한 글쓰기 작업을 수행할 수 있으며, 특히 자연스러운 문장 생성 능력이 뛰어납니다. GPT-3는 API를 통해 접근 가능하며, 다양한 애플리케이션에서 활용되고 있습니다.

Jasper (구 Jarvis)

Jasper는 마케팅 콘텐츠 제작에 특화된 AI 글쓰기 도구입니다. 블로그 포스트, 소셜 미디어 콘텐츠, 광고 문구 등 다양한 형태의 마케팅 텍스트를 생성할 수 있습니다. 사용자 친화적인 인터페이스와 다양한 템플릿을 제공하여 초보자도 쉽게 사용할 수 있습니다.

Grammarly

Grammarly는 주로 문법 검사와 문장 개선에 초점을 맞춘 AI 도구입니다. 단순한 맞춤법 검사를 넘어 문장 구조, 어조, 명확성 등을 개선하는 제안을 제공합니다. 브라우저 확장 프로그램으로도 사용 가능해 편의성이 높습니다.

Copy.ai

Copy.ai는 다양한 유형의 마케팅 콘텐츠를 생성하는 데 특화된 도구입니다. 제품 설명, 이메일 제목, 광고 문구 등을 빠르게 생성할 수 있으며, 여러 변형을 한 번에 제시하여 선택의 폭을 넓혀줍니다.

Writesonic

Writesonic은 블로그 포스트, 랜딩 페이지, 제품 설명 등 다양한 형태의 콘텐츠를 생성할 수 있는 AI 도구입니다. SEO 최적화 기능을 제공하여 검색 엔진 친화적인 콘텐츠 제작을 돕습니다.

2. 각 도구의 장단점 비교

GPT-4

장점: 매우 강력한 언어 이해 및 생성 능력, 다양한 작업 수행 가능
단점: 높은 비용, 때때로 부정확한 정보 생성, 윤리적 문제 가능성

Jasper

장점: 사용자 친화적 인터페이스, 마케팅에 특화된 기능, 다양한 템플릿 제공
단점: 상대적으로 높은 가격, 일부 언어에 제한적 지원

Grammarly

장점: 뛰어난 문법 및 문장 개선 기능, 다양한 플랫폼 지원
단점: 창의적인 콘텐츠 생성에는 제한적

Copy.ai

장점: 다양한 마케팅 콘텐츠 유형 지원, 빠른 생성 속도
단점: 깊이 있는 콘텐츠 생성에는 한계

Writesonic

장점: SEO 최적화 기능, 다양한 콘텐츠 유형 지원

단점: 일부 고급 기능은 상위 플랜에서만 이용 가능

3.목적에 맞는 AI 글쓰기 도구 선택하기

AI 글쓰기 도구를 선택할 때는 다음과 같은 요소들을 고려해야 합니다:

1) 사용 목적

블로그 포스팅, 마케팅 카피, 학술 논문 등 어떤 유형의 글을 주로 작성할 것인지 고려해야 합니다. 예를 들어, 마케팅 콘텐츠 제작이 주 목적이라면 Jasper나 Copy.ai가 적합할 수 있습니다.

2) 기술적 숙련도

사용자의 기술적 숙련도에 따라 적합한 도구가 달라질 수 있습니다. 예를 들어, 프로그래밍 지식이 필요한 GPT-3보다는 사용자 친화적인 인터페이스를 제공하는 Jasper가 초보자에게 더 적합할 수 있습니다.

3) 예산

AI 글쓰기 도구들의 가격은 천차만별입니다. 무료 버전부터 월 수백 달러에 이르는 고급 플랜까지 다양하므로, 자신의 예산에 맞는 도구를 선택해야 합니다.

4) 지원 언어

대부분의 AI 글쓰기 도구는 영어에 최적화되어 있습니다. 한국어나 다른 언어로 콘텐츠를 제작해야 한다면, 해당 언어를 지원하는 도구를 선택해야 합니다.

5) 통합 기능

다른 도구나 플랫폼과의 연동이 필요한 경우, API 지원이나 플러그인 제공 여부를 확인해야 합니다.

6) 개인화 및 학습 능력

일부 AI 도구는 사용자의 스타일을 학습하고 개인화된 결과를 제공합니다. 이러한 기능이 중요하다면 해당 기능을 제공하는 도구를 선택하는 것이 좋습니다.

결론적으로, AI 글쓰기 도구는 콘텐츠 제작의 효율성을 크게 높여주는 강력한 도구입니다. 하지만 각 도구마다 특징과 장단점이 다르므로, 자신의 필요와 상황에 가장 적합한 도구를 선택하는 것이 중요합니다.

또한 AI는 어디까지나 도구일 뿐이며, 최종적인 창의성과 판단은 인간의 몫임을 항상 기억해야 합니다. AI 글쓰기 도구를 잘 활용한다면, 당신의 글쓰기 능력을 한 단계 더 높은 수준으로 끌어올릴 수 있을 것입니다.

AI를 활용한 효율적인 글쓰기 프로세스

AI 기술의 발전으로 글쓰기 프로세스가 혁명적으로 변화하고 있습니다. 이제 작가들은 AI의 도움을 받아 더 빠르고 효율적으로 글을 쓸 수 있게 되었습니다. 이 장에서는 AI를 활용한 효율적인 글쓰기 프로세스를 아이디어 발상부터 최종 편집까지 단계별로 살펴보겠습니다.

1. 아이디어 발상과 개요 작성

글쓰기의 첫 단계인 아이디어 발상에서 AI는 강력한 도우미가 될 수 있습니다. AI 도구들은 방대한 데이터베이스를 기반으로 다양한 주제와 아이디어를 제안할 수 있습니다.

먼저, 브레인스토밍 단계에서 AI를 활용해 보세요. 예를 들어, "환경 보호"라는 주제로 글을 쓰고 싶다면 AI에게 "환경 보호와 관련된 최근 이슈 5가지 제안해줘"라고 요청할 수 있습니다. AI는 플라스틱 오염, 기후 변화, 생물다양성 감소 등 다양한 하위 주제를 제안할 것입니다.

아이디어가 정해지면 개요 작성 단계로 넘어갑니다. AI에게 "환경 보호를 위한 일상적 실천 방법에 대한 글의 개요를 작성해줘"라고 요청할 수 있습니다. AI는 서론, 본론 (예: 1. 에너지 절약, 2. 재활용, 3. 친환경 제품 사용), 결론 등의 기본적인 구조를 제안할 것입니다.

이 과정에서 중요한 것은 AI의 제안을 무조건 수용하는 것이 아니라, 이를 바탕으로 자신의 창의성을 발휘하여 아이디어를 발전시키는 것입니다. AI의 제안을 시작점으로 삼아 자신만의 독특한 관점과 경험을 더해 개요를 완성하세요.

2. AI 지원 초안 작성

개요가 완성되면 본격적인 글쓰기 단계로 넘어갑니다. 이 단계에서 AI는 초안 작성을 크게 도와줄 수 있습니다.

먼저, 개요의 각 섹션별로 AI에게 내용 생성을 요청할 수 있습니다. 예를 들어, "에너지 절약 방법에 대해 200단어로 설명해줘"라고 요청할 수 있습니다. AI는 이에 대한 기본적인 내용을 생성할 것입니다.

그러나 여기서 주의할 점은 AI가 생성한 내용을 그대로 사용하는 것이 아니라는 것입니다. AI의 결과물을 기반으로 하되, 자신의 경험, 견해, 사례 등을 추가하여 내용을 풍성하게 만들어야 합니다. 예를 들어, AI가 제시한 일반적인 에너지 절약 방법에 자신이 실제로 실천해본 독특한 방법을 추가할 수 있습니다.

또한, AI에게 특정 문장이나 단락의 다른 표현 방식을 요청할 수도 있습니다. "이 문장을 더 설득력 있게 바꿔줘" 또는 "이 내용을 더 쉬운 말로 설명해줘"와 같은 요청을 통해 초안의 질을 높일 수 있습니다.

3. 교정 및 편집에서의 AI 활용

초안이 완성되면 교정과 편집 단계로 넘어갑니다. 이 단계에서 AI는 매우 유용한 도구가 됩니다.

먼저, AI 기반의 문법 검사 도구를 활용하여 맞춤법, 문법, 구두점 등의 기본적인 오류를 잡아낼 수 있습니다. Grammarly와 같은 도구는 이런 기본적인 오류 외에도 문장 구조, 어휘 선택, 문체 등에 대한 제안도 제공합니다.

다음으로, AI에게 전체적인 글의 구조와 흐름을 검토해달라고 요청할 수 있습니다. "이 글의 논리적 흐름이 자연스러운지 검토해줘"라고 요청하면, AI는 각 단락 간의 연결성, 주제의 일관성 등을 체크하고 개선점을 제안할 것입니다.

또한, AI를 활용하여 글의 가독성을 높일 수 있습니다. "이 글을 더 읽기 쉽게 만들어줘"라고 요청하면, AI는 복잡한 문장을 간결하게 바꾸거나, 어려운 용어를 쉬운 말로 대체하는 등의 제안을 할 것입니다.

마지막으로, AI에게 특정 독자층을 위한 조언을 요청할 수 있습니다. "이 글을 10대 독자들이 이해하기 쉽게 수정해줘"와 같은 요청을 통해 목표 독자에 맞는 글로 다듬을 수 있습니다.

4. 결론

AI를 활용한 글쓰기 프로세스는 작가의 효율성과 생산성을 크게 향상시킬 수 있습니다. 그러나 여기서 가장 중요한 점은 AI는 어디까지나 도구라는 것입니다. 최종적인 창의성, 독창성, 그리고 글의 품질에 대한 책임은 여전히 작가에게 있습니다.

AI를 효과적으로 활용하려면, AI의 제안을 무조건 수용하는 것이 아니라 비판적으로 검토하고 선별적으로 적용해야 합니다. 또한, AI가 제공하는 정보의 정확성을 항상 검증해야 하며, 필요한 경우 추가 연구를 통해 내용을 보완해야 합니다.

마지막으로, AI를 활용하더라도 자신만의 목소리와 스타일을 잃지 않도록 주의해야 합니다. AI는 당신의 글쓰기를 돕는 도구일 뿐, 당신을 대신해 글을 쓰는 것이 아닙니다. AI의 도움을 받되, 궁극적으로는 자신의 경험, 통찰, 감성을 글에 녹여내는 것이 중요합니다.

이러한 점들을 명심하고 AI를 적절히 활용한다면, 더욱 효율적이고 품질 높은 글쓰기가 가능할 것입니다. AI 시대의 글쓰기는 기술과 인간의 창의성이 만나 새로운 가능성을 열어가는 흥미진진한 여정입니다.

다양한 장르별 AI 글쓰기 전략

AI 기술의 발전으로 다양한 장르의 글쓰기에서 AI를 활용할 수 있게 되었습니다. 이 장에서는 블로그 포스트, SNS 콘텐츠, 마케팅 카피라이팅, 이메일 및 비즈니스 문서 작성에서 AI를 효과적으로 활용하는 전략을 살펴보겠습니다.

1. 블로그 포스트 작성하기

블로그 포스트 작성에서 AI는 주제 선정부터 SEO 최적화까지 다양한 측면에서 도움을 줄 수 있습니다.

1) 주제 선정

AI에게 "현재 인기 있는 [당신의 블로그 주제] 관련 키워드 10개 추천해줘"라고 요청하여 트렌디한 주제를 찾을 수 있습니다.

2) 개요 작성

선택한 주제에 대해 AI에게 "이 주제로 블로그 포스트를 작성할 때 포함해야 할 핵심 포인트 5가지를 제안해줘"라고 요청하여 글의 구조를 잡을 수 있습니다.

3) 내용 확장

각 포인트에 대해 AI에게 상세한 설명을 요청하고, 여기에 자신의 경험과 견해를 더해 내용을 풍성하게 만듭니다.

4) SEO 최적화

AI에게 "이 글에 포함시켜야 할 SEO 키워드를 추천해줘"라고 요청하여 검색 엔진 최적화를 할 수 있습니다.

5) 결론 및 CTA

AI를 활용해 강력한 결론과 행동 촉구문(Call to Action)을 작성할 수 있습니다.

2. SNS 콘텐츠 제작

SNS 콘텐츠는 짧고 임팩트 있어야 하며, 플랫폼별 특성을 고려해야 합니다.

1) 해시태그 생성

AI에게 "이 주제와 관련된 인기 해시태그 10개를 추천해줘"라고 요청하여 효과적인 해시태그를 찾을 수 있습니다.

2) 캡션 작성

AI에게 "이 이미지에 어울리는 재미있고 짧은 인스타그램 캡션을 작성해줘"와 같이 요청하여 매력적인 캡션을 만들 수 있습니다.

3) 트렌드 파악

AI를 활용해 현재 각 SNS 플랫폼에서 유행하는 콘텐츠 유형이나 주제를 파악할 수 있습니다.

4) A/B 테스트

AI에게 여러 버전의 포스트를 생성하도록 요청하고, 이를 A/B 테스트에 활용할 수 있습니다.

3. 마케팅 카피라이팅

마케팅 카피는 짧고 강력해야 하며, 고객의 감성을 자극해야 합니다.

1) 헤드라인 생성

AI에게 "이 제품의 주요 특징을 활용해 5개의 매력적인 헤드라인을 만들어줘"라고 요청할 수 있습니다.

2) USP 강조

"이 제품의 고유 판매 포인트(USP)를 강조하는 문구를 3가지 다른 방식으로 작성해줘"라고 AI에 요청하여 다양한 접근 방식을 얻을 수 있습니다.

3) AIDA 구조 활용

AI에게 AIDA(Attention, Interest, Desire, Action) 구조에 맞춘 카피를 요청하여 효과적인 마케팅 메시지를 만들 수 있습니다.

4) 고객 페르소나 맞춤

"30대 직장 여성을 타깃으로 한 카피를 작성해줘"와 같이 특정 고객 페르소나에 맞는 카피를 AI에게 요청할 수 있습니다.

4. 이메일 및 비즈니스 문서 작성

이메일과 비즈니스 문서는 전문성과 명확성이 중요합니다.

1) 이메일 템플릿

AI에게 "고객 불만에 대응하는 정중한 이메일 템플릿을 만들어줘"와 같이 요청하여 다양한 상황에 대한 이메일 템플릿을 만들 수 있습니다.

2) 보고서 구조화

AI에게 "분기별 성과 보고서의 구조를 제안해줘"라고 요청하여 효과적인 보고서 구조를 잡을 수 있습니다.

3) 전문 용어 활용

"이 내용을 금융 전문가가 쓴 것처럼 다시 작성해줘"와 같이 요청하여 특정 분야의 전문성을 높일 수 있습니다.

4) 톤 조절

AI에게 "이 이메일을 더 공손하게 / 더 친근하게 다시 작성해줘"라고 요청하여 상황에 맞는 톤을 설정할 수 있습니다.

5. 결론

AI를 활용한 글쓰기 전략은 각 장르별로 다양하게 적용될 수 있습니다. 그러나 AI는 어디까지나 도구일 뿐이며, 최종적인 판단과 창의성은 인간의 몫임을 항상 기억해야 합니다. AI의 제안을 기반으로 하되, 자신의 경험과 통찰을 더해 독창적이고 가치 있는 콘텐츠를 만들어내는 것이 중요합니다.

또한, AI를 사용할 때는 항상 윤리적 측면을 고려해야 합니다. 저작권 문제나 허위 정보 생성 등에 주의해야 하며, AI가 제공한 정보는 반드시 사실 확인을 거쳐야 합니다.

마지막으로, AI 활용 능력을 지속적으로 개발하는 것이 중요합니다. AI 기술은 빠르게 발전하고 있으므로, 새로운 도구와 기능을 계속해서 학습하고 실험해보는 자세가 필요합니다. 이를 통해 더욱 효율적이고 효과적인 글쓰기가 가능할 것입니다.

AI와 인간의 협업: 창의성 극대화하기 5가지 방법

AI 기술의 발전으로 글쓰기 영역에서 AI의 활용이 급격히 증가하고 있습니다. 그러나 진정으로 뛰어난 글쓰기는 AI의 효율성과 인간의 창의성이 만날 때 탄생합니다. 이 장에서는 AI와 인간의 협업을 통해 창의성을 극대화하는 방법에 대해 알아보겠습니다.

1. AI 생성 콘텐츠의 인간적 터치 더하기

AI가 생성한 콘텐츠는 종종 정확하고 논리적이지만, 인간적인 감성이나 독특한 관점이 부족할 수 있습니다. 이를 보완하기 위해 다음과 같은 방법을 활용할 수 있습니다.

1) 개인적 경험 추가
AI가 제공한 기본 구조나 정보에 자신의 경험을 덧붙여 글에 생동감을 더합니다. 예를 들어, 여행 관련 글을 쓸 때 AI가 제공한 일반적인 정보에 자신의 여행 경험과 감상을 추가할 수 있습니다.

2) 감정적 요소 삽입

AI의 객관적인 서술에 인간의 감정을 표현하는 문장을 추가합니다. 이는 독자와의 정서적 연결을 강화하는 데 도움이 됩니다.

3) 유머와 위트 활용

AI가 생성한 내용에 적절한 유머나 위트를 가미하여 글의 매력을 높입니다. 이는 특히 블로그 포스트나 SNS 콘텐츠에 효과적입니다.

4) 문화적 맥락 고려

AI의 글에 현지 문화나 시사적인 요소를 추가하여 독자들에게 더 친근하고 relevant한 내용을 제공합니다.

5) 비유와 은유 사용

AI가 제시한 직설적인 표현을 창의적인 비유나 은유로 대체하여 글의 문학적 가치를 높입니다.

2. 개성 있는 글쓰기를 위한 AI 활용법

AI를 활용하면서도 자신만의 독특한 목소리를 유지하는 것은 중요합니다. 다음은 개성 있는 글쓰기를 위한 AI 활용 전략입니다.

1) AI를 아이디어 생성 도구로 활용

AI에게 다양한 아이디어나 관점을 요청하고, 이 중 자신의 스타일과 가장 잘 맞는 것을 선택하여 발전시킵니다.

2) 자신만의 프롬프트 개발

AI에게 지시를 줄 때 자신만의 독특한 프롬프트를 개발합니다. 예를 들어, "이 주제에 대해 [당신이 좋아하는 작가]처럼 글을 써줘"라고 요청할 수 있습니다.

3) AI 출력물을 출발점으로 삼기

AI가 생성한 내용을 그대로 사용하지 않고, 이를 영감의 원천으로 삼아 자신만의 방식으로 재해석하고 발전시킵니다.

4) 다양한 AI 도구 조합하기

여러 AI 도구를 사용하여 각각의 장점을 조합합니다. 예를 들어, 한 AI로 구조를 잡고 다른 AI로 문장을 다듬을 수 있습니다.

5) 지속적인 피드백 루프 만들기

AI에게 생성한 콘텐츠에 대한 피드백을 주고, 이를 바탕으로 더 나은 결과물을 요청하는 과정을 반복합니다.

3. AI의 한계 극복하기

AI는 강력한 도구이지만 한계도 있습니다. 이러한 한계를 인식하고 극복하는 것이 중요합니다.

1) 사실 확인의 중요성

AI가 제공하는 정보는 항상 사실 확인이 필요합니다. 신뢰할 수 있는 출처를 통해 정보를 검증하고, 필요한 경우 수정합니다.

2) 맥락 이해의 부족

AI는 종종 미묘한 맥락을 이해하지 못할 수 있습니다. 인간 작가가 글의 전체적인 맥락을 파악하고 필요한 조정을 해야 합니다.

3) 최신 정보의 한계

AI의 학습 데이터는 특정 시점에 한정되어 있을 수 있습니다. 최신 정보나 트렌드를 반영하기 위해서는 인간의 개입이 필요합니다.

4) 창의적 비약의 부족

AI는 기존 데이터를 기반으로 작동하기 때문에, 완전히 새로운 아이디어를 생성하는 데 한계가 있습니다. 혁신적인 아이디어는 여전히 인간의 영역입니다.

5) 윤리적 판단의 필요성

AI는 윤리적 판단을 내리기 어렵습니다. 콘텐츠의 윤리적 측면을 고려하고 필요한 경우 조정하는 것은 인간의 책임입니다.

AI와 인간의 협업은 글쓰기의 새로운 지평을 열고 있습니다. AI의 효율성과 정보 처리 능력, 그리고 인간의 창의성과 감성이 만날 때 가장 뛰어난 결과물이 탄생합니다.

중요한 것은 AI를 단순한 도구로 보는 것이 아니라, 창의적 파트너로 인식하는 것입니다. AI의 제안을 비판적으로 검토하고, 이를 바탕으로 자신만의 독특한 관점과 스타일을 발전시켜 나가는 것이 핵심입니다.

또한, AI의 한계를 명확히 인식하고 이를 보완하는 노력이 필요합니다. 사실 확인, 맥락 이해, 윤리적 판단 등 인간만이 할 수 있는 영역에 집중함으로써 AI와의 시너지를 극대화할 수 있습니다.

결국, AI 시대의 글쓰기는 기술과 인간성의 균형을 찾는 과정입니다. AI를 효과적으로 활용하면서도 인간만의 독특한 창의성과 통찰력을 잃지 않는 것이 성공의 열쇠가 될 것입니다. 이러한 접근을 통해 우리는 더욱 풍부하고 가치 있는 콘텐츠를 창출해낼 수 있을 것입니다.

 ## AI 글쓰기의 윤리와 저작권 문제

AI 기술의 발전으로 글쓰기 영역에서 AI의 활용이 급증하면서, 윤리와 저작권에 관한 새로운 문제들이 대두되고 있습니다. 이 장에서는 AI 생성 콘텐츠의 저작권 문제, 표절 문제와 그 대응 방안, 그리고 윤리적인 AI 글쓰기를 위한 가이드라인에 대해 살펴보겠습니다.

1. AI 생성 콘텐츠의 저작권 이해

AI가 생성한 콘텐츠의 저작권 문제는 아직 명확하게 정립되지 않은 영역입니다. 이에 대한 이해를 위해 몇 가지 핵심 포인트를 살펴보겠습니다.

1) 현행 저작권법의 한계
대부분의 국가에서 저작권법은 인간의 창작물을 보호하기 위해 만들어졌습니다. 따라서 AI가 독립적으로 생성한 콘텐츠의 저작권 귀속 문제는 법적 그레이 영역에 속합니다.

2) AI 개발자와 사용자의 권리
AI 도구를 개발한 회사와 이를 사용하여 콘텐츠를 생성한 사용자 사이의 권리 관계도 명확하지 않습니다. 일부 AI 회사들은 자사 도구로 생성된 콘텐츠에 대한 권리를 주장하지 않는다고 명시하고 있지만, 이는 회사 정책에 따라 다를 수 있습니다.

3) 창의적 기여도의 문제
AI가 생성한 콘텐츠에 인간이 얼마나 창의적으로 기여했는지에 따라 저작권 문제가 달라질 수 있습니다. 예를 들어, AI의 출력물을 단순히 복사한 경우와 이를 크게 수정하고 발전시킨 경우는 다르게 볼 수 있습니다.

4) 국제적 차이
저작권법은 국가마다 다르기 때문에, AI 생성 콘텐츠의 저작권 문제는 국제적으로 복잡한 양상을 띨 수 있습니다.

5) 향후 법적 발전 가능성

AI 기술의 발전에 따라 저작권법도 변화할 가능성이 있습니다. 앞으로 AI 생성 콘텐츠에 대한 특별한 법적 프레임워크가 만들어질 수 있습니다.

2. 표절 문제와 대응 방안

AI를 활용한 글쓰기에서 표절 문제는 매우 중요한 윤리적 이슈입니다. 이에 대한 대응 방안을 살펴보겠습니다.

1) AI 출력물의 독창성 확인

AI가 생성한 콘텐츠가 기존의 저작물을 그대로 복제하지 않았는지 확인해야 합니다. 이를 위해 표절 검사 도구를 활용할 수 있습니다.

2) 출처 명시

AI의 도움을 받아 작성한 글이라면, 이를 명확히 밝히는 것이 좋습니다. 예를 들어, "이 글은 AI의 도움을 받아 작성되었습니다"라는 문구를 포함할 수 있습니다.

3) 실질적인 변형과 기여

AI가 생성한 내용을 그대로 사용하지 않고, 자신의 아이디어와 경험을 추가하여 실질적으로 변형하고 발전시키는 것이 중요합니다.

4) AI 학습 데이터의 투명성

AI 개발사들이 학습 데이터의 출처를 투명하게 공개하고, 저작권 문제가 없는 데이터만을 사용하도록 요구하는 것도 중요합니다.

5) 법적 자문 구하기

불확실한 경우, 저작권 전문 변호사의 자문을 구하는 것이 안전할 수 있습니다.

3. 윤리적인 AI 글쓰기 가이드라인

AI를 활용한 글쓰기에서 윤리적 문제를 최소화하기 위한 가이드라인을 제시합니다.

1) 투명성 유지

AI의 도움을 받아 작성한 글이라면 이를 명확히 밝힙니다. 독자들에게 AI의 관여 정도를 알려주는 것이 좋습니다.

2) 사실 확인

AI가 제공한 정보는 반드시 사실 확인을 거쳐야 합니다. 잘못된 정보의 확산을 방지하는 것은 작가의 책임입니다.

3) 편향성 주의

AI 모델이 가질 수 있는 편향성을 인식하고, 이를 보완하기 위해 노력해야 합니다. 다양한 관점을 포함시키는 것이 중요합니다.

4) 개인정보 보호

AI에게 입력하는 정보에 개인정보가 포함되지 않도록 주의해야 합니다. 특히 타인의 개인정보를 AI에 입력하는 것은 심각한 윤리적 문제를 야기할 수 있습니다.

5) 인간성 유지

AI를 도구로 활용하되, 최종적인 창작과 판단은 인간의 몫임을 기억해야 합니다. 인간만이 줄 수 있는 통찰과 감성을 잃지 않도록 주의해야 합니다.

6) 지속적인 학습

AI 기술과 관련 법규는 빠르게 변화하고 있습니다. 따라서 이 분야의 최신 동향을 지속적으로 학습하고 따라가는 것이 중요합니다.

7) 윤리적 판단력 개발

AI는 윤리적 판단을 하기 어렵습니다. 따라서 작가 자신이 강력한 윤리적 판단력을 갖추고, 이를 글쓰기 과정에 적용해야 합니다.

4. 결론

AI를 활용한 글쓰기는 많은 가능성과 함께 새로운 윤리적, 법적 도전을 제시합니다. 저작권 문제와 표절 위험을 인식하고 적절히 대응하며, 윤리적 가이드라인을 준수함으로써 우리는 AI의 장점을 최대한 활용하면서도 책임 있는 글쓰기를 실천할 수 있습니다.

중요한 것은 AI를 단순한 도구로 여기지 않고, 그것이 가져올 수 있는 영향력을 깊이 인식하는 것입니다. AI와 협업하되, 최종적인 책임은 인간 작가에게 있음을 항상 기억해야 합니다.

앞으로 AI 기술은 더욱 발전할 것이고, 이에 따라 관련 법규와 윤리적 기준도 계속 진화할 것입니다. 따라서 작가들은 이러한 변화에 지속적으로 관심을 가지고 적응해 나가야 할 것입니다. 이를 통해 우리는 AI의 힘을 빌려 더욱 풍성하고 가치 있는 콘텐츠를 생산하면서도, 윤리적이고 책임 있는 글쓰기 문화를 만들어갈 수 있을 것입니다.

AI를 활용해서 쓰고 싶은
글의 주제에 대해서 5가지 작성해보세요.

인공지능 콘텐츠 트렌드

1인 미디어를 위한 인공지능콘텐츠 30일 완성가이드

초보자도 쉽게 따라하는 AI 콘텐츠 제작 로드맵

Part 4

AI, CANVA, 디지털아트로 탄생한 쿠키와 친구들

유양석

 디지털 세상의 새로운 가능성을 열어가는 구글웍스 전문강사이자, 챗GPT 전문강사로도 활동하고 있는 AI 아티스트이다. 그는 다양한 디지털 기술과 콘텐츠 제작 분야에서 탁월한 능력을 발휘하며, 교육과 강연을 통해 많은 사람들에게 AI창작의 영감을 주고 있다.

- 미디어창업뉴스 취재기자 (2023~)
- 인공지능활용콘텐츠전문가1급 (2023. 한국미디어창업연구소)
- 구글웍스전문가1급 (2023. 한국미디어창업연구소)
- 캔바디지털콘텐츠 강사 1급 (2023. 국제디지털콘텐츠협회)
- 그림동화작가1급 (2024. 한국미디어창업연구소)
- 인공지능콘텐츠강사 1급 (2024. 4차산업혁명연구원)

CONTENTS

AI와 디지털 아트의 만남　　　　　　　　　　　182

CANVA AI 종류와 튜토리얼　　　　　　　　　185

챗GPT와 캔바챗봇을 활용한 이미지 생성　　197

AI 아트와 저작권　　　　　　　　　　　　　209

디지털 시대는 우리의 일상과 예술을 혁신적으로 변화시켰습니다. 우리는 이제 언제 어디서나 손쉽게 예술 작품을 창작하고 공유할 수 있는 시대에 살고 있습니다. 이러한 변화의 중심에는 AI 기술이 있습니다. AI는 디지털 아트의 새로운 가능성을 열어주고, 예술 창작의 방식을 근본적으로 혁신하고 있습니다.

저는 지난 2년간 디지털 아티스트로 활동하면서, AI와 디지털 아트의 융합이 가져온 변화를 직접 경험했습니다. 이 책은 AI 기술이 어떻게 디지털 아트에 적용되는지, 그리고 이를 통해 어떤 새로운 창작의 가능성이 열리는지를 독자들에게 소개합니다. AI 도구의 사용법과 실용적인 예시를 통해, 디지털 아티스트와 예비 아티스트들이 AI를 활용하여 창의적인 작품을 만들어낼 수 있도록 돕고자 합니다.

AI는 단순히 새로운 도구가 아닙니다. 그것은 우리가 예술을 바라보는 방식을 바꾸고, 창작의 경계를 확장시키는 혁신적인 기술입니다. AI와 디지털 아트의 만남은 예술 창작의 새로운 시대를 열어주고 있으며, 이는 예술가들에게 무한한 영감과 가능성을 제공합니다.

그러나 동시에 우리는 AI가 가져오는 법적, 윤리적 문제에도 주의를 기울여야 합니다. 저작권, 데이터 사용, 프라이버시 보호 등 다양한 문제를 이해하고 대응하는 것은 AI와 디지털 아트의 지속 가능한 발전을 위해 필수적입니다.

이 책은 네 가지 주요 주제로 구성되어 있습니다. 첫째, AI와 디지털 아트의 만남을 통해 AI 기술이 예술 창작에 어떤 영향을 미치는지 살펴봅니다. 둘째, CANVA와 같은 플랫폼에서 제공하는 AI 도구와 그 사용법을 자세히 안내합니다. 셋째, 챗GPT와 캔바챗봇을 활용하여 이미지를 생성하는 방법을 구체적으로 설명합니다. 마지막으로, AI 아트와 저작권 문제를 다루며, 법적 대응과 예방 전략을 제시합니다.

이 책을 통해 독자 여러분이 AI와 디지털 아트의 융합을 이해하고, 이를 활용하여 창의적인 작품을 만들어내는 데 도움이 되기를 바랍니다. AI 기술을 통해 예술 창작의 새로운 가능성을 탐구하고, 그 과정에서 법적, 윤리적 문제를 현명하게 대처하는 능력을 갖추길 바랍니다. AI와 디지털 아트의 신세계로 여러분을 초대합니다. 함께 새로운 예술의 가능성을 탐구해봅시다.

AI와 디지털 아트의 만남

1. AI와 디지털 아트의 역사

디지털 아트는 컴퓨터 기술의 발전과 함께 발전해 왔습니다. 초기 디지털 아트는 단순한 그래픽 디자인에서 시작되었지만, 기술의 발전과 함께 점점 더 복잡하고 정교한 예술 작품이 만들어지게 되었습니다. 특히, AI 기술의 도입은 디지털 아트의 새로운 가능성을 열어주었습니다.

1) 디지털 아트의 초기 역사

디지털 아트는 1950년대와 60년대의 컴퓨터 그래픽 연구에서 시작되었습니다. 초기 컴퓨터 아티스트들은 프로그래밍 언어를 사용하여 단순한 그림을 그렸고, 이 작업은 매우 시간과 노력이 많이 들었습니다.

그러나 이러한 초기 작업들은 디지털 아트의 가능성을 보여주었습니다.

▶ 1960년대: 디지털 아트의 선구자들은 IBM 컴퓨터를 사용하여 추상적인 패턴과 이미지를 생성했습니다. 이들은 펀치카드를 사용하여 코드를 작성했고, 이는 현대의 그래픽 디자인 소프트웨어의 기초가 되었습니다.

▶ 1970년대: 컴퓨터 기술이 발전하면서 더 복잡한 그래픽이 가능해졌습니다. 이 시기에는 픽셀 아트와 프랙탈 아트가 인기를 끌었으며, 이는 디지털 아트의 새로운 장르를 열었습니다.

▶ 1980년대: 개인용 컴퓨터의 보급과 함께 디지털 아트는 대중화되기 시작했습니다. 그래픽 소프트웨어가 등장하면서 누구나 쉽게 디지털 아트를 창작할 수 있게 되었습니다.

2) AI 기술의 등장과 발전

AI는 1950년대에 시작된 컴퓨터 과학의 한 분야입니다. 초기 AI 연구는 기계가 사람처럼 사고하고 학습할 수 있는지를 탐구하는 데 중점을 두었습니다. 이러한 연구는 AI 기술의 기초를 다졌고, 이후 다양한 응용 분야에서 AI가 활용되기 시작했습니다.

▶ 1956년: 다트머스 회의에서 AI라는 용어가 처음 사용되었습니다. 이 회의는 AI 연구의 시작을 알리는 중요한 사건이었습니다.

▶ 1980년대: 전문가 시스템과 같은 초기 AI 응용 프로그램이 개발되었습니다. 이들은 특정 문제를 해결하기 위해 전문가의 지식을 사용했습니다.

▶ 2000년대 이후: 기계 학습과 딥러닝 기술의 발전으로 AI는 새로운 전성기를 맞이했습니다. 특히, 이미지 인식, 자연어 처리, 자율 주행 등 다양한 분야에서 AI가 실질적인 성과를 내기 시작했습니다.

3) AI와 디지털 아트의 융합

AI와 디지털 아트의 융합은 예술 창작의 새로운 시대를 열었습니다. AI 기술은 예술가들에게 새로운 도구와 영감을 제공하며, 전통적인 예술 창작 방식을 혁신하고 있습니다.

▶AI 도구의 발전: AI는 이미지 생성, 스타일 변환, 자동 편집 등 다양한 도구를 통해 예술 창작을 지원합니다. 예술가는 이러한 도구를 활용하여 더 빠르고 효율적으로 작품을 제작할 수 있습니다.

▶창작의 자동화: AI는 복잡한 패턴 인식과 데이터 분석을 통해 창작 과정을 자동화할 수 있습니다. 이는 예술가가 더 창의적인 작업에 집중할 수 있도록 돕습니다.

▶새로운 예술 형식: AI는 전통적인 예술 형식을 넘어 새로운 예술 형식을 창출하고 있습니다. 예를 들어, GAN(Generative Adversarial Network)을 사용한 이미지 생성은 인간이 상상하지 못한 새로운 이미지를 만들어냅니다.

2. AI 도구와 디지털 아트

AI 도구는 디지털 아트 창작에 혁신적인 변화를 가져왔습니다. 이러한 도구는 예술가들이 창의력을 발휘하는 데 필요한 시간을 줄여주고, 더 복잡한 작업을 가능하게 합니다. AI 도구의 사용법과 그 효과를 자세히 알아보겠습니다.

1) 이미지 생성 도구

이미지 생성 도구는 AI가 학습한 데이터를 바탕으로 새로운 이미지를 생성하는 기술입니다. 이는 예술가가 새로운 아이디어를 시각화하는 데 큰 도움이 됩니다.

▶GAN(Generative Adversarial Network): GAN은 두 개의 신경망이 서로 경쟁하며 학습하는 방식으로 이미지를 생성합니다. 생성기와 판별기가 서로 경쟁하며 더욱 정교한 이미지를 만들어냅니다.

▶Deep Dream: 구글의 Deep Dream은 신경망이 이미지를 "꿈꾸는" 방식으로 새로운 이미지를 생성합니다. 이는 독특하고 초현실적인 이미지를 만들어냅니다.

▶Neural Style Transfer: 이 기술은 두 개의 이미지를 결합하여 새로운 스타일의 이미지를 생성합니다. 예를 들어, 고흐의 화풍을 현대 사진에 적용하여 새로운 예술 작품을 만들어냅니다.

2) 스타일 변환 도구

스타일 변환 도구는 기존 이미지를 다른 스타일로 변환하는 기술입니다. 이는 예술가가 다양한 스타일을 시도하고 실험할 수 있게 해줍니다.

▶Prisma: Prisma는 사진을 다양한 예술가의 스타일로 변환하는 앱입니다. 이는 사용자들이 쉽게 예술적인 사진을 만들 수 있게 해줍니다.
▶DeepArt: DeepArt는 사용자가 업로드한 사진을 유명한 예술가의 스타일로 변환합니다. 이는 예술가들이 새로운 스타일을 시도하는 데 유용합니다.

3) 자동 편집 도구

자동 편집 도구는 이미지나 동영상을 자동으로 편집하는 기술입니다. 이는 예술가들이 반복적이고 시간 소모적인 작업을 줄일 수 있게 해줍니다.

▶Adobe Sensei: Adobe Sensei는 AI를 활용하여 자동으로 사진을 편집하고 보정합니다. 이는 사용자가 더 빠르게 고품질의 이미지를 만들 수 있게 해줍니다.
▶Remove.bg: 이 도구는 이미지의 배경을 자동으로 제거합니다. 이는 복잡한 배경 제거 작업을 쉽게 해줍니다.

 ## CANVA AI 종류와 튜토리얼

CANVA는 다양한 AI 도구를 제공하여 사용자가 쉽게 고품질의 디자인을 만들 수 있도록 돕습니다. 이 장에서는 CANVA의 주요 AI 도구와 그 사용법을 단계별로 자세히 설명하겠습니다. 초보자도 쉽게 따라 할 수 있도록 구체적인 사용법을 안내합니다.

▶구글검색창에 캔바라고 한글로 치면 아래에 캔바로그가 나옵니다. 클릭후 구글로 로그인하면 유료와 무료계정이 있습니다. 캔바AI 도구를 사용하기 위해서는 유료결제후 사용하는 것이 좋습니다. 무료계정으로는 많은 이미지를 만들기 어렵고 왕관모양의 이미지는 사용할 수 없습니다.

1. 이미지 업스케일러 (Image Upscaler) 사용법

이미지 업스케일러는 저해상도의 이미지를 고해상도로 변환해주는 도구입니다. 이 도구를 사용하면 이미지의 디테일을 유지하면서 크기를 키울 수 있습니다.

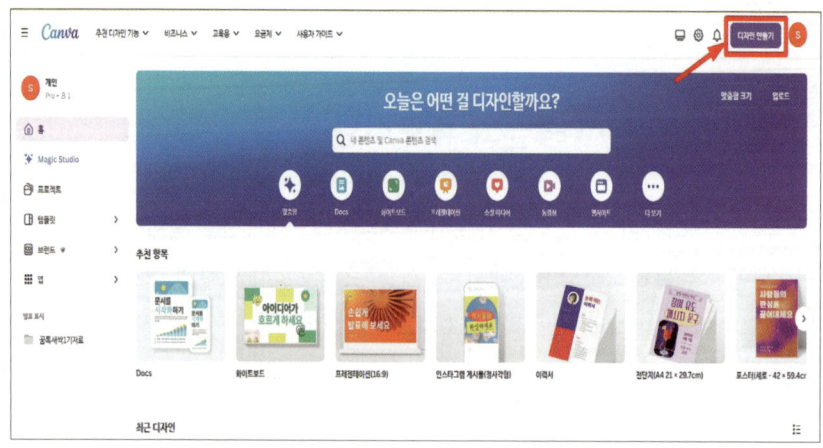

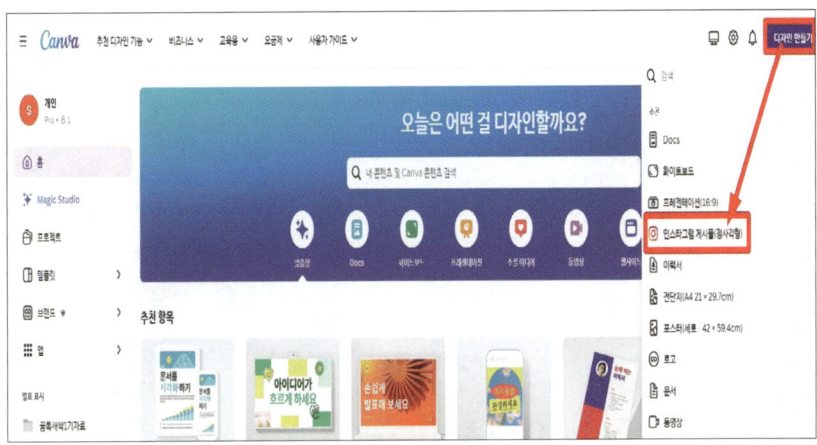

- CANVA에 로그인합니다.
- 상단 메뉴에서 '디지인만들기'를 클릭합니다. 원하는 사이즈를 선택합니다.

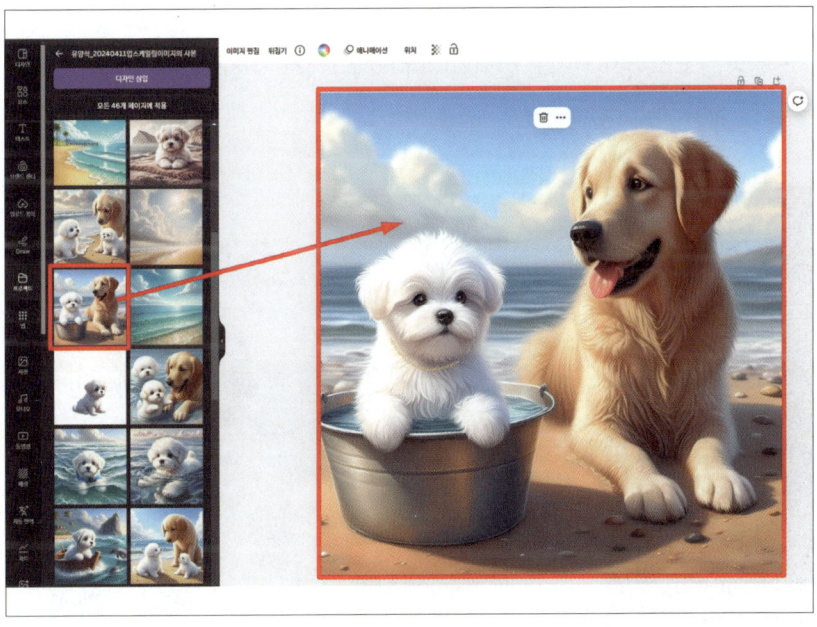

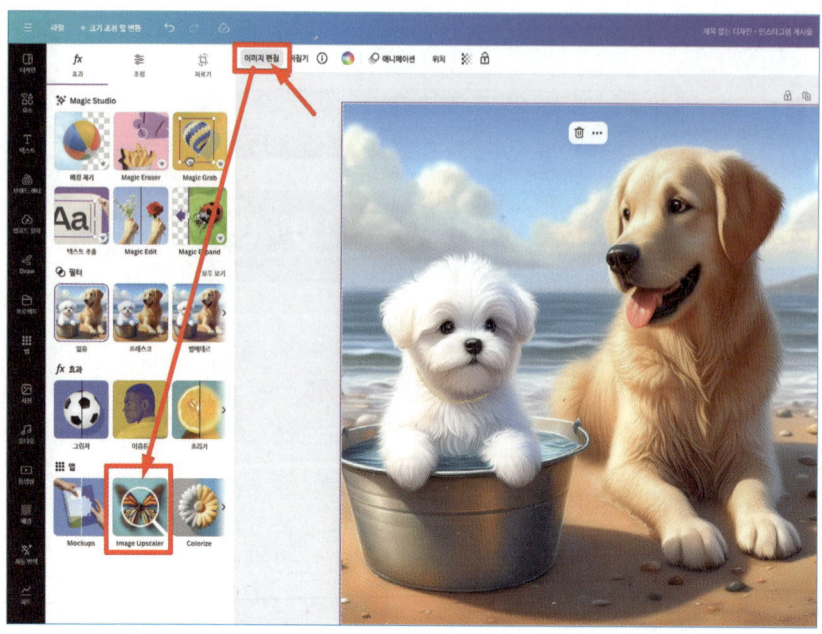

- 원하는 요소나 이미지를 선택합니다. 드래그해서 가져옵니다. '이미지 업스케일러'를 선택합니다.

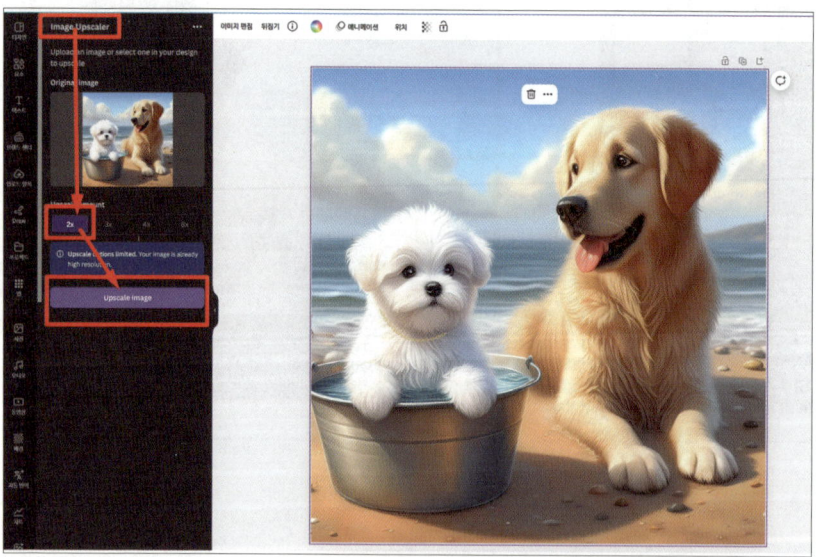

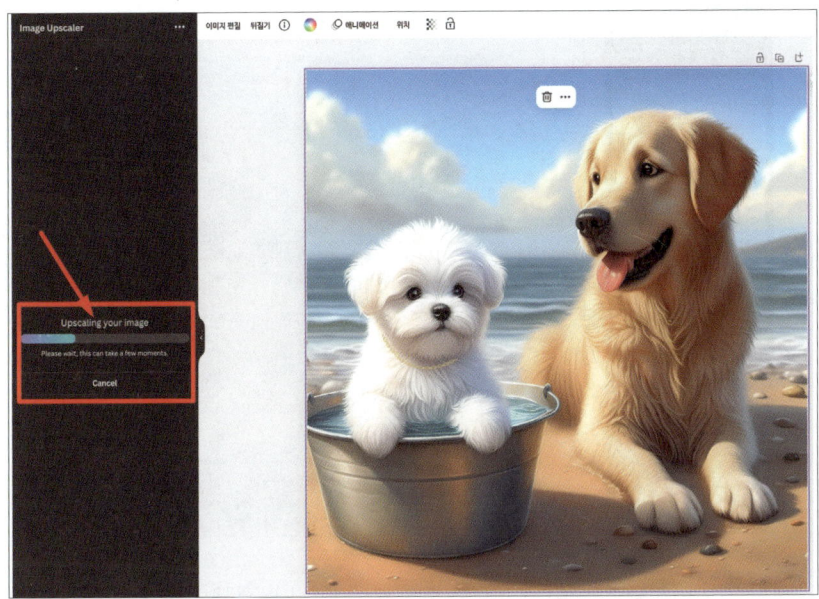

- 업스케일할 이미지가 보여집니다. 몇배로 업스케일링 할지 결정합니다. 2배에서 8배까지 가능합니다. '2X'를 클릭하고 업스케링이미지를 클릭합니다.

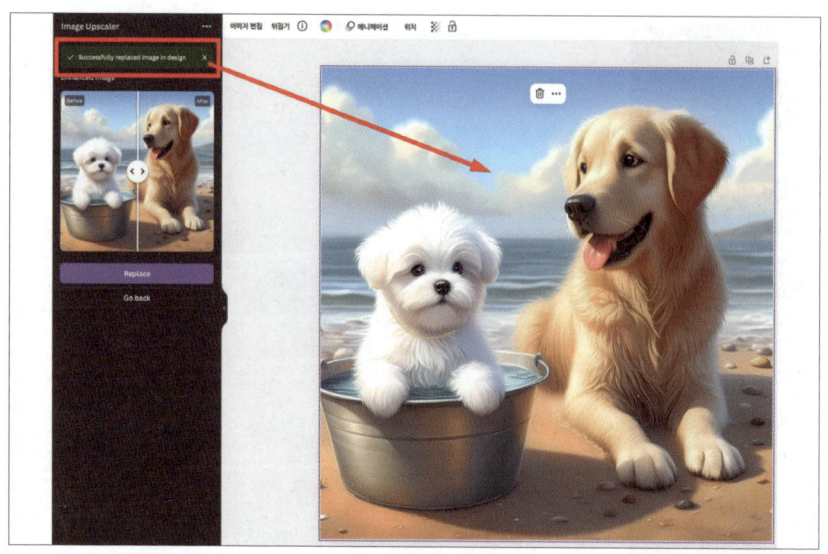

- AI가 이미지를 분석하고 고해상도로 변환합니다. 교체를 클릭하면 고해상도 이미지가 출력되고 돌아가기를 클릭하면 다시 몇 배로 업스케일링 할 지 결정합니다.

- 변환된 이미지를 다운로드하거나 디자인에 삽입합니다. 고해상도 이미지가 완성되었습니다.

2. 배경 제거 (Background Remover) 사용법

배경 제거 도구는 이미지의 배경을 자동으로 제거하여 원하는 객체만 남길 수 있습니다. 이를 통해 복잡한 배경 없이 깔끔한 이미지를 얻을 수 있습니다.

- CANVA에 로그인합니다.
- 새로운 디자인 프로젝트를 시작합니다.

- 배경을 제거할 이미지를 업로드합니다.
- 이미지 클릭 후 상단 메뉴에서 '배경 제거' 버튼을 클릭합니다.

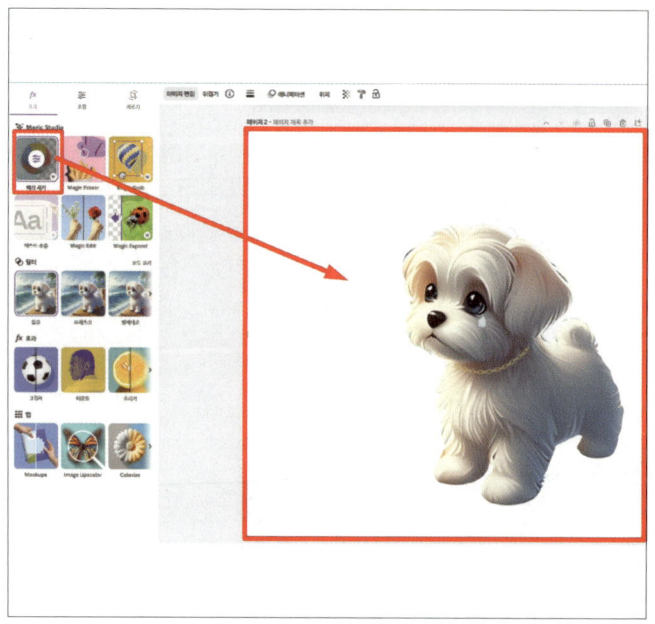

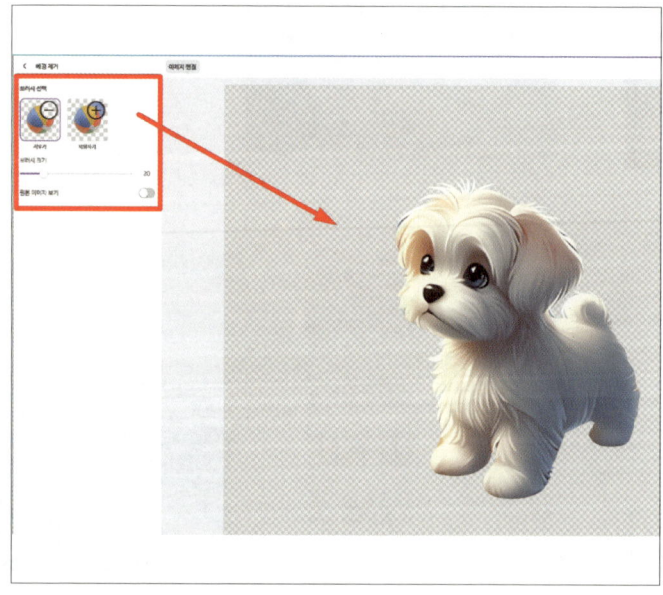

- AI가 자동으로 배경을 제거합니다.
- 필요에 따라 배경이 제거된 이미지를 조정하고 디자인에 활용합니다.

3. Magic Eraser와 Magic Grab 사용법

Magic Eraser와 Magic Grab 도구는 이미지에서 특정 요소를 쉽게 제거하거나 이동할 수 있게 해줍니다.

- CANVA에 로그인합니다. 새로운 디자인 프로젝트를 시작합니다.
- 수정할 이미지를 업로드합니다.

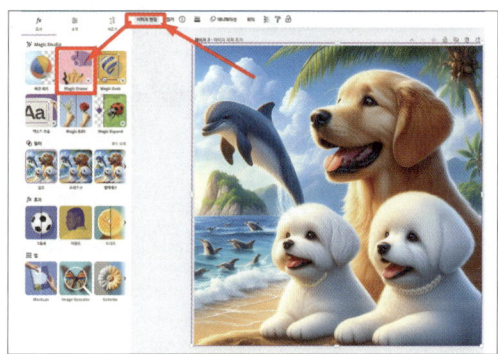

- 상단 메뉴에서 'Magic Eraser' 선택합니다.

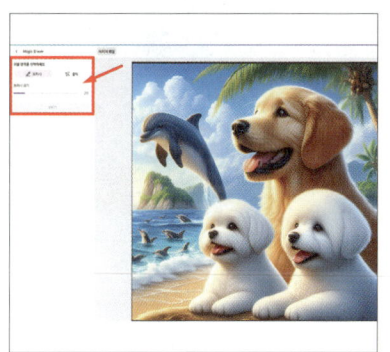

- Magic Eraser: 왼쪽 상단에 브러시를 클릭하고 지우고 싶은 이미지를 칠해줍니다.

- Magic Eraser: 제거할 요소를 클릭하면 AI가 자동으로 해당 요소를 제거합니다.

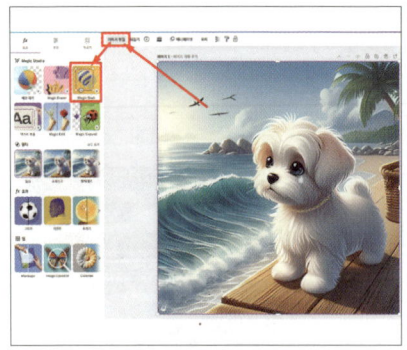
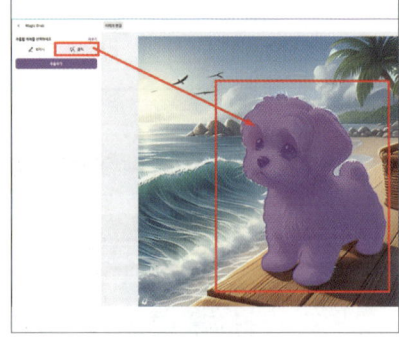

- Magic Grab: 이동할 요소를 클릭하고, 브러시옆 클릭을 클릭한 후 원하는 이미지를 클릭하면 보라색으로 원하는 이미지가 지정됩니다.

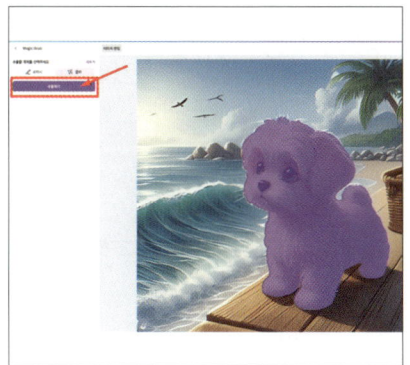 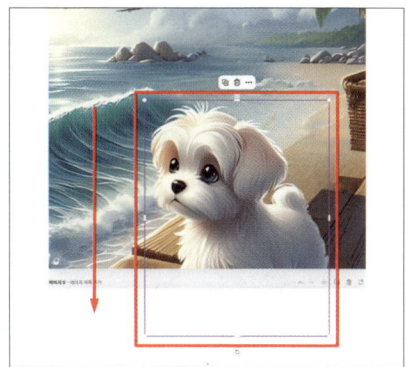

- 추출하기를 클릭하면 원하는부분의 이미지가 분리됩니다. 아래 이미지처럼 원하는곳으로 드레그하면 이동됩니다.

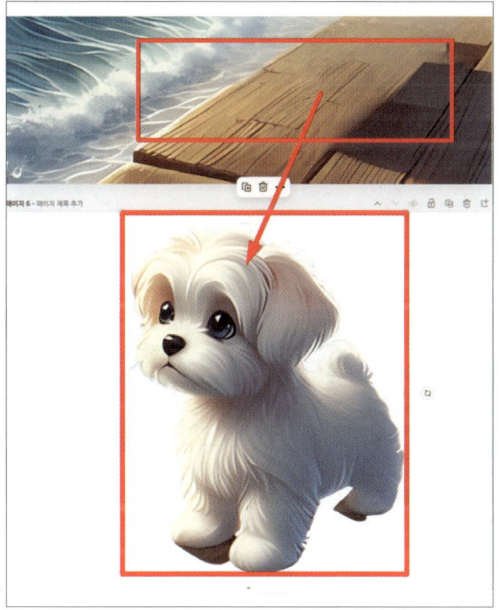

- 수정된 이미지를 확인하고 필요에 따라 추가 조정합니다.

4. 텍스트 추출 (Text Extract) 사용법

텍스트 추출 도구는 이미지 내의 텍스트를 인식하고 이를 추출하여 텍스트로 변환해줍니다.

- CANVA에 로그인합니다.
- 텍스트를 추출할 이미지를 업로드합니다.

- 이미지 클릭 후 상단 메뉴에서 '텍스트 추출' 버튼을 클릭합니다.
- AI가 이미지를 분석하고 텍스트를 추출합니다.

추출된 텍스트를 복사하여 원하는 곳에 붙여넣습니다.

챗GPT와 캔바챗봇을 활용한 이미지 생성

챗GPT와 캔바챗봇은 AI 기반의 대화형 도구로, 사용자가 쉽게 이미지를 생성할 수 있도록 돕습니다. 이 도구들은 텍스트 입력을 통해 사용자의 요구를 이해하고, 그에 맞는 이미지를 생성하거나 추천합니다. 이 장에서는 챗GPT와 캔바챗봇을 활용하여 이미지 생성하는 방법을 자세히 설명합니다.

1. 챗GPT를 이용한 이미지 생성

챗GPT는 자연어 처리(NLP) 기술을 통해 사용자의 요청을 이해하고, 그에 맞는 이미지를 생성하는 도구입니다. 사용자가 텍스트로 이미지를 설명하면, 챗GPT는 이를 바탕으로 이미지를 생성하거나 관련 이미지를 추천할 수 있습니다. 이를 통해 사용자는 보다 빠르고 정확하게 원하는 이미지를 얻을 수 있습니다.

1) 챗GPT의 특징

챗GPT는 OpenAI에서 개발한 AI 모델로, 대규모 텍스트 데이터를 학습하여 다양한 질문에 답변할 수 있습니다. 특히, 챗GPT는 사용자와의 대화를 통해 이미지를 생성하거나 추천하는 데 유용합니다.

▶ 자연어 이해: 챗GPT는 사용자가 입력한 텍스트를 이해하고, 그 의미를 파악할 수 있습니다. 이를 통해 사용자의 요구에 맞는 이미지를 정확하게 생성할 수 있습니다.

▶ 상황 이해: 챗GPT는 대화의 맥락을 이해하고, 이에 맞는 답변을 제공할 수 있습니다. 이는 보다 자연스러운 대화와 정확한 이미지 생성을 가능하게 합니다.

▶ 다양한 응용: 챗GPT는 이미지 생성 외에도 다양한 응용 분야에서 활용될 수 있습니다. 예를 들어, 고객 지원, 교육, 창작 활동 등에서 유용하게 사용될 수 있습니다.

2) 챗GPT를 이용한 이미지 생성 절차

챗GPT를 이용하여 이미지를 생성하는 절차는 다음과 같습니다. 이 절차를 통해 사용자는 원하는 이미지를 쉽게 얻을 수 있습니다.

▶ 텍스트 입력: 챗GPT 인터페이스에 접속하여 이미지 생성에 대한 요청을 텍스트로 입력합니다.

▶ 요청 분석: 챗GPT가 사용자가 입력한 텍스트를 분석하고, 그 의미를 파악합니다.

▶ 이미지 생성: 챗GPT가 분석한 내용을 바탕으로 이미지를 생성하거나 관련 이미지를 추천합니다.

▶ 이미지 선택: 사용자가 생성된 이미지나 추천된 이미지 중에서 원하는 이미지를 선택합니다.

▶ 이미지 다운로드: 선택한 이미지를 다운로드하거나, 필요에 따라 추가 편집을 진행합니다.

3) 예시

- 예를 들어, 사용자가 "여름 바다 풍경"을 입력하면 챗GPT는 이를 이해하고, 여름 바다 풍경에 대한 이미지를 생성하거나 관련 이미지를 추천할 수 있습니다.

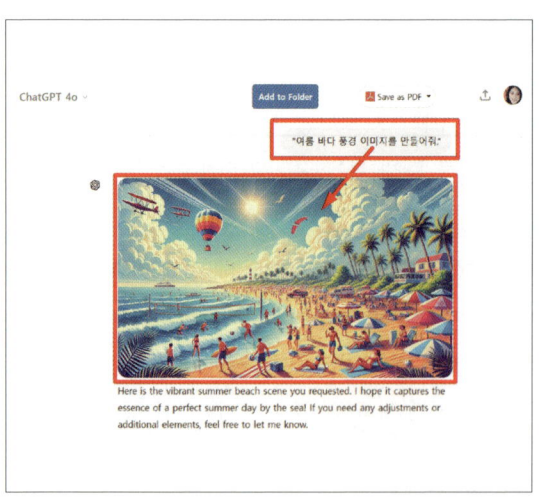

- 텍스트 입력: "여름 바다 풍경 이미지를 만들어줘."
- 요청 분석: 챗GPT가 "여름 바다 풍경"이라는 키워드를 분석하고, 이에 맞는 이미지를 찾습니다.

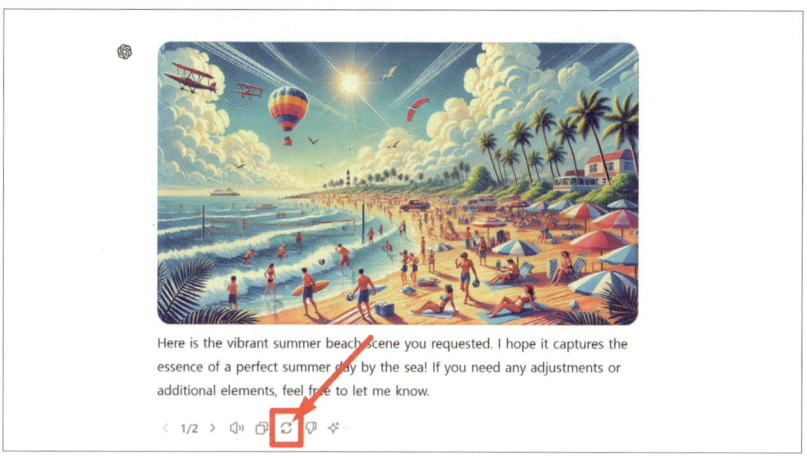

- 이미지 생성: 오른쪽에 '응답 다시 생성하기'를 클릭하면 이미지를 다시 만들어 줍니다. 챗GPT가 생성한 여름 바다 풍경 이미지를 사용자에게 제공합니다.

- 이미지 선택: 사용자가 제공된 이미지 중에서 2/2는 두번째 이미지입니다. 원하는 이미지를 선택합니다.

- 이미지 다운로드: 선택한 이미지의 오른쪽 상단에 다운로드를 클릭하고 다운로드하여 사용합니다.

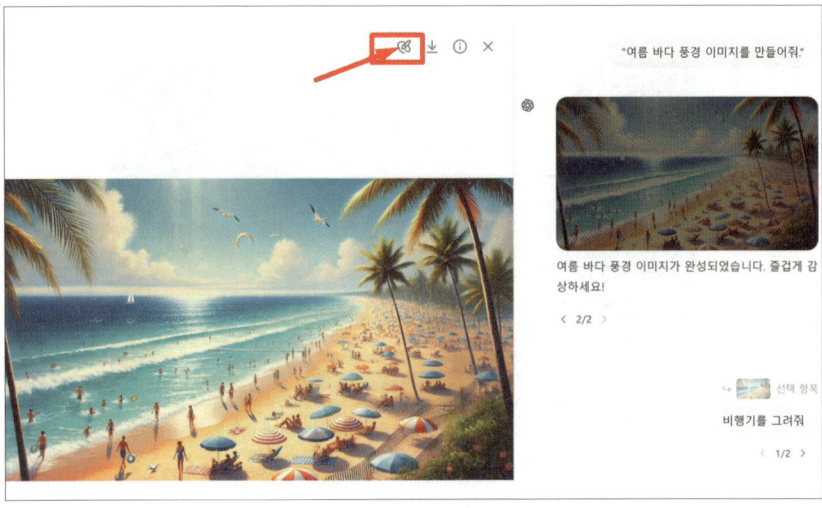

- 이미지를 클릭하면 상단에 선택을 클릭합니다.
- 이미지를 파란색으로 칠하고 오른쪽 하단에 '비행기를 그려줘'라고 입력하고 엔터를 클릭합니다.

- 비행기가 보이시나요? 정말 작은 비행기를 그려주었습니다.

비행기가 크게 그려진 여름 바다 풍경 이미지가 완성되었습니다. 즐겁게 감상하세요!

- '비행기를 크게 그려줘' 라고 입력창에 프롬프트를 작성하면 비행기가 새로 생깁니다.

2. 캔바챗봇을 이용한 이미지 생성

캔바챗봇은 CANVA 플랫폼 내에서 사용자가 대화형으로 이미지를 생성할 수 있도록 돕는 도구입니다. 사용자는 챗봇과의 대화를 통해 원하는 이미지를 상세히 설명하고, 챗봇은 이에 맞는 이미지를 생성합니다. 이를 통해 사용자는 CANVA의 다양한 디자인 도구를 활용하여 손쉽게 이미지를 생성할 수 있습니다.

1) 캔바챗봇의 특징

캔바챗봇은 CANVA의 AI 도구 중 하나로, 사용자 친화적인 인터페이스를 제공합니다. 캔바챗봇은 사용자의 요구를 이해하고, 이에 맞는 이미지를 빠르게 생성합니다.

▶ 사용자 친화성: 캔바챗봇은 사용하기 쉬운 인터페이스를 제공하여 누구나 쉽게 이미지를 생성할 수 있습니다. 이는 디자인 경험이 없는 사용자도 손쉽게 활용할 수 있도록 돕습니다.

▶ 실시간 응답: 캔바챗봇은 실시간으로 사용자의 요청에 응답하고, 빠르게 이미지를 생성합니다. 이는 사용자가 원하는 이미지를 신속하게 얻을 수 있도록 합니다.

▶ 다양한 기능: 캔바챗봇은 이미지 생성 외에도 다양한 디자인 기능을 제공합니다. 예를 들어, 배경 제거, 텍스트 추가, 이미지 편집 등 다양한 작업을 수행할 수 있습니다.

2) 캔바챗봇을 이용한 이미지 생성 절차

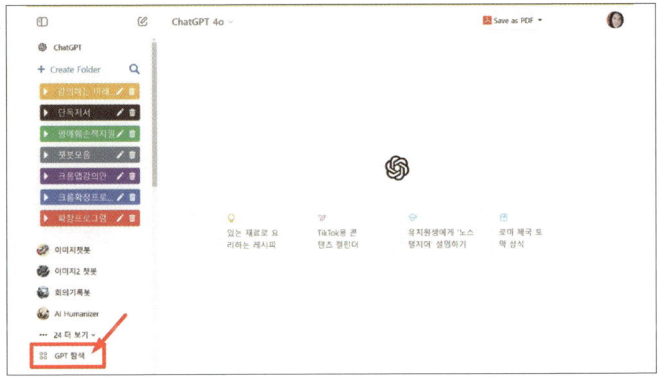

캔바챗봇을 이용하여 이미지를 생성하는 절차는 다음과 같습니다. 이 절차를 통해 사용자는 CANVA 플랫폼에서 쉽게 이미지를 생성할 수 있습니다.

a) GPT탐색을 실행

검생창에 CANVA 를 입력합니다.

b) 챗봇 실행

CANVA 인터페이스에서 캔바챗봇을 실행합니다.

c) 텍스트 입력

캔바챗봇에게 원하는 이미지에 대한 설명을 텍스트로 입력합니다.

d) 요청 분석

캔바챗봇이 사용자가 입력한 텍스트를 분석하고, 그 의미를 파악합니다.

e) 이미지 생성

캔바챗봇이 분석한 내용을 바탕으로 이미지를 생성하거나 관련 이미지를 추천합니다.

f) 이미지 선택

사용자가 생성된 이미지나 추천된 이미지 중에서 원하는 이미지를 선택합니다.

g) 이미지 다운로드

선택한 이미지를 다운로드하거나, 필요에 따라 CANVA 도구를 사용하여 추가 편집을 진행합니다.

3) 예시

다음과 같이, 사용자가 "겨울 눈 내리는 풍경"을 입력하면 캔바챗봇은 이를 이해하고, 겨울 눈 내리는 풍경에 대한 이미지를 생성하거나 관련 이미지를 추천할 수 있습니다.

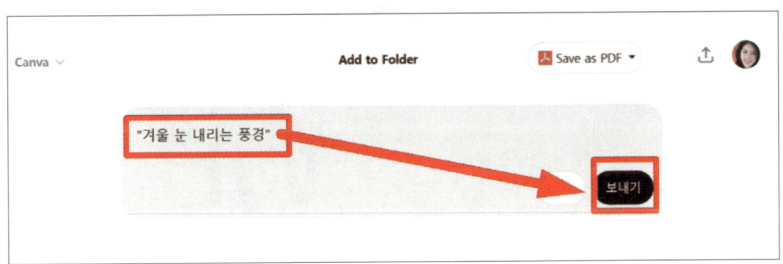

- 하단에 채팅 시작을 클릭합니다. "겨울 눈 내리는 풍경" 이라고 텍스트를 작서 합니다. 보내기를 클릭합니다.
- 캔바챗봇이 "겨울 눈 내리는 풍경"이라는 키워드를 분석하고, 이에 맞는 이미지를 찾습니다.

여기 겨울 눈 내리는 풍경 디자인 몇 가지를 준비했습니다:

1. 파란색과 흰색의 일러스트 겨울 눈 내리는 곰 데스크탑 배경화면

2. 파란색과 회색의 일러스트 겨울 눈 내리는 늑대 데스크탑 배경화면

- 안녕하세요! Canva와 함께 창의력을 발휘할 준비 되셨나요? 오늘 어떤 디자인을 함께 만들어 볼까요? 여기 겨울 눈 내리는 풍경 디자인 몇 가지를 준비했습니다: 라고 말하며 이미지를 생성해 줍니다.

3. 눈 내리는 겨울 풍경 책 표지

4. 부드러운 파란색 겨울 눈 내리는 숲 빈 메모 인스타그램 스토리

- 눈 내리는 겨울 풍경의 책 표지를 만들어 줍니다.
- 귀여운 팽귄이 있는 인스타그램 스토리도 생성해줍니다.

- 원하는 이미지를 클릭하면 바로 캔바웹 사이트로 자동으로 이동됩니다. 캔바 챗봇을 이용해서 이미지를 생성 후 캔바 웹사이트로 이동하기 때문에 바로 디지인을 편집할 수 있습니다.

- 왼쪽 도구탭에서 텍스트를 클릭한 후 '정말 신기하고 재미있는 캔바 챗봇을 이용해서 쉽고 간편하게 이미지를 생성해 보십시요' 라고 써보십시요. 멋진 겨울이미지가 완성됐습니다.

AI 아트와 저작권

AI가 예술 작품을 생성하는 기술이 발전하면서, AI 아트의 저작권 문제는 중요한 논의 주제로 떠올랐습니다. AI가 생성한 예술 작품의 저작권 귀속, 데이터 사용의 윤리적 문제, 그리고 프라이버시 보호 등 다양한 법적 문제들이 있습니다. 이 장에서는 AI 아트와 저작권에 관한 주요 이슈와 대응 방안을 자세히 다루겠습니다.

1. AI 생성 작품의 저작권 문제

AI가 생성한 작품의 저작권 문제는 복잡합니다. 일반적으로 저작권은 인간 창작자에게 귀속됩니다. 그러나 AI가 생성한 작품의 경우, 저작권을 누구에게 귀속해야 하는지 명확하지 않습니다.

1) 저작권의 주체

AI가 생성한 작품의 저작권을 누구에게 귀속해야 하는지에 대한 논의가 필요합니다. 현재로서는 대부분의 법체계가 인간 창작자에게만 저작권을 인정하고 있습니다. 그러나 AI 기술이 발전하면서 새로운 법적 기준이 필요하게 되었습니다.

▶ 개발자: 일부 의견은 AI를 개발한 개발자에게 저작권을 귀속해야 한다고 주장합니다. 개발자가 AI의 성능과 결과물에 대한 책임을 지기 때문입니다.

▶ 사용자: 또 다른 의견은 AI 도구를 사용하여 작품을 생성한 사용자에게 저작권을 귀속해야 한다고 봅니다. 사용자가 AI의 결과물을 최종적으로 조작하고 결정하기 때문입니다.

▶ AI 자체: AI에게 저작권을 부여하는 것은 아직 논란이 많습니다. AI는 독립적인 법적 주체가 아니기 때문에 저작권을 가질 수 없다는 것이 일반적인 견해입니다.

2) 법적 사례

일부 법적 사례에서는 AI가 생성한 작품의 저작권을 인정하지 않거나, 이를 인간 사용자에게 귀속하는 판결이 나왔습니다. 이는 AI 예술의 법적 지위를 불확실하게 만듭니다. 여러 국가에서 AI 작품의 저작권에 대한 법적 기준을 마련하기 위해 논의가 진행 중입니다.

▶ 미국: 미국 저작권청은 AI가 생성한 작품에 대해 저작권을 인정하지 않는다는 입장을 밝혔습니다. 저작권은 인간의 창작물에만 적용된다는 이유 때문입니다.

▶ 영국: 영국은 일부 경우에 AI가 생성한 작품의 저작권을 AI 개발자에게 귀속하는 법적 기준을 마련했습니다. 이는 AI 기술의 발전을 장려하기 위한 조치입니다.

▶ 한국: 한국은 AI 작품의 저작권 문제에 대해 논의 중이며, 아직 명확한 법적 기준이 없습니다. 다양한 의견이 제시되고 있으며, 향후 법적 기준이 마련될 것으로 보입니다.

3) 저작권 보호 전략

AI 작품의 저작권을 보호하기 위해 다음과 같은 전략이 필요합니다. 이는 저작권 분쟁을 예방하고, 법적 문제를 최소화하는 데 도움이 됩니다.

▶ 저작권 등록: AI 작품을 저작권청에 등록하여 법적 보호를 받습니다. 이는 저작권 침해 시 법적 대응을 용이하게 합니다.

▶ 저작권 표시: 작품에 저작권 표시를 명확히 하여 무단 사용을 방지합니다. 이는 저작권 침해를 예방하는 효과가 있습니다.

▶ 저작권 계약: AI 도구를 사용할 때, 저작권 계약을 명확히 하여 작품의 저작권 귀속을 명확히 합니다. 이는 법적 분쟁을 예방하는 데 도움이 됩니다.

2. 데이터 사용의 윤리적 문제

AI가 예술 작품을 생성하기 위해 사용하는 데이터는 저작권과 윤리적 문제를 야기할 수 있습니다. AI 기술이 발전하면서 데이터 사용의 투명성과 윤리적 문제에 대한 관심이 높아지고 있습니다. 이는 AI가 학습하는 데이터의 출처와 사용 방식에 대한 문제를 포함합니다.

1) 데이터 저작권

AI가 학습하는 데이터는 저작권이 있는 자료일 수 있습니다. 이를 무단으로 사용하면 저작권 침해가 발생할 수 있습니다. 따라서 AI 학습 데이터의 사용에 대한 법적 규제가 필요합니다.

▶ 데이터 소스 확인: AI 학습에 사용하는 데이터가 저작권 침해가 없는지 확인합니다. 이는 법적 문제를 예방하는 데 중요합니다.

▶ 데이터 사용 허가: 필요한 경우, 데이터 소유자로부터 사용 허가를 받습니다. 이는 법적 분쟁을 예방하는 데 도움이 됩니다.

▶ 데이터 관리: AI 개발자는 데이터의 출처와 사용 방식을 투명하게 관리해야 합니다. 이는 윤리적 문제를 예방하고, 신뢰성을 높이는 데 도움이 됩니다.

2) 윤리적 문제

AI가 생성한 작품이 특정 문화나 인종을 모방하거나 왜곡할 경우, 윤리적 논란이 발생할 수 있습니다. 이는 AI 개발자와 사용자가 책임져야 할 문제입니다. AI 기술이 발전하면서 윤리적 기준을 마련하고 준수하는 것이 중요해졌습니다.

▶ 문화적 존중: AI가 특정 문화나 인종을 모방할 때, 해당 문화와 인종을 존중하는 방식으로 학습하고 생성해야 합니다. 이는 문화적 왜곡을 방지하는 데

중요합니다.

▶ 윤리적 가이드라인 준수: AI 개발자와 사용자는 윤리적 가이드라인을 준수하여 AI가 생성한 작품이 사회적, 문화적으로 문제가 없도록 합니다. 이는 윤리적 논란을 예방하는 데 도움이 됩니다.

▶ 투명성: AI가 학습한 데이터와 생성 과정에 대한 투명성을 유지해야 합니다. 이는 사용자가 AI의 결과물을 신뢰할 수 있도록 합니다.

3) 데이터 사용 전략

데이터 사용의 윤리적 문제를 해결하기 위해 다음과 같은 전략이 필요합니다. 이는 데이터 사용의 투명성과 신뢰성을 높이는 데 도움이 됩니다.

▶ 데이터 소스 확인: AI 학습에 사용하는 데이터가 저작권 침해가 없는지 확인합니다. 이는 법적 문제를 예방하는 데 중요합니다.

▶ 데이터 사용 허가: 필요한 경우, 데이터 소유자로부터 사용 허가를 받습니다. 이는 법적 분쟁을 예방하는 데 도움이 됩니다.

▶ 윤리적 가이드라인 준수: AI 개발자와 사용자는 윤리적 가이드라인을 준수하여 AI가 생성한 작품이 사회적, 문화적으로 문제가 없도록 합니다. 이는 윤리적 논란을 예방하는 데 도움이 됩니다.

3. 프라이버시 보호

AI와 디지털 아트의 융합은 개인 정보 보호와 관련된 문제를 야기할 수 있습니다. AI가 학습하는 데이터에는 개인 정보가 포함될 수 있으며, 이는 프라이버시 침해의 위험을 높입니다. 강력한 프라이버시 보호 조치가 필요합니다.

1) 개인 정보 보호

AI가 학습하는 데이터에는 개인 정보가 포함될 수 있습니다. 이는 프라이버시 침해의 위험을 높입니다. 개인 정보 보호를 위해 AI 개발자와 사용자는 데이터의 출처와 사용 방식을 투명하게 관리해야 합니다.

▶ 데이터 익명화: AI 학습 데이터에 포함된 개인 정보를 익명화하여 프라이버시 침해를 예방합니다. 이는 개인 정보를 보호하는 데 중요한 조치입니다.

▶ 데이터 암호화: 개인 정보가 포함된 데이터를 암호화하여 무단 접근을 방지합니다. 이는 데이터 보안을 강화하는 데 도움이 됩니다.

▶ 데이터 사용 제한: 개인 정보가 포함된 데이터를 최소한으로 사용하고, 필요 이상으로 저장하지 않습니다. 이는 프라이버시 침해의 위험을 줄이는 데 도움이 됩니다.

2) 프라이버시 보호 전략

프라이버시 보호를 위해 다음과 같은 전략이 필요합니다. 이는 개인 정보를 안전하게 보호하고, 법적 문제를 예방하는 데 도움이 됩니다.

▶ 개인 정보 보호 정책 수립: AI 개발자와 사용자는 개인 정보 보호 정책을 수립하여 데이터 사용 방식을 명확히 합니다. 이는 프라이버시 침해를 예방하는 데 중요합니다.

▶ 데이터 익명화: AI 학습 데이터에 포함된 개인 정보를 익명화하여 프라이버시 침해를 예방합니다. 이는 개인 정보를 보호하는 데 중요한 조치입니다.

▶ 데이터 암호화: 개인 정보가 포함된 데이터를 암호화하여 무단 접근을 방지합니다. 이는 데이터 보안을 강화하는 데 도움이 됩니다.

3) 법적 자문

프라이버시 문제에 대해 전문가의 법적 자문을 받아 적절한 대응을 준비하는 것이 중요합니다. 이는 법적 분쟁을 예방하고, 발생한 문제를 신속하게 해결하는 데 도움이 됩니다.

▶ 법적 자문 요청: 프라이버시 문제에 대해 전문가의 법적 자문을 요청합니다. 이는 상황을 정확히 이해하고, 적절한 대응 전략을 수립하는 데 도움이 됩니다.

▶ 프라이버시 침해 대응: 프라이버시 침해가 발생한 경우, 법적 절차를 통해 대응한다. 이는 피해를 최소화하고, 문제를 신속하게 해결하는 데 도움이 됩니다.

▶ 프라이버시 보호 조치 강화: 프라이버시 침해를 예방하기 위해 강력한 보호 조치를 시행합니다. 이는 개인 정보를 안전하게 보호하고, 법적 문제를 예방하는 데 중요합니다.

4. 결론

AI와 디지털 아트의 융합은 예술 창작의 새로운 가능성을 열어주지만, 동시에 새로운 법적 도전과제를 제기합니다. AI 생성 작품의 저작권 문제, 데이터 사용의 윤리적 문제, 프라이버시 보호 문제 등 다양한 법적 문제를 해결하기 위해서는 법적 규제와 윤리적 가이드라인이 필요합니다. 이러한 문제를 예방하고 대응하기 위한 전략을 통해 AI와 디지털 아트를 안전하고 효과적으로 활용할 수 있을 것입니다.

AI와 디지털 아트의 융합은 우리에게 무한한 가능성을 열어주었습니다. 이 책을 통해 AI 기술이 디지털 아트에 어떻게 적용되는지, 그리고 이를 통해 어떤 새로운 창작의 가능성이 열리는지 살펴보았습니다. 독자 여러분이 이 책을 통해 얻은 지식과 영감이 창의적인 작업에 큰 도움이 되었기를 바랍니다.

디지털 시대의 예술은 빠르게 변화하고 있습니다. AI 기술은 예술 창작의 방식을 혁신하고, 더 많은 사람들이 쉽게 예술에 접근할 수 있도록 하고 있습니다. 이러한 변화는 예술의 경계를 확장하고, 새로운 형태의 예술을 탄생시키고 있습니다. AI와 디지털 아트의 만남은 그 시작에 불과하며, 앞으로 더 많은 혁신과 발전이 있을 것입니다.

AI 도구를 활용하여 창의적인 작품을 만드는 것은 이제 더 이상 어려운 일이 아닙니다. 이 책에서 소개한 CANVA와 챗GPT, 캔바챗봇 등의 도구를 통해 누구나 쉽게 고품질의 디지털 아트를 창작할 수 있습니다. 또한, AI 기술의 발전에 따라 더 많은 도구와 기능이 등장할 것이며, 이를 통해 예술 창작의 가능성은 더욱 확대될 것입니다.

우리는 AI와 디지털 아트의 융합이 가져오는 법적, 윤리적 문제에도 주의를 기울여야 합니다. 저작권 보호, 데이터 사용의 윤리적 문제, 프라이버시 보호 등 다양한 문제를 이해하고 대응하는 것은 매우 중요합니다. 이러한 문제들을 현명하게 대처함으로써, AI와 디지털 아트의 지속 가능한 발전을 도모할 수 있습니다.

이 책이 AI와 디지털 아트에 대한 여러분의 이해를 높이고, 창의적인 작업에 영감을 주었기를 바랍니다. AI 기술을 활용하여 새로운 예술의 세계를 탐구하고, 더 나아가 예술 창작의 경계를 넓혀나가는 데 도움이 되었기를 바랍니다. 앞으로도 AI와 디지털 아트의 융합을 통해 무한한 가능성을 발견하고, 더 많은 사람들과 그 아름다움을 공유할 수 있기를 기대합니다. 감사합니다.

인공지능 콘텐츠 트렌드

1인 미디어를 위한
인공지능콘텐츠 30일 완성가이드

초보자도 쉽게 따라하는 AI 콘텐츠 제작 로드맵

Part 5

나도 그림동화작가
동화 원고 작성법

문오영

다양한 분야의 혁신가들과 소통하며, 그들의 이야기를 세상에 전하는 역할을 수행하고 있다. 이 과정에서 얻은 통찰을 바탕으로 개인과 기업의 브랜딩 전략을 수립하는 데 전문성을 갖추고 있다.

디지털 배움터 서포터즈로 활동하며 디지털 소외계층의 정보 격차 해소에 힘쓰고 있으며, 한국 AI 작가협회 회원으로서 AI 기술을 활용한 새로운 창작 방식을 연구하고 있다. 이를 통해 전통적인 미디어와 최신 기술의 융합을 모색하고, 이를 개인의 브랜딩에 적용하는 방법을 제시하고 있다.

- 한국미디어창업뉴스 객원기자 (2023~)
- 유튜브크리에이터 1급 (2023, 한국미디어창업연구소)
- 디지털튜터 2급 자격증
- ESG지도자 2급 자격증

CONTENTS

AI 글쓰기 도구의 이해와 선택   219

스토리 아이디어 생성과 구체화 3단계   223

그림동화 원고 작성과 편집 과정   229

그림동화 프롬프트 작성법 5가지   234

일러스트 스타일과 일관성 유지   239

AI 글쓰기 도구의 이해와 선택

1. 최신 언어 모델: GPT-4.0과 Claude 3.5

1) GPT-4.0

GPT-4.0은 OpenAI에서 개발한 최신 언어 모델로, GPT-3.5를 기반으로 더 큰 데이터셋과 향상된 알고리즘을 통해 더욱 정교하고 일관된 텍스트 생성을 제공합니다. 이 모델은 5000억 개 이상의 파라미터를 가지고 있어, 다양한 언어 작업에서 인간과 유사한 성능을 발휘합니다. GPT-4.0은 특히 창의적 글쓰기, 고급 질의응답, 텍스트 요약 등에서 뛰어난 성능을 보입니다.

2) Claude 3.5

Claude 3.5는 Anthropic에서 개발한 최신 언어 모델로, 윤리적이고 안전한 인공지능을 목표로 합니다. 이 모델은 2024년에 출시되었으며, 사용자 피드백을 바탕으로 지속적으로 개선되고 있습니다. Claude 3.5는 높은 정확도와 유연성을 자랑하며, 특히 대화형 응용 프로그램과 창의적 글쓰기에서 우수한 성능을 발휘합니다.

2. 대표적인 AI 글쓰기 도구 소개

1) GPT-4.0 기반 도구

a) OpenAI의 GPT-4.0

GPT-4.0은 현재 가장 유명하고 강력한 언어 모델 중 하나입니다. 이 모델은 다양한 언어 작업을 수행할 수 있으며, 이를 기반으로 한 여러 글쓰기 도구가 개발되었습니다. 예를 들어, OpenAI Playground는 사용자가 직접 GPT-4.0와 상호작용하며 텍스트를 생성할 수 있는 웹 인터페이스를 제공합니다.

b) ChatGPT

ChatGPT는 OpenAI의 GPT-4.0을 기반으로 한 대화형 AI 도구입니다. 이 도구는 실시간으로 사용자의 질문에 답변하거나, 창의적인 글쓰기를 돕는 데 사용될 수 있습니다. ChatGPT는 다양한 분야에서 활용될 수 있으며, 특히 글쓰기 보조 도구로 매우 유용합니다.

4) Writesonic

Writesonic은 GPT-4.0을 기반으로 다양한 글쓰기 작업을 지원하는 도구입니다. 블로그 포스트, 랜딩 페이지, 광고 카피, 소셜 미디어 콘텐츠 등 다양한 텍스트를 생성할 수 있습니다. 특히, 사용자가 원하는 스타일이나 톤을 반영한 텍스트 생성이 가능합니다.

2) Claude 3.5 기반 도구

Claude.ai는 Anthropic에서 개발한 Claude 3.5를 기반으로 한 대화형 AI 도구입니다. 이 도구는 윤리적이고 안전한 인공지능을 목표로 하며, 사용자와의 대화를 통해 다양한 글쓰기 작업을 지원합니다. Claude.ai는 높은 정확도와 유연성을 자랑하며, 특히 대화형 응용 프로그램과 창의적 글쓰기에서 우수한 성능을 발휘합니다.

3) Gemini

Gemini는 Google에서 개발한 최신 AI 모델로, 이전의 Bard를 대체하며 더욱 강력한 성능을 제공합니다. Gemini는 텍스트, 이미지, 오디오, 비디오 등 다양한 형식의 데이터를 처리할 수 있는 멀티모달 AI입니다.

Gemini는 창의적 글쓰기와 대화형 응용 프로그램에 특화되어 있으며, Google의 풍부한 데이터와 검색 기술을 바탕으로 사용자에게 고품질의 콘텐츠를 제공합니다. 텍스트의 자연스러움과 일관성 면에서 뛰어난 성능을 보이며, 스토리텔링, 시나리오 작성, 마케팅 카피 생성 등 다양한 언어 작업에 활용될 수 있습니다. Gemini는 Google의 다양한 서비스와 통합되어 있어, 사용자가 손쉽게 접근하고 활용할 수 있습니다.

4) LLaMA

LLaMA는 Meta(구 Facebook)에서 개발한 강력한 언어 모델로, 고급 텍스트 생성과 이해를 위해 설계되었습니다.

LLaMA는 특히 대규모 언어 데이터셋을 바탕으로 훈련되어, 다양한 문맥과 주제에서 높은 성능을 발휘합니다. 이 모델은 텍스트 생성, 번역, 요약, 질의응답 등 여러 작업에서 뛰어난 정확도와 유연성을 제공합니다. LLaMA는 특히 연구자들과 개발자들에게 인기가 있으며, 오픈 소스 라이선스를 통해 접근할 수 있어, 다양한 실험과 응용 프로그램 개발에 유용하게 사용될 수 있습니다.

5) Copilot

Copilot은 Microsoft의 최신 AI 기반 대화형 모델로, 이전의 Bing Chat을 대체하며 더 넓은 범위의 기능을 제공합니다. Copilot은 Microsoft의 다양한 서비스와 통합되어 있으며, 사용자와 실시간으로 상호작용하여 정확하고 신뢰할 수 있는 답변을 제공합니다.

이 모델은 최신 정보 접근성을 바탕으로 뉴스, 날씨, 일반 지식뿐만 아니라 생산성 도구 지원, 코딩 보조, 창의적 작업 등 다양한 영역에서 활용됩니다. Copilot은 사용자의 필요에 맞춘 맞춤형 정보와 지원을 제공하는 데 강점을 가지고 있어, 정보 검색, 업무 생산성 향상, 창의적 프로젝트 지원 등 폭넓은 분야에서 활용될 수 있습니다. Microsoft의 강력한 AI 기술과 데이터베이스를 바탕으로, Copilot은 사용자에게 더욱 통합되고 고도화된 AI 경험을 제공합니다.

3. 적합한 도구 선택 방법

1) 목적에 맞는 도구 선택

인공지능 글쓰기 도구를 선택할 때는 먼저 자신의 목적을 명확히 해야 합니다. 예를 들어, 마케팅 카피를 작성하는 것이 목적이라면, Writesonic과 같은 도구가 적합할 수 있습니다. 반면, 대화형 응용 프로그램이나 창의적 글쓰기를 위해서는 ChatGPT나 Claude.ai와 같은 도구가 더 유용할 것입니다.

2) 사용의 편의성

각 도구의 인터페이스와 사용 방법을 고려해야 합니다. 사용이 직관적이고 간편한 도구는 작업 효율성을 높일 수 있습니다. 예를 들어, ChatGPT는 실시간 상호작용을 통해 사용자가 원하는 결과물을 빠르게 얻을 수 있는 도구로, 다양한 템플릿과 예시를 제공하여 초보자도 쉽게 사용할 수 있도록 돕습니다.

3) 가격과 서비스

많은 AI 글쓰기 도구들은 무료 버전과 유료 버전을 제공합니다. 자신의 예산에 맞는 도구를 선택하는 것도 중요한 요소입니다. 무료 버전의 경우 기능이 제한될 수 있지만, 기본적인 사용에는 충분할 수 있습니다. 반면, 유료 버전은 더 많은 기능과 더 나은 성능을 제공할 수 있습니다.

4) 커뮤니티와 지원

도구의 사용자 커뮤니티와 지원 서비스도 고려해야 합니다. 활성화된 커뮤니티는 도구 사용 중 발생하는 문제를 해결하는 데 큰 도움이 됩니다. 또한, 공식 지원 서비스가 잘 갖추어져 있는 도구는 문제 발생 시 신속하게 대응할 수 있습니다.

5) 개인적인 사용 경험

최종적으로, 여러 도구를 직접 사용해보고 자신에게 가장 적합한 도구를 찾는 것이 중요합니다. 각 도구마다 특성과 장단점이 있기 때문에, 직접 사용해보면서 자신의 작업 스타일과 목적에 가장 잘 맞는 도구를 선택해야 합니다. 시범 사용 기간을 제공하는 도구들이 많으니, 이를 활용해 다양한 도구를 체험해보는 것도 좋은 방법입니다.

이상으로, 인공지능 글쓰기 도구의 이해와 선택에 대한 내용을 마칩니다. 각 도구의 특성과 장단점을 잘 이해하고, 자신의 목적과 필요에 맞는 도구를 선택함으로써, 보다 효율적이고 창의적인 글쓰기 작업을 수행할 수 있을 것입니다.

 ## 스토리 아이디어 생성과 구체화 3단계

1. 인공지능을 활용한 아이디어 브레인스토밍

1) 인공지능 기반 브레인스토밍 도구의 개요

인공지능 기반 브레인스토밍 도구는 작가들이 새로운 아이디어를 창출하고, 창의적인 생각을 촉진하며, 글쓰기 과정을 더 효율적으로 만드는 데 큰 도움을 줍니다. 이 도구들은 대규모 데이터셋을 학습한 언어 모델을 기반으로 하여, 사용자가 입력한 간단한 프롬프트를 바탕으로 다양한 아이디어를 생성해냅니다.

대표적인 도구로는 GPT-4.0, Claude 3.5, Bard, LLaMA, Bing Chat 등이 있습니다. 이 도구들은 글쓰기 과정의 초기에 브레인스토밍을 도와줌으로써, 작가가 새로운 아이디어를 쉽게 발견하고 발전시킬 수 있게 합니다.

2) 브레인스토밍 과정에서의 AI 활용 방법

a) 프롬프트 작성

인공지능을 활용하여 아이디어를 얻기 위해서는 우선 간단한 프롬프트를 작성해야 합니다. 예를 들어, &어린이를 위한 모험 이야기 아이디어&와 같은 프롬프트를 입력하면 AI는 이를 바탕으로 다양한 아이디어를 제시합니다.

b) 아이디어 생성

AI는 입력된 프롬프트를 바탕으로 다양한 스토리 아이디어를 생성합니다. 예를 들어, GPT-4.0은 다음과 같은 아이디어를 제시할 수 있습니다: &주인공은 마법의 숲에서 길을 잃고, 다양한 동물 친구들과 함께 집을 찾는 모험을 떠난다.& 이러한 아이디어들은 작가에게 새로운 영감을 줄 수 있습니다.

c) 아이디어 필터링

생성된 아이디어 중에서 가장 흥미롭고 창의적인 것을 선택합니다. AI가 제시한 여러 아이디어를 검토하고, 자신의 스타일과 주제에 맞는 것을 골라냅니다.

d) 아이디어 확장

선택된 아이디어를 바탕으로 스토리를 확장합니다. 예를 들어, &마법의 숲&이라는 아이디어를 확장하여 숲 속의 다양한 마법 생물과 그들의 이야기를 추가할 수 있습니다. AI는 이 과정에서도 유용한 정보를 제공할 수 있습니다.

3) 실질적인 예시

예를 들어, 어린이를 위한 동화를 작성하려고 한다면, 다음과 같은 프롬프트를 AI에게 입력할 수 있습니다.

어린이를 위한 동화의 주인공과 주요 줄거리 아이디어를 제시해줘.

주인공은 작은 마을에 사는 소녀로, 마을에 전해 내려오는 전설 속 마법의 열쇠를 찾아 떠나는 모험을 시작한다. 열쇠를 찾기 위해 다양한 퍼즐을 풀고, 새로운 친구들을 만나며 성장해 나간다.

AI는 이에 대해 여러 가지 창의적인 답변을 제공할 수 있습니다. 예를 들어, AI는 다음과 같은 아이디어를 제시할 수 있습니다:

이러한 아이디어를 바탕으로 작가는 스토리를 구체화하고, 각 장면을 구성할 수 있습니다.

2. 주제와 캐릭터 설정

1) 주제 설정의 중요성

주제는 이야기를 관통하는 핵심 메시지나 교훈입니다. 주제는 독자가 이야기를 읽으면서 얻을 수 있는 통찰력이나 감동을 제공합니다. 동화책에서 주제는 특히 중요한데, 이는 어린 독자들이 이야기 속에서 교훈을 배우고 성장할 수 있기 때문입니다. 인공지능을 활용하면 다양한 주제 아이디어를 빠르고 효율적으로 얻을 수 있습니다.

2) AI를 활용한 주제 설정 방법

a) 주제 아이디어 생성

인공지능에게 &어린이를 위한 교육적인 주제 아이디어를 제시해줘&와 같은 프롬프트를 입력하면, AI는 다양한 주제를 제시할 수 있습니다. 예를 들어, &우정의 소중함&, &자신감의 중요성&, &환경 보호의 필요성& 등의 주제를 제공할 수 있습니다.

b) 주제 구체화

선택한 주제를 바탕으로 이야기를 구체화합니다. 예를 들어, &우정의 소중함& 이라는 주제를 선택했다면, 이야기 속에서 주인공이 친구들과의 갈등을 해결하고, 진정한 우정의 의미를 깨닫는 과정을 그릴 수 있습니다.

c) 주제와 플롯 연결

주제를 플롯에 자연스럽게 녹여내는 것이 중요합니다. 주제는 이야기가 전개되는 과정에서 자연스럽게 드러나야 하며, 독자들이 이야기의 흐름 속에서 주제를 깨닫게 해야 합니다. AI는 주제와 관련된 다양한 에피소드를 제안함으로써 이 과정에서 큰 도움을 줄 수 있습니다.

3) 캐릭터 설정의 중요성

캐릭터는 이야기를 이끌어가는 주체로서, 독자가 이야기에 몰입하고 공감할 수 있도록 하는 중요한 요소입니다. 동화책에서는 특히 주인공과 주변 캐릭터들이 이야기를 통해 성장하고 변하는 모습이 중요합니다. 캐릭터 설정은 주제와 맞물려 이야기를 더욱 풍성하게 만듭니다.

4) AI를 활용한 캐릭터 설정 방법

a) 캐릭터 아이디어 생성

인공지능에게 &동화책의 주인공 캐릭터 아이디어를 제시해줘&와 같은 프롬프트를 입력하면, AI는 다양한 캐릭터를 제안할 수 있습니다. 예를 들어, &용감하고 호기심 많은 소년&, &지혜로운 나무 요정&, &장난꾸러기 마법사& 등의 캐릭터를 제시할 수 있습니다.

b) 캐릭터 구체화

선택한 캐릭터를 구체화합니다. 예를 들어, &용감하고 호기심 많은 소년&이라는 캐릭터를 선택했다면, 그의 성격, 배경 이야기, 주요 목표 등을 구체적으로 설정합니다. AI는 이 과정에서 캐릭터의 특징과 배경 이야기를 풍부하게 만드는 데 도움을 줄 수 있습니다.

c) 캐릭터 관계 설정

주인공과 주변 캐릭터들 간의 관계를 설정합니다. 이 관계는 이야기의 전개와 주제 전달에 중요한 역할을 합니다. 예를 들어, 주인공이 새로운 친구들을 만나고, 그들과 협력하여 문제를 해결하는 과정을 통해 우정의 중요성을 강조할 수 있습니다. AI는 다양한 관계 설정 아이디어를 제공하여 이야기를 더욱 흥미롭게 만들 수 있습니다.

3. 스토리 아웃라인 작성하기

1) 스토리 아웃라인의 중요성

스토리 아웃라인은 이야기의 전개를 구조화하는 중요한 도구입니다. 아웃라인을 작성하면 이야기를 체계적으로 구성할 수 있으며, 주요 사건과 전환점을 미리 계획할 수 있습니다. 이는 글쓰기 과정에서 혼란을 줄이고, 일관성 있는 이야기를 작성하는 데 큰 도움이 됩니다.

2) AI를 활용한 스토리 아웃라인 작성 방법

a) 기본 플롯 구성

인공지능에게 &동화책의 기본 플롯을 제시해줘&와 같은 프롬프트를 입력하면, AI는 기본적인 플롯 구조를 제시할 수 있습니다. 예를 들어, &주인공이 마법의 숲에서 길을 잃고, 다양한 모험을 통해 집으로 돌아오는 이야기&와 같은 기본 플롯을 제공할 수 있습니다.

b) 주요 사건 설정

기본 플롯을 바탕으로 주요 사건들을 설정합니다. 예를 들어, 주인공이 마법의 숲에 들어가는 사건, 새로운 친구들을 만나는 사건, 마법의 열쇠를 찾는 사건 등을 설정할 수 있습니다. AI는 각 사건을 구체화하는 데 도움을 줄 수 있습니다.

c) 전환점과 클라이맥스 설정

이야기의 전환점과 클라이맥스를 설정합니다. 이는 이야기의 긴장감을 높이고, 독자의 흥미를 유지하는 데 중요한 요소입니다. 예를 들어, 주인공이 어려움을 극복하고 마법의 열쇠를 찾는 과정에서 중요한 전환점을 설정할 수 있습니다. AI는 이러한 전환점과 클라이맥스를 구체적으로 제안할 수 있습니다.

d) 결말 설정

이야기의 결말을 설정합니다. 결말은 주제가 잘 전달되도록 구성해야 하며, 독자에게 감동을 주는 요소를 포함해야 합니다. 예를 들어, 주인공이 집으로 돌아와 친구들과 다시 만나고, 모험을 통해 배운 교훈을 공유하는 결말을 설정할 수 있습니다. AI는 다양한 결말 아이디어를 제공하여 작가가 선택할 수 있도록 돕습니다.

3) 실질적인 예시

예를 들어, &용감한 소년이 마법의 숲에서 모험을 통해 집으로 돌아오는 이야기&를 주제로 삼았다면, AI를 활용하여 다음과 같은 스토리 아웃라인을 작성할 수 있습니다:

a) 서론
주인공 소개: 용감하고 호기심 많은 소년.
마을의 전설: 마법의 숲과 전설의 열쇠에 대한 이야기.

b) 발단
주인공이 마법의 숲에 들어가는 이유: 우연히 숲의 입구를 발견하고 모험을 결심함.
숲 속에서 만나는 첫 번째 친구: 지혜로운 나무 요정.

c) 전개
다양한 모험과 도전: 퍼즐을 풀고, 마법 생물들과의 만남.
주인공의 성장: 용기와 지혜를 발휘하며 문제를 해결.

d) 전환점
마법의 열쇠를 찾는 과정에서의 큰 시련: 중요한 순간에 맞닥뜨리는 어려움.
친구들의 도움: 새로운 친구들과의 협력으로 시련을 극복.

d) 클라이맥스
마법의 열쇠를 발견하고 사용하여 문제를 해결.
마을로 돌아가는 길을 찾음.

f) 결말
집으로 돌아와 마을 사람들과 모험 이야기를 나눔.
우정의 소중함과 용기의 중요성을 깨달음.

이와 같은 스토리 아웃라인을 바탕으로, 작가는 각 장면을 구체적으로 구성하고, 세부적인 내용을 작성할 수 있습니다. AI는 이 과정에서도 유용한 제안과 아이디어를 제공하여 작가가 이야기를 더욱 풍성하고 일관성 있게 만들 수 있도록 도와줍니다.

인공지능을 활용한 스토리 아이디어 생성과 구체화는 작가에게 많은 이점을 제공합니다. AI 기반 브레인스토밍 도구는 창의적인 아이디어를 제공하고, 주제와 캐릭터 설정, 스토리 아웃라인 작성 등 모든 과정에서 큰 도움을 줍니다. 이를 통해 작가는 더욱 효율적이고 체계적으로 이야기를 구성할 수 있으며, 독자들에게 감동을 주는 동화책을 완성할 수 있습니다. AI를 적극 활용하여 창작 과정을 혁신하고, 더욱 다채롭고 흥미로운 이야기를 만들어 보세요.

그림동화 원고 작성과 편집 과정

1. 인공지능을 활용한 초안 작성

1) 인공지능 기반 초안 작성 도구의 개요

인공지능(AI)을 활용한 초안 작성 도구는 작가들이 초기 아이디어를 빠르게 구체화하고, 글쓰기 과정을 효율적으로 시작할 수 있게 도와줍니다. 이러한 도구들은 대규모 언어 모델을 기반으로 하여, 사용자 입력을 바탕으로 자연스럽고 창의적인 텍스트를 생성합니다.

대표적인 AI 도구로는 GPT-4.0, Claude 3.5, Bard, LLaMA, Bing Chat 등이 있습니다. 이 도구들은 초기 단계에서 작가가 마주하는 빈 페이지 공포를 극복하는 데 큰 도움이 됩니다.

2) 초안 작성의 단계별 과정
a) 프롬프트 설정

AI에게 글쓰기 주제나 특정 상황을 간단하게 설명하는 프롬프트를 입력합니다. 예를 들어, &용감한 소년이 마법의 숲에서 모험을 하는 이야기를 써줘&와 같은 프롬프트를 입력하면, AI는 이를 바탕으로 초안을 생성하기 시작합니다.

b) AI의 초안 생성

AI는 입력된 프롬프트를 바탕으로 스토리의 기본 구조와 내용을 생성합니다. GPT-4.0은 예를 들어, &용감한 소년 존은 마법의 숲에 들어가 다양한 도전과 모험을 겪는다&와 같은 첫 문장을 제안할 수 있습니다. AI는 계속해서 문맥을 이해하고 이야기를 확장해 나갑니다.

c) 초안 검토

생성된 초안을 검토하여 이야기의 흐름이 자연스럽고 흥미로운지 확인합니다. AI가 생성한 초안은 초벌 글로서, 작가가 이후에 수정하고 보완할 수 있도록 기본 틀을 제공합니다.

3) 실질적인 예시

예를 들어, 동화책의 주제를 &용감한 소년이 마법의 숲에서 모험을 하면서 친구들을 만나는 이야기&로 설정한 후, AI에게 다음과 같은 프롬프트를 입력할 수 있습니다: &소년이 마법의 숲에서 다양한 마법 생물들과 모험을 하는 이야기를 시작해줘.& AI는 이에 대해 다음과 같은 초안을 생성할 수 있습니다:

> 용감한 소년 존은 마법의 숲에 들어가기로 결심했습니다. 그는 오래된 전설에 나오는 마법의 열쇠를 찾기 위해 숲 속 깊은 곳으로 향했습니다. 숲에서 그는 지혜로운 나무 요정을 만나고, 둘은 함께 모험을 떠나게 되었습니다. 그들은 다양한 퍼즐을 풀고, 신비한 마법 생물들과 친구가 되며, 점점 더 깊은 숲 속으로 들어갔습니다.

이와 같은 초안은 작가에게 이야기를 시작하는 데 필요한 기본 구조와 아이디어를 제공합니다.

2. AI의 제안을 바탕으로 수정 및 보완하기

1). AI가 제시하는 수정 및 보완 아이디어의 중요성

AI는 초안을 작성한 후에도 작가가 이야기의 흐름과 세부 사항을 개선할 수 있도록 다양한 제안을 제공합니다. 이러한 제안들은 글의 일관성을 유지하고, 플롯의 빈틈을 채우며, 캐릭터와 설정을 더욱 생동감 있게 만드는 데 큰 도움을 줍니다. AI의 제안을 바탕으로 글을 수정하고 보완하면, 보다 완성도 높은 이야기를 작성할 수 있습니다.

2) 수정 및 보완 과정의 단계별 방법

a) 초안 분석 및 피드백 요청

AI에게 초안을 분석하고, 개선이 필요한 부분에 대한 피드백을 요청합니다. 예를 들어, &이야기의 중간 부분이 너무 지루한 것 같아. 어떻게 개선할 수 있을까?&와 같은 질문을 할 수 있습니다. AI는 이에 대해 구체적인 피드백을 제공합니다.

b) 구체적인 수정 제안

AI는 이야기의 특정 부분을 수정하는 데 도움이 되는 구체적인 제안을 합니다. 예를 들어, &주인공이 새로운 마법 생물을 만나고, 그들과 협력하여 어려움을 극복하는 장면을 추가해보는 건 어떨까?&와 같은 제안을 받을 수 있습니다.

c) 플롯 및 캐릭터 보완

AI의 제안을 바탕으로 플롯과 캐릭터를 보완합니다. 예를 들어, &존이 만난 나무 요정이 사실은 중요한 단서를 가진 인물이었다&와 같은 설정을 추가하여 이야기를 더욱 흥미롭게 만들 수 있습니다.

d) 문체 및 어조 수정

AI는 글의 문체와 어조를 개선하는 데도 도움을 줄 수 있습니다. 예를 들어, &이 장면의 묘사를 좀 더 생동감 있게 바꿔줘&와 같은 요청을 하면, AI는 생동감 있는 묘사를 제안합니다. 이는 특히 어린 독자들을 위해 동화의 흥미를 높이는 데 유용합니다.

3) 실질적인 예시
초안 작성 후, 다음과 같은 피드백을 AI에게 요청할 수 있습니다: &이야기 중간 부분이 좀 지루한 것 같아. 어떻게 개선할 수 있을까?& AI는 이에 대해 다음과 같은 제안을 할 수 있습니다:

> 이야기 중간 부분에 새로운 캐릭터를 추가해보세요. 예를 들어, 존이 숲 속에서 용감한 소녀 엠마를 만나, 그녀와 함께 마법의 열쇠를 찾기 위한 모험을 계속하는 장면을 추가해보는 것은 어떨까요? 엠마는 숲 속의 비밀을 알고 있으며, 둘은 협력하여 여러 가지 퍼즐을 풀어나갑니다.

이러한 제안을 바탕으로, 작가는 이야기를 보완하고 더욱 흥미롭게 만들 수 있습니다.

3. 최종 원고의 완성도 높이기

1) 최종 원고 검토 및 개선의 중요성
최종 원고를 작성할 때는 이야기를 일관성 있게 유지하고, 문체와 어조를 통일하며, 모든 부분이 자연스럽게 연결되도록 하는 것이 중요합니다. AI는 이 과정에서도 유용한 도구가 될 수 있습니다.

최종 원고의 완성도를 높이기 위해 AI의 도움을 받아 전반적인 검토와 개선을 진행하면, 독자들에게 더욱 감동적이고 매력적인 이야기를 전달할 수 있습니다.

2) 최종 원고 완성의 단계별 방법

a) 전체 이야기 검토

AI에게 전체 이야기를 검토하고, 일관성 있는 흐름을 유지하고 있는지 확인합니다. 예를 들어, &이야기의 흐름이 자연스러운지 검토해줘&와 같은 요청을 할 수 있습니다. AI는 이야기를 분석하고, 필요한 수정 사항을 제안합니다.

b) 문장과 문단 수정

AI는 문장과 문단의 구성을 개선하는 데 도움을 줄 수 있습니다. 예를 들어, &이 문장의 표현을 좀 더 명확하게 바꿔줘&와 같은 요청을 하면, AI는 문장을 더 명확하고 이해하기 쉽게 수정합니다. 이는 독자들이 이야기를 더 쉽게 이해하고 몰입할 수 있도록 도와줍니다.

c) 문법 및 스타일 체크

AI는 문법 오류와 스타일 문제를 찾아내고 수정하는 데도 유용합니다. 예를 들어, &문법 오류가 있는지 체크해줘&와 같은 요청을 하면, AI는 문법 오류를 찾아내고 수정합니다. 또한, 스타일 가이드를 따르도록 도와줍니다.

d) 캐릭터와 설정 일관성 유지

AI는 캐릭터와 설정의 일관성을 유지하는 데 도움을 줄 수 있습니다. 예를 들어, &캐릭터의 행동과 말이 일관성 있는지 확인해줘&와 같은 요청을 하면, AI는 캐릭터의 행동과 말을 분석하여 일관성을 유지하도록 도와줍니다.

e) 최종 검토 및 피드백

AI에게 최종 검토와 피드백을 요청합니다. 예를 들어, &최종 원고를 검토하고, 개선할 부분이 있는지 알려줘&와 같은 요청을 할 수 있습니다. AI는 최종 검토를 통해 필요한 수정 사항을 제안하고, 완성도를 높이는 데 도움을 줍니다.

3) 실질적인 예시

최종 원고 검토를 위해, AI에게 다음과 같은 요청을 할 수 있습니다: &이야기의 전반적인 흐름이 자연스러운지, 그리고 문법 오류가 없는지 검토해줘.& AI는 이에 대해 다음과 같은 피드백을 제공할 수 있습니다:

> 이야기의 흐름은 전반적으로 자연스럽지만, 중간 부분에서 주인공의 동기가 조금 더 명확하게 설명되면 좋을 것 같습니다. 예를 들어, 주인공이 마법의 숲에 들어가기로 결심한 이유를 좀 더 구체적으로 설명해보는 것은 어떨까요? 또한, 몇몇 문장에서 문법 오류가 발견되었습니다. 이를 수정하면 이야기가 더욱 매끄럽게 읽힐 것입니다.

이러한 피드백을 바탕으로, 작가는 최종 원고를 수정하고 개선할 수 있습니다.

인공지능을 활용한 원고 작성과 편집 과정은 작가에게 많은 이점을 제공합니다. AI 기반 도구는 초안을 빠르게 작성하고, 이야기의 흐름과 세부 사항을 개선하며, 최종 원고의 완성도를 높이는 데 큰 도움을 줍니다.

이를 통해 작가는 더욱 효율적이고 체계적으로 글을 작성할 수 있으며, 독자들에게 감동을 주는 완성도 높은 이야기를 완성할 수 있습니다. AI를 적극 활용하여 창작 과정을 혁신하고, 더욱 다채롭고 흥미로운 동화책을 만들어 보세요.

그림동화 프롬프트 작성법 5가지

1. 텍스트 설명으로 이미지 생성하기

1) 기본 개념과 접근 방법

이미지 생성 AI는 입력된 텍스트 설명을 바탕으로 이미지를 생성합니다. 이 과정에서 텍스트 설명, 즉 프롬프트(prompt)는 AI가 어떤 이미지를 생성해야 할지 결정하는 가장 중요한 요소입니다. 효과적인 프롬프트 작성은 원하는 이미지를 얻기 위해 필수적입니다. 프롬프트는 가능한 한 구체적이고 명확하게 작성해야 하며, 필요한 경우 세부 사항을 포함하여 AI가 정확한 이미지를 생성할 수 있도록 도와야 합니다.

2) 예시와 설명

예를 들어, &숲 속에서 노는 아이들&이라는 간단한 프롬프트를 입력하면 AI는 다양한 해석을 할 수 있습니다. 하지만 &푸른 나무와 꽃이 가득한 숲 속에서, 노란색 옷을 입은 두 아이가 웃으며 놀고 있는 모습&이라는 구체적인 프롬프트를 입력하면, AI는 훨씬 더 정확하고 원하는 이미지에 가까운 결과물을 생성할 수 있습니다. 이 과정에서 중요한 것은 프롬프트가 구체적이어야 한다는 것입니다. 색상, 위치, 동작 등 구체적인 요소를 포함하면 AI가 더 정확한 이미지를 생성할 수 있습니다.

2. 프롬프트 작성의 요령과 팁

1) 구체적이고 명확한 설명

프롬프트 작성의 가장 기본적인 요령은 구체적이고 명확하게 설명하는 것입니다. 애매한 설명은 AI가 다양한 해석을 하게 만들고, 이는 원하지 않는 결과물을 초래할 수 있습니다. 따라서 가능한 한 구체적으로, 그리고 명확하게 원하는 이미지를 설명해야 합니다.

예시
- 애매한 프롬프트: &해변에서 노는 사람들&
- 구체적이고 명확한 프롬프트: &파란 바다와 흰 모래 해변에서 빨간 수영복을 입은 두 사람이 웃으며 배구를 하고 있는 모습&

2) 이미지의 요소 나열

프롬프트에는 이미지의 주요 요소들을 나열하는 것이 좋습니다. 배경, 인물, 행동, 색상, 분위기 등 필요한 모든 요소를 포함하여 AI가 명확한 이미지를 생성할 수 있도록 해야 합니다.

예시
- 배경: &푸른 하늘과 높은 산이 있는 풍경&
- 인물: &분홍 드레스를 입은 소녀와 흰 셔츠를 입은 소년&
- 행동: &손을 잡고 산책하는 모습&
- 분위기: &평화롭고 행복한 느낌&

이렇게 각 요소를 나열하여 프롬프트를 작성하면, AI가 생성할 이미지의 구체적인 모습을 더 잘 이해할 수 있습니다.

3) 스타일과 톤 지정

프롬프트에 스타일과 톤을 지정하는 것도 좋은 방법입니다. 예를 들어, 동화책 일러스트를 위한 이미지를 생성할 때는 &동화책 스타일& 또는 &귀엽고 생동감 있는 톤&과 같은 표현을 사용하여 AI에게 원하는 스타일과 톤을 명확히 전달할 수 있습니다.

예시

스타일: &동화책 스타일로&

톤: &밝고 귀여운 느낌으로&

전체 프롬프트: &동화책 스타일로, 밝고 귀여운 느낌의 작은 오두막 집 앞에서 토끼들이 뛰어노는 모습&

예시와 비교

불명확한 프롬프트: &숲 속의 마법사&

구체적이고 명확한 프롬프트: &어두운 숲 속에서 파란 로브를 입고, 손에 빛나는 마법 지팡이를 들고 있는 마법사. 주위에 작은 빛나는 요정들이 날아다니고 있다.&

3. 반복적 수정 및 결과물 개선 방법

1) 초기 결과물 검토

첫 번째 프롬프트를 통해 생성된 초기 결과물을 검토하고, 필요한 수정 사항을 파악합니다. 이 과정에서 중요한 것은 결과물이 프롬프트와 얼마나 일치하는지, 그리고 어떤 부분이 부족한지를 분석하는 것입니다.

예시

초기 프롬프트: &해변에서 노는 아이들&

생성된 이미지: &해변에서 여러 명의 아이들이 놀고 있지만, 특정한 디테일이 부족함&

수정 필요: &아이들의 행동, 옷 색상, 구체적인 위치 등 디테일 추가 필요&

2) 세부 사항 추가 및 수정

초기 결과물을 바탕으로 프롬프트를 수정하여 세부 사항을 추가합니다. 이 과정에서 구체적인 디테일을 더욱 명확하게 설명하고, 필요한 경우 추가적인 요소를 포함시킵니다.

수정된 프롬프트:

&해변에서 노란색 수영복을 입은 두 아이가 모래성을 쌓고 있는 모습. 파란 바다와 하얀 모래, 배경에는 파라솔과 해변 의자가 보인다.&

이와 같이 프롬프트를 세부적으로 수정하면, AI가 보다 정확한 이미지를 생성할 수 있습니다.

3) 반복적인 테스트와 피드백

프롬프트를 수정한 후, 다시 AI에게 입력하여 새로운 이미지를 생성하고, 결과물을 검토합니다. 이 과정을 반복하면서 점점 더 만족스러운 이미지를 얻을 수 있습니다. 중요한 것은 각 반복마다 피드백을 통해 프롬프트를 개선하는 것입니다.

예시

반복 1: &해변에서 노란색 수영복을 입은 두 아이가 모래성을 쌓고 있는 모습. 파란 바다와 하얀 모래, 배경에는 파라솔과 해변 의자가 보인다.&

결과물 검토

&아이들의 위치와 행동은 적절하지만, 배경의 디테일이 부족함&

반복 2

&해변에서 노란색 수영복을 입은 두 아이가 모래성을 쌓고 있는 모습. 파란 바다와 하얀 모래, 배경에는 파라솔과 해변 의자, 그리고 멀리 보이는 산이 있다.&

이와 같은 반복적인 과정을 통해 프롬프트와 결과물을 지속적으로 개선할 수 있습니다.

4) AI와의 상호작용

AI와의 상호작용을 통해 더 나은 결과물을 얻기 위해서는 명확하고 구체적인 피드백을 제공하는 것이 중요합니다. AI에게 구체적인 피드백을 제공하면, AI는 이를 바탕으로 이미지를 더욱 정교하게 수정할 수 있습니다.

예시

피드백: &아이들의 표정을 더 밝게 바꿔줘& 또는 &배경의 색상을 좀 더 생동감 있게 조정해줘&

이와 같은 구체적인 피드백을 통해 AI와의 상호작용을 극대화하고, 최종 결과물의 품질을 높일 수 있습니다.

효과적인 프롬프트 작성은 AI 이미지 생성에서 가장 중요한 요소 중 하나입니다. 구체적이고 명확한 프롬프트 작성, 반복적인 수정과 피드백 제공을 통해 원하는 이미지를 얻을 수 있습니다. 텍스트 설명을 통해 이미지 생성 AI의 잠재력을 최대한 활용하여 창의적이고 고품질의 이미지를 만들어 보세요.

이를 통해 동화책의 시각적 매력을 높이고, 독자들에게 더욱 감동적인 경험을 제공할 수 있습니다.

일러스트 스타일과 일관성 유지

1. 통일된 스타일을 위한 프롬프트 전략

1) 일러스트 스타일의 중요성

동화책에서 일러스트의 스타일은 이야기의 분위기와 독자의 감정을 형성하는 데 중요한 역할을 합니다. 통일된 스타일의 일러스트는 독자에게 일관된 시각적 경험을 제공하며, 이야기에 대한 몰입감을 높입니다. 따라서, 일러스트의 스타일을 통일성 있게 유지하는 것은 매우 중요합니다.

2) 프롬프트 전략 개요

AI를 활용하여 일러스트를 생성할 때, 통일된 스타일을 유지하기 위해서는 프롬프트를 신중하게 작성해야 합니다. 프롬프트는 AI에게 생성할 이미지의 스타일, 색감, 분위기 등을 전달하는 중요한 도구입니다. 따라서, 프롬프트 작성 시 일관성을 유지하는 전략이 필요합니다.

3) 구체적인 프롬프트 전략

a) 스타일 키워드 사용

일관된 스타일을 유지하기 위해서는 스타일 키워드를 일관되게 사용하는 것이 중요합니다. 예를 들어, &수채화 스타일&, &레트로&, &미니멀리즘& 등의 키워드를 프롬프트에 포함시켜 AI가 일관된 스타일을 생성하도록 유도할 수 있습니다.

- 예시: &수채화 스타일로, 따뜻한 색감의 숲 속에서 동물들이 모여있는 장면을 그려줘&

b) 색상 팔레트 지정

색상 팔레트는 일러스트의 분위기를 결정하는 중요한 요소입니다. 통일된 색상 팔레트를 지정하여 AI가 일관된 색감을 유지하도록 할 수 있습니다.

- 예시: &파스텔 톤의 색상 팔레트를 사용하여, 귀여운 동물들이 노는 장면을 그려줘&

c) 반복되는 요소 강조

일러스트 시리즈에서는 반복되는 요소를 강조하여 일관성을 유지할 수 있습니다. 특정 캐릭터, 배경 요소, 또는 패턴 등을 프롬프트에 반복적으로 포함시켜 AI가 이를 인식하고 일관되게 생성하도록 합니다.

- 예시: &노란 모자를 쓴 소년이 나오는 장면을 그려줘. 배경은 항상 꽃밭으로 설정해줘&

d) 스타일 레퍼런스 제공

특정 스타일을 참고하기 위해 레퍼런스를 제공하는 것도 좋은 방법입니다. AI에게 특정 작가나 작품을 참고하도록 지시하여 일관된 스타일을 유지할 수 있습니다.

- 예시: &베아트릭스 포터의 일러스트 스타일로, 동화 속 주인공들이 모험하는 장면을 그려줘&

2. 다양한 스타일의 시도와 적용

1) 스타일 실험의 중요성

다양한 스타일을 시도하고 적용하는 과정은 창의적인 일러스트 작업에서 매우 중요합니다. 이를 통해 새로운 시각적 표현을 탐구하고, 독자에게 다양한 감동을 줄 수 있는 이미지를 생성할 수 있습니다. AI를 활용하면 다양한 스타일을 손쉽게 시도해볼 수 있습니다.

2) 스타일 실험 과정

a) 프롬프트 다양화

다양한 스타일을 실험하기 위해 프롬프트를 다양하게 작성합니다. 동일한 장면을 여러 가지 스타일로 표현하도록 지시하여, 각 스타일의 효과를 비교할 수 있습니다.

- 예시: &디즈니 애니메이션 스타일로, 숲 속에서 춤추는 동물들&, &고전 동화책 스타일로, 숲 속에서 춤추는 동물들&, &현대적인 일러스트 스타일로, 숲 속에서 춤추는 동물들&

b) AI 모델의 다양성 활용

다양한 AI 모델을 활용하여 각 모델이 생성하는 스타일을 비교할 수 있습니다. DALL-E, MidJourney, Stable Diffusion 등 각기 다른 모델은 고유한 스타일을 가지고 있으므로, 이를 활용하여 다양한 결과물을 얻을 수 있습니다.

- 예시: 동일한 프롬프트를 각기 다른 AI 모델에 입력하여 생성된 이미지를 비교

c) 스타일 믹스 앤 매치

여러 스타일을 혼합하여 새로운 스타일을 창조할 수 있습니다. 예를 들어, &수채화 스타일&과 &미니멀리즘&을 결합하여 새로운 시각적 표현을 시도할 수 있습니다.

- 예시: &수채화와 미니멀리즘을 결합한 스타일로, 도시에서 모험하는 소년의 일러스트&

d) 피드백과 수정

생성된 이미지를 바탕으로 피드백을 받고, 이를 반영하여 프롬프트를 수정합니다. 반복적인 수정 과정을 통해 최적의 스타일을 찾아갈 수 있습니다.

- 예시: &이미지의 색감이 마음에 든다면, 다음 이미지에서는 색감을 유지하면서 디테일을 더 추가해줘&

3. 일관된 일러스트 시리즈 제작하기

1) 일관성의 중요성

동화책 시리즈나 여러 장면이 포함된 이야기에서 일러스트의 일관성은 매우 중요합니다. 일관된 스타일과 요소는 독자가 이야기 속에 몰입하고, 일관된 시각적 경험을 유지하는 데 도움을 줍니다.

AI를 활용하면 이러한 일관성을 손쉽게 유지할 수 있습니다.

2) 일러스트 시리즈 제작 과정

a) 전체 플롯과 장면 계획

일러스트 시리즈를 시작하기 전에 전체 플롯과 주요 장면을 계획합니다. 각 장면에 필요한 스타일과 요소를 미리 결정하여 프롬프트에 반영합니다.

- 예시: &소녀가 숲 속에서 모험하는 이야기를 위한 주요 장면: 1) 숲 속으로 들

어가는 소녀, 2) 동물 친구들과 만나는 장면, 3) 마법의 호수를 발견하는 장면, 4) 숲 속 마을에서의 축제&

b) 일관된 스타일 키워드 사용

모든 프롬프트에 일관된 스타일 키워드를 포함시켜 통일성을 유지합니다. 예를 들어, &수채화 스타일&, &밝고 따뜻한 색감& 등의 키워드를 반복적으로 사용합니다.

- 예시: &수채화 스타일로, 밝고 따뜻한 색감의 숲 속에서 소녀가 동물 친구들과 모험하는 장면을 그려줘&

c) 반복되는 요소 유지

각 장면에 반복되는 요소를 포함시켜 일관성을 유지합니다. 주인공의 외모, 특정 배경 요소, 색상 팔레트 등을 반복적으로 사용합니다.

- 예시: &모든 장면에서 소녀는 빨간 모자를 쓰고, 숲 속의 나무는 항상 파스텔 그린 색상으로 그려줘&

d) 피드백을 통한 수정

각 장면을 생성한 후 피드백을 받고, 필요한 수정 사항을 반영합니다. 전체 시리즈를 통일성 있게 유지하기 위해 반복적으로 검토하고 수정합니다.

- 예시: &첫 번째 장면에서 소녀의 모습이 다음 장면과 일치하지 않는다면, 프롬프트를 수정하여 일치시키기&

e) 최종 검토와 조정

모든 장면을 완성한 후, 전체 시리즈를 검토하고 필요한 최종 조정을 합니다. 각 장면이 일관된 스타일과 분위기를 유지하는지 확인하고, 필요한 경우 수정합니다.

- 예시: &모든 장면에서 일관된 색감과 스타일을 유지하는지 최종 확인하고, 필요한 부분은 조정하기&

3) 실질적인 예시

동화책 시리즈를 제작한다고 가정하고, &숲 속의 모험&이라는 주제로 일러스트 시리즈를 제작하는 과정을 살펴보겠습니다.

a) 프롬프트 계획

주요 장면을 계획하고, 각 장면에 대한 프롬프트를 작성합니다.

- 예시: &수채화 스타일로, 숲 속으로 들어가는 빨간 모자를 쓴 소녀의 장면을 그려줘. 밝고 따뜻한 색감으로&

b) 장면 생성

AI를 활용하여 각 장면을 생성합니다. 생성된 이미지를 검토하고 필요한 수정 사항을 기록합니다.

- 예시: &소녀의 모자가 너무 어두우니, 밝은 빨간색으로 수정해줘&

c) 일관성 유지

모든 장면에서 일관성을 유지하기 위해 반복되는 요소와 스타일 키워드를 지속적으로 사용합니다.

- 예시: &수채화 스타일과 밝고 따뜻한 색감을 유지하면서, 소녀의 모습이 일관되도록 조정&

d) 피드백과 수정

각 장면에 대해 피드백을 받고, 필요한 수정 사항을 반영합니다. 전체 시리즈의 일관성을 유지하기 위해 반복적으로 검토하고 수정합니다.

- 예시: &세 번째 장면의 배경 색감이 다른 장면과 일치하지 않으니, 색감을 통일시켜줘&

e) 최종 검토와 완성

모든 장면을 최종 검토하고, 필요한 최종 조정을 합니다. 완성된 일러스트 시리즈가 통일된 스타일과 분위기를 유지하는지 확인합니다.

- 예시: &모든 장면이 일관된 스타일과 색감을 유지하는지 최종 확인하고, 필요한 부분은 조정하기&

AI를 활용한 일러스트 제작에서 통일된 스타일을 유지하는 것은 동화책의 시각적 일관성과 독자의 몰입감을 높이는 데 매우 중요합니다. 구체적이고 명확한 프롬프트 작성, 반복적인 피드백과 수정 과정을 통해 일관된 일러스트 시리즈를 제작할 수 있습니다. 다양한 스타일을 시도하고, 통일된 스타일을 유지하는 전략을 활용하여 창의적이고 고품질의 일러스트를 만들어 보세요. 이를 통해 동화책의 시각적 매력을 높이고, 독자들에게 감동적인 경험을 제공할 수 있습니다.

인공지능 콘텐츠 트렌드

1인 미디어를 위한
인공지능콘텐츠 30일 완성가이드

초보자도 쉽게 따라하는 AI 콘텐츠 제작 로드맵

Part 6

똥손도 쉽게 만드는 릴스 숏폼 영상 제작

백선희

    늦은 나이에 인스타그램 릴스를 처음 접하고 그 매력에 빠져, 현재는 꾸준히 릴스를 제작하며 즐기고 있습니다.

    인공지능을 통해 시간과 노력을 절약하면서도 창의적이고 효과적인 콘텐츠를 만들 수 있는 방법들을 소개하고, 단계별로 인공지능 도구와 기술을 활용해 릴스를 제작하는 방법을 안내하고 있습니다. 또한, 저는 시니어 분들이 인공지능을 활용해 손쉽게 릴스를 제작하고, SNS에서 활발히 활동할 수 있도록 다양한 사례들을 소개하며, 같은 연령대의 분들이 자신감을 가지고 릴스를 제작할 수 있도록 돕고자 합니다.

    인스타그램 릴스를 통해 많은 즐거움과 성취감을 느꼈던 저의 경험을 바탕으로, 책과 강의로 시니어 분들도 인공지능을 활용해 자신만의 매력적인 릴스를 제작하고, 더 많은 즐거움을 얻을 수 있도록 최선을 다하겠습니다.

- 인공지능활용콘텐츠작가 1급 (2023, 한국미디어창업연구소)
- 인스타비즈니스전문가 1급 (2023, 한국미디어창업연구소)
- 인스타크리에이터지도사 2급 (2024, 한국미디어창업연구소)

CONTENTS

인공지능과 인스타그램 릴스의 미래	249
인공지능을 활용한 릴스 제작의 3가지 장점	251
인공지능을 활용한 릴스 제작 방법	253
인공지능을 활용한 릴스 제작 사례 5가지	260
시니어 우수 릴스 제작 인스타 유저	266

생성형 인공지능의 발전은 우리 삶의 트렌드를 변화시키고 있습니다. 특히 숏폼 콘텐츠 제작 분야에서 인공지능의 활용이 더욱 활발해질 것으로 예상됩니다.

인스타그램 릴스는 짧고 임팩트 있는 영상 콘텐츠로 사용자들의 시선을 사로잡고 있습니다. AI를 통해 더 쉽고 효과적이며 창의적인 콘텐츠 제작이 가능해졌습니다.

인스타그램의 CEO 애덤 모세리에 따르면 "2024년 인공지능 기술을 활용하여 릴스 제작 과정을 더욱 쉽고 빠르게 만들 것이며, 텍스트를 영상으로 변환하거나, 음성을 자동으로 자막을 만들어 주는 기능이 도입될 예정이다"라고 발표했습니다.

인공지능과 인스타그램 릴스의 미래

2024년 인공지능 기술 발전으로 다양한 분야에서 인공지능의 활용이 더 많이 증가할 것으로 전망되는 가운데, 특히 인스타그램 릴스 제작에 큰 영향을 미칠 것으로 예상합니다.

단순하게 사진과 일상을 공유했던 릴스가 인공지능의 발달과 함께 빠르게 성장하는 숏폼 콘테츠 플랫폼으로 자리 잡고 있으며, 그 중요성이 더욱 커지고 있기 때문입니다. 또한, 인공지능(AI)을 활용한 릴스 제작은 단순하게 시간만을 절약할 수 있는 게 아니라, 콘텐츠 제작 과정의 자동화와 효율적인 제작 시간의 단축으로 사용자들의 경험을 향상 시키는데 중요한 역할을 할 것입니다.

사용자의 관심사와 행동 패턴을 분석하여 개인화된 콘텐츠를 추천하고, 사용자가 더 오랫동안 플랫폼에 머무리게 하여, 더 많은 콘텐츠를 소비하게 만드는 중요한 역할을 합니다.

인스타그램 CEO 애덤 모리스는 "인공지능 릴스 제작 도구의 활용이 창작자의 창의성을 촉진하고, 부담을 줄이고 더 많은 사람들이 쉽게 흥미로운 콘텐츠를 제작할 수 있도록 지원할 것이라고 강조했습니다." 이를 위해 인스타그램은 챗GPT와 같은 언어 모델을 활용한 스크립트 생성 및 인공지능 영상 편집 툴 등을 제공하고 있습니다.

인스타그램 릴스는 빠르게 성장하는 숏폼 콘텐츠 플랫폼이며, 앞으로도 그 중요성이 더욱 커질 것입니다. 릴스 사용자 및 시청 시간 증가 추세 분석을 통해 사용자에게 더 원하는 릴스를 제공하고, 릴스 광고 도입을 통해 브랜드 홍보의 새로운 기회를 제공하고 새로운 고객에게 도달하고 사업을 성장시킬 수 있는 효과적인 방법입니다.

릴스 알고리즘 변화는 콘텐츠 제작 전략 수립에 중요한 영향을 미칠 것입니다. 매일 수백만 명의 사람들이 릴스를 사용하여 자신을 표현하고, 마케팅을 하며 유저들과 소통을 하고 있습니다.

인스타그램 릴스는 AI를 활용하여 사용자에게 맞춤형 콘텐츠를 추천합니다. 사용자의 이전 시청한 영상들을 바탕으로 유사한 콘텐츠를 추천하고 좋아요와 댓글을 남긴 콘텐츠를 분석하여 관심사에 맞는 영상을 제공하므로 오랫동안 플랫폼에 머물게 합니다.

실시간으로 인기 있는 해시태그, 주제, 음악 등을 분석하여 콘텐츠 제작자에게 알려주므로, 트렌드를 분석하고 예측할 수 있다.

앞으로도 인스타그램 릴스의 인기는 꾸준히 지속될 것으로 예상되며, 인공지능을 활용한 릴스 제작은 더욱 발전하며 중요해질 것입니다.

AI와 인스타그램 릴스의 결합은 콘텐츠 제작의 새로운 시대를 열고 있습니다.

AI는 콘텐츠 제작의 효율성을 높이고, 개인화된 경험을 제공하며, 사용자의 참여를 극대화하고, AI 기술이 더욱 발전함에 따라 인스타그램 릴스는 더욱 혁신적이고 창의적인 콘텐츠를 제공할 수 있을 것입니다.

인공지능을 활용한 릴스 제작의 3가지 장점

인공지능(AI)은 콘텐츠 제작의 방식을 혁신적으로 변화시키고 있습니다. 인스타그램 릴스는 이러한 변화의 중심에 있으며, AI의 도입으로 릴스 제작 과정이 더욱 효율적이고 창의적으로 변화하고 창작자들의 가능성을 무한히 확장합니다.

단순히 시간 단축을 넘어, 릴스 제작 전반에 걸쳐 큰 혁신적인 변화를 이끌어내고 새로운 창작 기회를 모든 사용자에게 제공합니다.

인공지능(AI)을 활용한 릴스 제작의 큰 장점 중 하나는 시간 절약입니다. 예전 영상 제작 과정은 기획, 촬영, 편집 등 여러 단계를 거쳐야 하기 때문에 많은 시간이 소요됩니다.

하지만 인공지능은 이러한 과정 중 하나를 자동화하여 사용자가 원하는 영상을 빠르게 제작할 수 있도록 도와줍니다. 영상 클립을 자동으로 정렬하고, 음악과 동기화하여, 효과를 추가하는 작업을 수행할 수 있습니다. 이를 통해 제작자는 보다 창의적인 작업에 집중할 수 있게 됩니다.

영상 제작에는 고가의 장비와 전문 인력이 필요합니다. 그러나 인공지능 기술을 사용하면 이러한 비용을 절감할 수 있으며, AI가 복잡한 편집 작업을 자동으로 수행할 수 있어 전문 편집자가 크게 필요하지 않으며, 인건비도 절감할 수 있습니다.

인공지능은 사용자 데이터를 분석하여 개인 맞춤형 콘텐츠를 제작할 수 있습니다. 사용자의 선호도와 시청 기록을 기반으로 그들이 좋아할 만한 스타일의 영상을 제작할 수 있습니다. 이는 마케팅 효과를 극대화할 수 있으며, 사용자와의 상호작용을 더욱 강화할 수 있습니다 .맞춤형 콘텐츠는 사용자의 관심을 끌고 유지하는데 매우 효과적입니다.

고도의 알고리즘을 사용하여 높은 품질의 콘텐츠를 생성할 수 있으며, 이미지 인식 기술을 통해 영상의 품질을 분석하고 최적화할 수 있습니다. 또한, AI는 최신 트렌드와 스타일을 반영하여 시각적으로 매력적인 콘텐츠를 제작할 수 있습니다. 이는 시청자의 만족도를 높이고, 브랜드 이미지 향상에도 기여합니다.

인공지능을 활용한 영상 제작 도구는 사용자 친화적인 인터페이스를 제공하여 누구나 쉽게 사용할 수 있습니다. 기술적인 지식이 부족한 사람도 간단한 조작만으로 원하는 영상을 만들 수 있으며, 이는 콘텐츠 제작의 진입 장벽을 낮춥니다. 또한, 다양한 템플릿과 프리셋을 제공하여 사용자가 빠르게 영상을 제작할 수 있도록 도와줍니다.

AI는 최신 트렌드를 실시간으로 분석하고 반영할 수 있습니다. 예를 들어, 소셜 미디어에서 인기를 끌고 있는 음악이나 해시태그를 자동으로 추천하여 영상의 도달 범위를 넓힐 수 있습니다. 이는 마케팅의 효과를 극대화할 수 있으며, 사용자와의 연결성을 강화할 수 있습니다.

인공지능은 방대한 데이터를 분석하여 사용자에게 유용한 인사이트를 제공합니다. 어떤 유형의 영상이 가장 많은 조회수를 기록했는지, 어떤 시간대에 게시물이 가장 많은 상호작용을 얻는지 등을 분석하여 더 나은 콘텐츠 전략을 수립할 수 있습니다. 이는 마케팅의 성공률을 높이고, 자원을 효율적으로 활용할 수 있게 합니다.

AI는 반복적이고 단순한 작업을 자동화하여 제작자가 창의적인 작업에 더 많은 시간을 할애할 수 있도록 합니다. 이는 새로운 아이디어를 시도하고, 독창적인 콘텐츠를 제작하는데 큰 도움이 됩니다. AI와 인간의 창의성이 결합되어 더욱 혁신적이고 매력적인 영상 콘텐츠를 제작할 수 있습니다.

인공지능을 활용한 영상 제작 도구는 인터넷만 연결되면 전 세계 어디서나 접근할 수 있습니다. 이는 글로벌 시장을 대상으로 콘텐츠를 제작하고 배포하는데 큰 이점을 제공합니다. 또한, 다양한 언어와 문화에 맞춘 콘텐츠를 제작할 수 있어 글로벌 마케팅 전략을 수립하는데 유리합니다.

AI 기술은 지속적으로 발전하고 있으며, 이는 영상 제작 도구의 기능과 성능이 계속해서 향상된다는 것을 의미합니다. 최신 AI 기술을 도입하면 더욱 효율적이고 영상 제작이 가능하며, 이는 경쟁력 있는 콘텐츠를 제작하는데 도움이 됩니다.

인공지능을 활용한 릴스 제작은 시간과 비용을 절감하고, 고품질의 맞춤형 콘텐츠를 제작할 수 있는 혁신적인 방법입니다. AI의 다양한 기능과 장점을 활용하면 보다 창의적이고 효율적인 영상 제작이 가능하며, 이는 마케팅 효과를 극대화 할 수 있습니다.

앞으로도 AI 기술의 발전과 함께 영상 제작 도구는 더욱 강력해질 것이며, 이를 통해 다양한 산업 분야에서 새로운 기회를 창출할 수 있을 것입니다.

 ## 인공지능을 활용한 릴스 제작 방법

소셜 미디어가 현대 사회에서 차지하는 비중이 날로 커지고 있습니다. 특히 인스타그램의 릴스(Reels) 기능은 짧고 강렬한 영상으로 사용자들의 관심을 끌고 있으며, 이는 개인 사용자뿐만 아니라 비즈니스와 마케팅에서도 중요한 역할을 하고 있습니다. 이러한 릴스를 제작하는 과정에서 인공지능(AI)을 활용하면 보다 효율적이고 창의적인 콘텐츠를 만들 수 있습니다.

인공지능 릴스 제작 도구는 매우 다양합니다. 각 도구마다 특징과 장·단점이 있습니다. 그러므로, 자신에게 맞는 도구를 선택하는 것이 매우 중요합니다.

인공지능을 활용해 릴스 제작 성공을 위한 방법을 알아보도록 하겠습니다.

첫 번째 자신의 콘텐츠 제작 목표를 명확하게 설정하여 제작하는 목적과 타겟 고객층을 정의하여 시청자의 참여를 유도하고 기억에 남을 수 있도록 합니다.

두 번째 매력적인 스토리텔링을 통해 전달하고 싶은 핵심 메시지를 명확하게 전달하려면 첫 3초가 시청자의 관심을 끌기 위해 중요한 순간입니다. 강력한 이미지와 흥미로운 질문과 유머, 개인적인 경험, 스토리 등을 활용하여 첫 인상을 긍정적으로 만들 수 있습니다.

세 번째 적절한 인공지능 도구 활용으로 스토리텔링 아이디어 및 텍스트 생성, 영상 편집 등으로 효율성을 높일 수 있습니다. 텍스트, 이미지, 영상 등 다양한 시각적 요소를 활용하여 스토리를 전달하고 텍스트는 간결하고 명확하게, 이미지는 고화질로 매력적으로, 영상은 짧고 핵심적으로 활용하여 콘텐츠를 제작합니다.

인공지능을 활용한 릴스 제작 방법으로는 Vrew, invideo, Magisto, Adobe Premiere Rush 등 인공지능 영상 편집 툴을 활용하여 릴스를 제작할 수 있습니다.

여기서는 Vrew를 활용하여 제작방법을 안내드리겠습니다

Vrew는 AI 기반의 자막 생성 및 편집 도구로, 영상을 분석하여 자동으로 자막을 생성하고, 이를 손쉽게 편집할 수 있습니다. 이는 릴스 제작 과정에서 자막 추가 작업을 크게 단축시켜줍니다. 그럼 사용 방법을 알아보도록 하겠습니다.

1. Vrew 설치 및 실행

구글 검색창에 Vrew를 검색하고 다운로드를 설치합니다. 설치후 프로그램을 실행합니다.

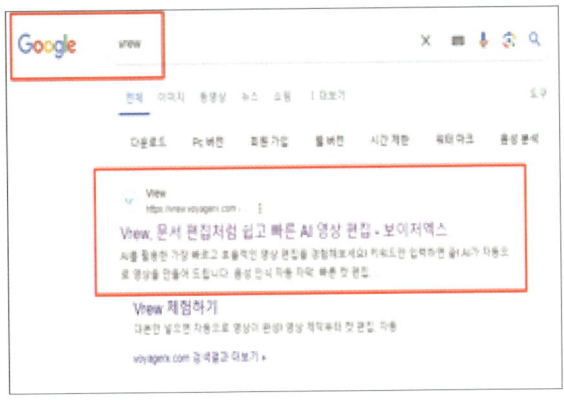

구글에서 Vrew 검색

검색 후 다운로드 받기

Vrew 공식 웹사이트에 방문하여 '다운로드' 버튼을 클릭하여 각자 운영체제에 맞는 설치 파일을 다운로드 합니다.

다운로드 후 Vrew 실행

실행 후 보이는 첫 화면

다운로드한 설치 파일을 실행하여 설치 과정을 완료한다. 설치가 완료되면, Vrew 아이콘을 클릭하여 프로그램을 실행합니다.

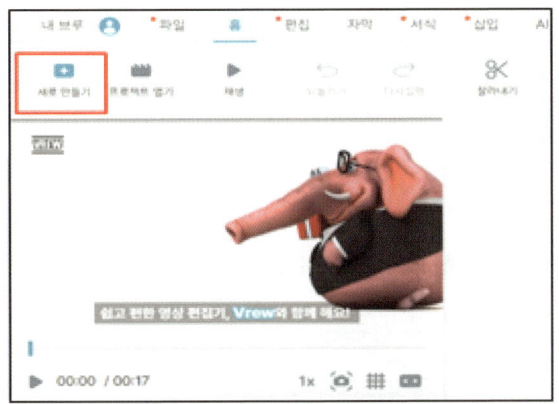

새로 만들기 클릭

새로 만들기 방법 선택

새로 만들기 버튼을 클릭한 후 만들 방법을 선택한 후 작업을 시작합니다.

2. 영상 업로드

프로젝트 창에서 '파일 추가' 버튼을 클릭하여 자막을 생성할 영상을 선택합니다. 파일을 드래그 앤 드롭하여 쉽게 추가할 수 있습니다. 선택한 영상이 프로젝트에 로드될 때까지 잠시 기다립니다.

3. 자동 자막 생성

영상이 로드되면, 상단 메뉴에서 '자막 생성' 버튼을 클릭합니다. 자막을 생성할 때 언어를 선택할 수 있습니다. 한국어, 영어 등 다양한 언어를 지원합니다.

'생성 시작' 버튼을 클릭하면, Vrew가 영상을 분석하여 자동으로 자막을 생성합니다. 분석 시간이 영상 길이에 따라 달라질 수 있습니다.

편집할 영상 업로드

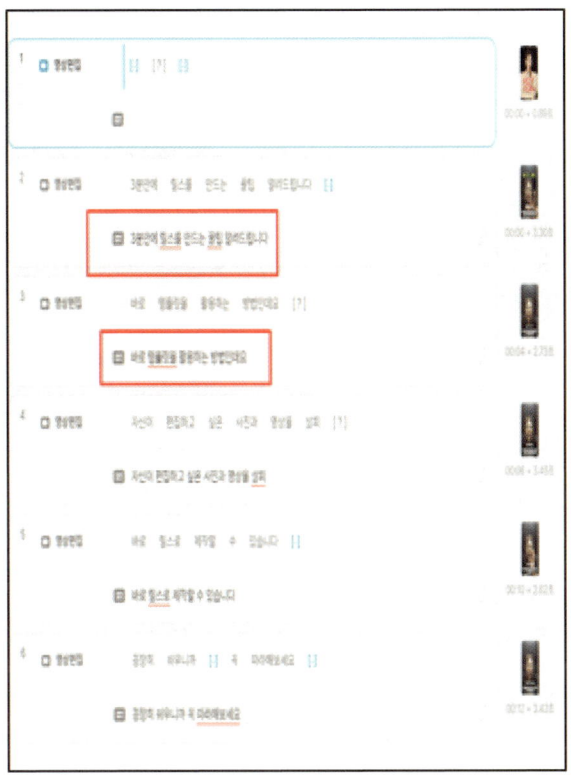

영상을 분석 자동으로 자막 생성

4. 자막 편집

자동으로 생성된 자막을 확인합니다. 영상 아래에 자막이 표시되며, 각 자막의 텍스트와 타이밍을 확인할 수 있습니다.

잘못된 자막이 있거나 수정이 필요한 경우, 해당 자막을 클릭하여 텍스트를 수정할 수 있습니다.

자막의 시작 시간과 종료 시간을 드래그하여 조정할 수도 있다. 필요에 따라 자막을 추가하거나 삭제할 수 있다. 자막을 추가하려면 빈 영역을 클릭하고 텍스트를 입력하면 됩니다. Vrew는 자막의 타이밍과 내용을 쉽게 편집할 수 있는 인터페이스를 제공합니다.

주제 선정 및 아이디어 구성을 위해 인공지능을 활용할 수 있습니다. 한국 사이트로는 키워드 툴로 주제 키워드 입력 시 관련 키워드 및 트렌드 제공하는 네이버 데이터랩과 주제 입력시 검색량 추세 및 관련 주제 제공을 해주는 구글 트렌드가 있습니다. 해외 사이트 키워드 툴로 keywordtool.io, ahrefs가 있습니다.

인공지능 스크립트 생성 도구는 사용자가 스크립트를 작성하는데 도움을 줄 수 있는 강력한 도구입니다. 이 도구들은 다양한 기능을 제공하여 스크립트 작성 과정을 단순화 하고 시간을 절약할 수 있습니다.

다양한 스크립트 형식을 지원하고 사용자의 입력을 기반으로 스크립트를 자동으로 생성 사용자가 편집하고 개선할 수 있는 다양한 기능을 제공하는 jasper.ai와 Writesonic가 있습니다.

주제 키워드 분석 및 트렌드 파악 기능을 제공하고 SEO 최적화된 스크립트 생성하는 Ryte, 텍스트 입력시 자동으로 영상 제작 기능을 제공하고 다양한 영상 편집 템플릿을 제공하는 Pictorty.ai 등이 있습니다.

이외에도 Google AI에서 개발한 Gemini와 Open AI에서 개발한 Chat GPT도 언어 모델이며 스크립트 작성을 포함한 다양한 작업에 활용이 가능 합니다. 마찬가지로 사용자 입력 기반으로 생성, 편집도 가능하게 제공을 하고 있습니다. 대부분의 이런 도구들은 무료와 유료 버전 또는 체험판이 제공되므로 사용해보고 결정하는 걸 추천 드립니다.

 인공지능을 활용한 릴스 제작 사례 5가지

릴스 제작에 앞서 필요한 작업이 있습니다. 우선 자신이 관심 있는 분야와 타겟층과 그 타겟층에 관심 분야가 무엇인지 파악을 해야 합니다. 이렇게 주제 선정과 타겟층 선정, 관심사를 알고 제작을 하면 좀 더 콘텐츠를 만드는 데 도움이 되며, 나를 브랜드화 하고 찐 팬을 만드는 데 도움이 됩니다.

인공지능을 활용하여 키워드도 검색하고 스크립트 생성 도구 활용, 영상 제작 도구 활용, 인공지능 음악 및 효과음 제공 사이트를 활용하여 더 풍성한 릴스 제작을 할 수도 있습니다.

건강관리, 부동산투자, 취미 활동 등 자신이 관심 있는 분야 또는 타겟층의 관심 분야를 선택해서 자기 계발 숏폼 제작을 할 수도 있습니다. 건강관리 주제로 간단한 스트레칭 운동 방법 소개, 건강한 식단 및 생활 습관 공유, 건강 관련 팁을 제공하는 콘텐츠 제작을 할 수 있습니다.

취미 활동 주제로 제작한다면 취미 활동 과정 보여주기, 취미에 관한 팁 제공, 같은 취미 동호회 소개 등 그 외에도 다양한 주제로 인공지능을 활용하여 다양한 분야의 자기계발 팁 등을 공유하며 만들 수 있습니다.

자기가 사용하는 제품 홍보 영상을 주제로 제작한다면 타겟층의 니즈와 제품 특징 및 장점 등을 사용 후기 영상 공유와 다양한 이벤트 소식 등을 제공하는 영상을 제작합니다.

제품의 핵심 기능이나 장점을 명확하게 보여주고 타겟층의 관심을 끌 수 있는 스토리텔링 기법을 활용하여 제품의 실제 사용 모습을 보여주는 영상을 포함하여 콘텐츠를 제작하고 제품이미지나 제품에 대한 설명 사용 후기 등을 영상과 텍스트로 표현하여 시각적 효과를 주고 다양한 각도에서의 촬영과 제품 사용 방법을 직접 보여주는 것도 좋습니다.

음악 및 효과음을 넣어 더 풍성한 제작을 할 수 있습니다. 인공지능 음악 및 효과음 제공 사이트로 한국 사이트는 멜론, 네이버 뮤직 등이 있고, 해외사이트로 Epidemic Sound, Bensound가 있습니다.

1 자기계발 숏폼 콘텐츠

한국 사이트에는 비디오몬스터가 있습니다.

비디오몬스터는 AI 기반의 자동 편집 기능을 제공하여 사용자가 쉽게 숏폼 영상을 제작할 수 있도록 돕습니다. 비디오몬스터를 통해 자기계발 관련 짧은 영상을 제작하는 과정은 다음과 같습니다.

1) 회원 가입 및 로그인
비디오몬스터 사이트에 접속하여 회원 가입 후 로그인합니다.

2) 템플릿 선택
다양한 자기계발 관련 템플릿 중 하나를 선택합니다.

3) 클립 업로드
자신의 영상 클립을 업로드합니다.

4) AI 편집 기능 사용
AI가 자동으로 클립을 정렬하고, 적절한 효과를 추가합니다.

5) 완성된 영상 다운로드
편집된 영상을 다운로드하여 인스타그램 릴스에 업로드합니다.

해외 사이트에는 Canva가 있습니다.

Canva는 사용하기 쉬운 인터페이스와 강력한 AI 편집 기능을 제공하여 숏폼 영상을 쉽게 제작할 수 있게 합니다. Canvr를 통해 자기 계발 숏폼 콘텐츠를 제작하는 방법은 다음과 같습니다.

1) 회원 가입 및 로그인
Canva 사이트에 접속하여 회원 가입 후 로그인합니다.

2) 디자인 생성
'비디오' 템플릿을 선택하여 디자인을 시작합니다.

3) 미디어 업로드
자신이 촬영한 영상 클립을 업로드합니다.

4) AI 편집 도구 사용
AI가 자동으로 클립을 정렬하고, 필터와 효과를 추가합니다.

5) 영상 내보내기
편집된 영상을 다운로드하여 인스타그램에 공유합니다.

2 제품 소개 홍보 영상

한국 사이트로 뱁믹스가 있습니다.

뱁믹스는 간단한 인터페이스와 강력한 AI 기능을 제공하여 제품 소개 영상을 쉽게 제작할 수 있게 합니다. 뱁믹스를 사용하여 제품 소개 영상을 제작하는 방법은 다음과 같습니다.

1) 회원 가입 및 로그인
뱁믹스 사이트에 접속하여 회원 가입 후 로그인합니다.

2) 새 프로젝트 생성

새 프로젝트를 생성하고 제품 소개 영상을 시작합니다.

3) 클립 업로드

제품의 영상 클립을 업로드합니다.

4) AI 자동 편집

AI가 자동으로 클립을 편집하고, 제품의 주요 특징을 강조합니다.

5) 영상 내보내기

편집된 영상을 다운로드하여 인스타그램 릴스에 게시합니다.

해외 사이트 InVideo는 다양한 템플릿과 AI 기반 편집 기능을 제공하여 제품 소개 영상을 쉽게 제작할 수 있습니다.

InVideo를 사용하여 제품 소개 영상을 제작하는 과정은 다음과 같습니다.

1) 회원 가입 및 로그인

InVideo 사이트에 접속하여 회원 가입 후 로그인합니다.

2) 템플릿 선택

다양한 제품 소개 템플릿 중 하나를 선택합니다.

3) 미디어 업로드

제품의 영상 클립과 이미지를 업로드합니다.

4) AI 편집 도구 사용

AI가 자동으로 클립을 정렬하고, 제품의 장점을 강조하는 텍스트와 효과를 추가합니다.

5) 영상 내보내기

편집된 영상을 다운로드하여 인스타그램에 게시합니다.

3 여행 영상

한국 사이트 곰믹스는 사용자 친화적인 인터페이스와 AI 편집 기능을 통해 여행 영상을 쉽게 제작할 수 있도록 돕습니다.

곰믹스를 통해 여행 영상을 제작하는 방법은 다음과 같습니다:

1) 회원 가입 및 로그인

곰믹스 사이트에 접속하여 회원 가입 후 로그인합니다.

2) 새 프로젝트 생성

여행 영상 프로젝트를 생성합니다.

3) 영상 클립 업로드

여행 중 촬영한 영상 클립을 업로드합니다.

4) AI 편집 기능 사용

AI가 자동으로 클립을 정렬하고, 여행지의 매력을 강조하는 효과를 추가합니다.

5) 영상 내보내기

편집된 영상을 다운로드하여 인스타그램 릴스에 게시합니다.

해외사이트 Magisto는 AI 기반 편집 도구를 제공하여 여행 영상을 쉽게 제작할 수 있게 합니다.

Magisto를 사용하여 여행 영상을 제작하는 방법은 다음과 같습니다.

1) 회원 가입 및 로그인
Magisto 사이트에 접속하여 회원 가입 후 로그인합니다.

2) 스타일 선택
다양한 여행 영상 스타일 중 하나를 선택합니다.

3) 영상 클립 업로드
여행 중 촬영한 영상 클립을 업로드합니다.

4) AI 자동 편집
AI가 자동으로 클립을 편집하고, 음악과 효과를 추가합니다.

5) 영상 내보내기
편집된 영상을 다운로드하여 인스타그램 릴스에 게시합니다.

시니어 우수 릴스 제작 인스타 유저

시니어 크리에이터들은 점점 더 많은 주목을 받고 있으며, 이들은 인스타그램 릴스를 통해 자신의 경험과 지혜를 공유하고 있습니다. AI는 이들 시니어 크리에이터들이 더욱 효율적이고 매력적인 콘텐츠를 제작할 수 있도록 돕고 있습니다.

시니어 크리에이터들이 AI를 활용하여 어떻게 릴스를 제작하는지, 그들의 성공 사례를 중심으로 살펴보겠습니다.

1. 한국의 시니어 인플루언서 김철수
한국에서 활동하는 시니어 인플루언서로, AI 기반 편집 도구를 활용하여 고품질의 릴스를 제작하고 있습니다. 그의 성공 사례를 통해 AI가 릴스 제작에 어떤 도움을 주는지 알아보겠습니다.

1) 콘텐츠 기획

AI를 활용하여 트렌드를 분석하고, 인기 있는 주제를 선정합니다. 그는 다양한 주제에 대한 데이터를 수집하고, AI가 제공하는 인사이트를 바탕으로 릴스의 주제를 결정합니다. 예를 들어, 최근 인기 있는 자기계발 관련 주제를 선택하여 이에 대한 릴스를 제작합니다.

2) 영상 촬영 및 편집

AI 기반 편집 도구를 사용하여 촬영된 영상을 자동으로 편집합니다. AI는 영상의 흐름을 자연스럽게 만들어주고, 적절한 필터와 효과를 추가하여 영상의 완성도를 높입니다. 또한, AI는 김철수가 강조하고자 하는 포인트를 자동으로 인식하여 이를 중심으로 영상을 편집합니다.

3) 사용 도구 및 사이트

a) 비디오몬스터
자동 편집 기능을 통해 간편하게 영상을 제작할 수 있습니다.

b) 뱁믹스
직관적인 인터페이스와 강력한 AI 편집 기능을 제공합니다.

4) 게시 및 분석

완성된 영상을 인스타그램에 게시하고, AI를 사용하여 시청자 반응을 분석합니다. AI는 조회수, 좋아요, 댓글 등을 분석하여 다음 릴스 제작에 필요한 인사이트를 제공합니다. 이를 통해 어떤 콘텐츠가 더 인기가 있는지 파악하고, 이를 반영하여 더 나은 릴스를 제작합니다.

2. 해외의 시니어 인플루언서 헬렌 밀러

헬렌 밀러는 미국에서 활동하는 시니어 인플루언서로, AI 기반 도구를 활용하여 인스타그램 릴스를 제작하고 있습니다. 그녀의 성공 사례를 통해 AI가 릴스 제작에 어떤 도움을 주는지 알아보겠습니다.

1) 콘텐츠 기획
AI를 사용하여 시청자의 관심사를 분석하고, 맞춤형 콘텐츠를 기획합니다. AI는 헬렌의 팔로워들이 좋아하는 주제와 트렌드를 분석하여 이에 맞는 콘텐츠를 제안합니다. 예를 들어, 건강과 웰빙에 관심이 많은 팔로워들을 위해 관련된 릴스를 제작합니다.

2) 영상 촬영 및 편집
AI 기반 도구를 활용하여 영상을 촬영하고, 자동 편집 기능을 사용하여 고품질의 릴스를 제작합니다. AI는 헬렌이 촬영한 영상을 분석하고, 중요한 장면을 강조하며, 시각적 효과를 추가하여 영상을 더욱 매력적으로 만듭니다.

3) 사용 도구 및 사이트
a) InVideo
다양한 템플릿과 AI 기반 편집 기능을 제공하여 쉽게 고품질의 영상을 제작할 수 있습니다.

b) Canva
사용하기 쉬운 인터페이스와 강력한 AI 편집 기능을 통해 다양한 그래픽과 효과를 추가할 수 있습니다.

4) 게시 및 분석
인스타그램에 영상을 게시한 후, AI를 통해 시청자의 반응과 참여도를 분석합니다. AI는 시청자의 행동 데이터를 수집하고, 이를 분석하여 다음 콘텐츠에 반영할 수 있는 인사이트를 제공합니다. 이를 통해 헬렌은 시청자와 더욱 소통하고, 그들의 관심을 끌 수 있는 콘텐츠를 지속적으로 제작합니다.

3. 시니어 크리에이터를 위한 AI 도구 활용법

1) AI 기반 자동 편집 도구 사용

AI 기반 자동 편집 도구는 시니어 크리에이터들이 쉽게 고품질의 릴스를 제작할 수 있도록 돕습니다. 이러한 도구들은 복잡한 편집 과정을 단순화하고, 사용자가 더 창의적인 작업에 집중할 수 있게 해줍니다.

추천 도구 및 사용 방법

a) 비디오몬스터
- 회원 가입 및 로그인: 비디오몬스터 사이트에 접속하여 회원 가입 후 로그인합니다.
- 템플릿 선택: 다양한 템플릿 중 원하는 것을 선택합니다.
- 클립 업로드: 사용할 영상 클립을 업로드합니다.
- AI 편집 기능 사용: AI 편집 기능을 사용하여 자동으로 클립 정렬 및 효과를 추가합니다.
- 영상 다운로드 및 공유: 완료된 영상을 다운로드하거나 인스타그램에 직접 공유합니다.

b) InVideo
- 회원 가입 및 로그인: InVideo 사이트에 접속하여 회원 가입 후 로그인합니다.
- 템플릿 선택: 다양한 템플릿 중 원하는 것을 선택합니다.
- 미디어 업로드: 사용할 영상 클립과 이미지를 업로드합니다.
- AI 편집 도구 사용: AI 편집 도구를 사용하여 자동으로 클립을 정렬하고, 필터

와 효과를 추가합니다.
 - 영상 내보내기: 편집된 영상을 다운로드하여 인스타그램에 게시합니다.

2) 시청자 데이터 분석 도구 활용

AI는 시청자 데이터를 분석하여 시니어 크리에이터들이 어떤 콘텐츠가 인기를 끌고 있는지 파악할 수 있도록 돕습니다. 이를 통해 크리에이터들은 더 나은 콘텐츠 전략을 수립할 수 있습니다.

추천 도구 및 사용 방법

a) Sprout Social
 - 계정 생성 및 로그인: Sprout Social에 가입하고 로그인합니다.
 - 소셜 미디어 계정 연동: 인스타그램 계정을 연동합니다.
 - 데이터 분석: 대시보드에서 시청자 행동 데이터를 분석합니다.
 - 보고서 작성 및 전략 수립: 분석 결과를 바탕으로 보고서를 작성하고 콘텐츠 전략을 수립합니다.

b) Google Analytics:
 - 계정 생성 및 사이트 등록: Google 계정으로 로그인하고 사이트를 등록합니다.
 - 트래킹 코드 설치: 트래킹 코드를 웹사이트에 설치하여 사용자 데이터를 수집합니다.
 - 보고서 분석: 다양한 보고서를 통해 사용자의 행동 데이터를 분석합니다.
 - 콘텐츠 전략 수립: 분석 결과를 바탕으로 맞춤형 콘텐츠 전략을 수립합니다.

시니어 크리에이터들은 AI를 활용하여 더욱 효율적이고 창의적인 인스타그램 릴스를 제작할 수 있습니다. AI 기반 도구는 복잡한 편집 과정을 단순화하고, 시청자 데이터를 분석하여 더 나은 콘텐츠 전략을 수립하는 데 도움을 줍니다.

김철수와 헬렌 밀러와 같은 시니어 인플루언서들은 이러한 AI 도구를 활용하여 큰 성과를 거두고 있으며, 이는 다른 시니어 크리에이터들에게도 큰 영감을 줄 수 있습니다. AI를 통해 릴스를 제작하면, 더 많은 사람들이 고품질의 콘텐츠를 제작하고, 소셜 미디어에서 성공을 거둘 수 있을 것입니다

인공지능 콘텐츠 트렌드

1인 미디어를 위한
인공지능콘텐츠 30일 완성가이드

초보자도 쉽게 따라하는 AI 콘텐츠 제작 로드맵

Part 7

10분 안에 작사작곡 뮤지션 도전

유정화

　한국디지털콘텐츠연구소를 세우고 은퇴를 준비하는 시니어들과 경력단절여성들에게 디지털콘텐츠의 제작과 활용을 교육하고 있다.
　최근에는 인공지능을 활용한 그림동화, 전자책쓰기, 출판기획마케팅과 언론홍보 마케팅까지 활동 영역을 넓혀가고 있다.
　다수의 기업, 재단, 협회, 기관들에서 SNS 마케팅과 인공지능활용 교육 및 훈련에도 참여중이다. 빠르게 진화하고 있는 디지털세상에서 시니어들의 눈높이에 맞도록 쉽고 재미있게 풀어내는 징검다리 역활을 하고있다고 자부한다.

- 한국디지털콘텐츠연구소 대표
- 대전과학기술대학교 문헌정보학과 겸임교수
- 한국미디어창업뉴스 대전세종총괄지국장
- 부산소방학교 외래교수 언론홍보
- 한국메타버스연구원 대전지회장
- 한국디지털진흥원 전임강사
- SNS소통연구소 대전지국장

CONTENTS

생성형 AI를 활용한 나만의 노래 만들기 실습　　　　　　275

Suno AI를 활용한 작곡 실습　　　　　　　　　　　　　281

Suno AI 외 추천 AI 음악 제작 플랫폼 비교 분석　　　　　286

AI 음악 제작 플랫폼 활용하기 TIP　　　　　　　　　　288

AI 기술의 빠른 발전으로 다양한 분야에서의 콘텐츠 생산이 쉽고 빠르게 혹은 높은 퀄리티로 생성되고 있다. 음악 제작 분야에서도 다르지 않다.

기존에는 전문적인 지식이 있고 경험치가 있는 사람들만이 가능한 분야였다면 이제는 AI의 도움을 받아 초보자들도 조금의 툴 사용 방법을 익히고 나면 쉽게 도전해 볼 수 있게 되었다. 이 글은 처음 나만의 음악을 만들기에 도전하는 초보자를 위해 쓰여졌으며, 가족이나 사랑하는 사람에게 마음에 담긴 메시지를 음악에 담아보는 과정을 실습해 보려고 한다.

생성형 AI를 활용한 나만의 노래 만들기 실습

AI의 도움을 빌리기 전에 일반적으로 음악을 만드는 과정을 알아보자. 일반적인 경우는 아이디어는 있지만 가사를 적거나 작곡을 하는 부분에서 어려움을 겪거나 포기하기 마련인데 우리는 이 부분에서 생성형 AI에게 도움을 구할 예정이다. 끝까지 차근차근 따라하다보면 어렵지 않게 나만의 곡을 완성할 수 있다.

아이디어를 구상하고 계획하는 것과 작사의 단계는 챗 GPT의 도움을 받아서 진행하고, 작곡의 과정은 AI 음악생성 플랫폼 SUNO AI를 활용할 예정이다. 진행하는 과정들은 가족이나 사랑하는 사람에게 전달하는 것이 목적이며 작곡과 검토의 과정을 거쳐 저장하는 것으로 마무리하도록 하겠다.

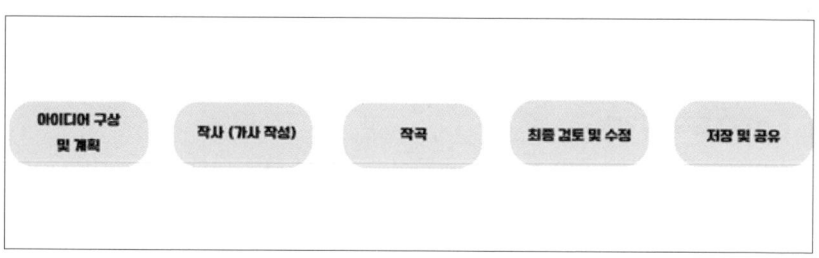

1. 아이디어 구성 및 계획 단계

가장 가까운 사람에게 사랑한다는 말이나 감사하다는 말을 하는 것이 어렵다. 이번 기회를 빌려서 노래로 만들어 전달 하는 것은 어떨까? 누군가는 부모님, 애인이나 남편등의 사랑하는 사람에게 보내는 프로포즈 곡으로도 사용될 수 있겠다.

2. 작사 (가사의 작성)하기

노래의 구성; 가사를 작성하기 위해서는 마음을 드러내는 글을 작성하는 것도 중요하지만 어떤 구성으로 노랫말이 만들어지는지를 알면 도움이 된다. 노래는 다양한 구성 요소로 이루어지며, 이들 구성 요소는 곡의 전개와 감정 표현에 중요한 역할을 한다.

일반적으로 노래는 구절(verse), 후렴(chorus), 브리지(bridge)로 구성된다. 각 구성 요소의 역할과 특징을 자세히 살펴보자.

1) 구절 (Verse)

구절은 노래의 이야기나 주제를 전달하는 부분으로, 곡의 대부분을 차지한다. 구절은 보통 곡의 시작 부분에 위치하며, 후렴으로 연결된다. 구절의 주요 특징과 역할은 다음과 같다.

a) 이야기 전달

구절은 노래의 이야기를 전달하는 핵심 부분이다. 여기서 가사 작가는 사건, 감정, 배경 등을 설명한다. 예를 들어, 사랑 노래의 구절에서는 두 사람의 만남, 사랑의 시작, 이별의 이유 등을 서술할 수 있다.

b) 구조적 다양성

구절은 후렴과 달리 반복되지 않고, 각 구절마다 다른 내용을 담고 있다. 이는 노래가 지루하지 않게 하고, 이야기가 전개될 수 있도록 한다.

c) 멜로디와 리듬

구절의 멜로디와 리듬은 보통 후렴보다 덜 강렬하고 단순하다. 이는 후렴의 강렬함을 강조하기 위한 대조 효과를 만든다. 예를 들어, 조용한 피아노 반주로 시작하는 구절은 후렴의 폭발적인 사운드와 대조를 이루어 감정의 변화를 극대화한다.

2) 후렴 (Chorus)

후렴은 노래에서 가장 강렬하고 기억에 남는 부분이다. 후렴은 반복되며, 곡의 핵심 메시지나 테마를 전달한다. 후렴의 주요 특징과 역할은 다음과 같다.

a) 핵심 메시지 전달

후렴은 노래의 핵심 메시지나 감정을 집중적으로 표현한다. 예를 들어, "난 널 사랑해"라는 간단한 메시지가 후렴에서 반복되며 청중에게 강하게 각인된다.

b) 반복성

후렴은 노래 중 여러 번 반복되어 청중이 쉽게 기억하고 따라 부를 수 있게 한다. 이는 노래의 인지도와 흥미를 높이는 중요한 요소이다.

c) 강렬한 멜로디

후렴의 멜로디는 구절보다 더 강렬하고 인상적이다. 이는 청중의 감정을 고조시키고, 곡의 클라이맥스를 형성한다. 예를 들어, 록 음악에서는 후렴에서 기타 솔로와 함께 강렬한 보컬이 더해져 폭발적인 에너지를 전달한다.

d) 리듬의 변화

후렴에서는 구절보다 더 강한 리듬과 비트가 사용된다. 이는 곡의 전반적인 에너지를 높이고, 청중의 주의를 끈다.

3) 브리지 (Bridge)

브리지는 구절과 후렴 사이에 위치하며, 곡에 새로운 변화를 주는 부분이다.

브리지는 보통 곡의 후반부에 위치하며, 곡의 감정을 한층 더 고조시키는 역할을 한다. 브리지의 주요 특징과 역할은 다음과 같다.

a) 변화 제공

브리지는 구절과 후렴의 반복에서 벗어나 새로운 멜로디와 가사를 제공한다. 이는 곡에 신선함을 더하고, 청중의 흥미를 유지시킨다. 예를 들어, 갑자기 조용해진 브리지는 청중의 감정을 깊게 만들 수 있다.

b) 감정 고조

브리지는 곡의 클라이맥스로 가는 다리 역할을 한다. 이는 곡의 감정을 최고조로 끌어올리는 데 중요한 역할을 한다. 예를 들어, 브리지에서 고음의 보컬이나 강렬한 악기 연주가 추가되어 감정을 극대화할 수 있다.

c) 구조적 대조

브리지는 구절과 후렴과는 다른 구조와 리듬을 가질 수 있다. 이는 곡의 다채로움을 더하고, 후렴의 재등장을 더 인상적으로 만든다. 예를 들어, 브리지에서 템포를 느리게 하거나, 갑작스럽게 멜로디를 변화시켜 청중의 기대감을 조성할 수 있다.

d) 예시 1: 팝송

구절: "널 처음 본 순간, 내 마음은 설 어 / 너의 미소에 내 마음은 녹았어"
후렴: "난 널 사랑해, 영원히 널 사랑해 / 이 마음 변치 않아, 난 널 사랑해"
브리지: "때론 힘들어도, 우리가 함께라면 / 어떤 어려움도 이겨낼 수 있어"

e) 예시 2: 록송

구절: "어둠 속에서 길을 잃었지만 / 너의 목소리가 나를 이끌어"
후렴: "우린 함께라면, 모든 걸 이겨낼 거야 / 너와 나, 끝없는 여정 속에"
브리지: "빛이 사라져도, 우린 포기하지 않아 / 이 길의 끝엔 우리만의 빛이 있어"

구절(verse), 후렴(chorus), 브리지(bridge)는 노래의 핵심 구성 요소로, 각각의 역할이 뚜렷하다. 구절은 이야기를 전달하고, 후렴은 핵심 메시지를 반복하여 전달하며, 브리지는 변화와 감정 고조를 제공한다. 이 세 가지 요소가 조화를 이루어야 노래는 더 감동적이고 기억에 남는 작품이 될 수 있다. 각 구성 요소를 잘 이해하고 활용하기 위해 생성형 AI에 프롬프트를 작성할 때에도 언급을 해주면 좋겠다.

3. 생성형 AI를 활용한 작사 실습

텍스트 생성 AI를 활용하여 가사를 생성해 보자. 텍스트형 생성 AI에는 chat GPT, 재미나이, 클로드, 뤼트 등의 다양한 플랫폼이 있다. 편리한 플랫폼을 이용하면 되는데 이번에는 chat GPT 4.0 을 이용해 가사 만들어 보겠다.

아래는 프롬프트를 입력하고, chat GPT를 통해 가사를 얻어내는 과정이다.

너는 훌륭한 작사가야.
언제나 나를 응원해주고 지지해주는 가족에게 고맙다는 마음을 담아 곡을 쓰려고 해.
구절, 후렴, 브릿지로 구분해서 주고 밝고 경쾌한 느낌의 분위기로 곡을 적어줘.

물론이야! 가족에 대한 고마움을 밝고 경쾌한 느낌으로 표현해볼게.

[1절]

아침 햇살 속에 눈을 뜰 때마다
내 곁에서 늘 함께해 준 가족들
웃음소리로 가득 찬 우리 집에서
모든 순간이 다 소중해

[후렴]

고마워, 사랑해, 언제나 내 편이 되어줘
고마워, 사랑해, 네가 있어 행복해
우리 함께라면 뭐든지 할 수 있어
고마운 마음을 전해, 사랑해

[2절]

어려운 날에도 포기하지 않고
서로를 믿으며 손을 잡아 주었지
함께 웃고 울며 나눈 그 시간들
언제나 내 맘에 남아

[후렴]

고마워, 사랑해, 언제나 내 편이 되어줘
고마워, 사랑해, 네가 있어 행복해
우리 함께라면 뭐든지 할 수 있어
고마운 마음을 전해, 사랑해

[브릿지]

어떤 일이 닥쳐도 함께라면 괜찮아
우리가 가진 이 사랑 변치 않기를 바래
너와 나의 이야기는 계속 이어질 거야
언제나 감사해, 내 가족

[후렴]

고마워, 사랑해, 언제나 내 편이 되어줘
고마워, 사랑해, 네가 있어 행복해
우리 함께라면 뭐든지 할 수 있어
고마운 마음을 전해, 사랑해

[후렴 (마무리)]

고마워, 사랑해, 언제나 내 편이 되어줘
고마워, 사랑해, 네가 있어 행복해
우리 함께라면 뭐든지 할 수 있어
고마운 마음을 전해, 사랑해

이렇게 하면 밝고 경쾌한 느낌을 유지하면서도 가족에 대한 고마움을 잘 전달할 수 있을 거야. 좋은 곡이 되길 바래!

위와 같이 chat GPT의 도움으로 가족에게 감사한 마음을 담은 가사를 완성하였다. 이번에는 음악생성 AI 플랫폼 SUNO AI에서 음악을 생성해 보자. 혹시 chat GPT에서 가사를 만들지 못했다고 하더라도 걱정하지 않아도 된다. SUNO AI에는 가사를 자동으로 생성해 주는 기능이 있어서 다양한 주제로 가사를 만들어 준다.

Suno AI를 활용한 작곡 실습

1. Suno AI 계정 생성 및 로그인

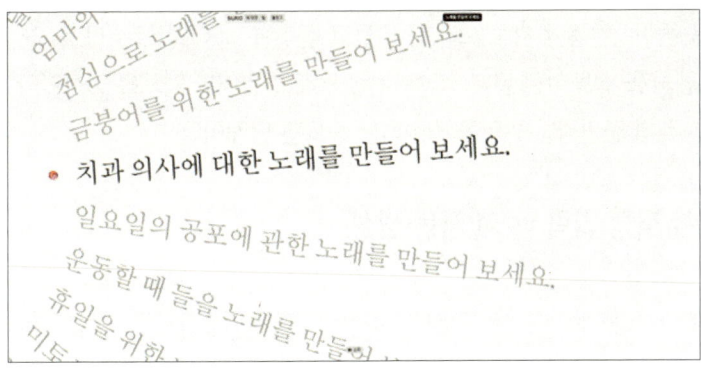

음악을 만들기 위한 첫 번째 단계는 Suno AI 계정을 만드는 것이다. Suno AI 웹사이트에 접속한 후, 간단한 회원가입 절차를 따라 계정을 생성한다.

이메일 주소와 비밀번호를 입력하고, 확인 이메일을 통해 계정을 활성화하면 된다. 이제 로그인하여 본격적인 음악 제작을 시작할 준비가 끝났다.

2. 새로운 노래 만들기

로그인 후, '새 프로젝트 만들기' 버튼을 클릭한다. 프로젝트 이름을 입력하고, 노래의 스타일과 분위기를 설정할 수 있다.

예를 들어, '달콤한 사랑 노래'를 만들고 싶다면, 스타일로는 '팝'을, 분위기로는 '로맨틱'을 선택하면 된다. 그런 다음, 노래의 길이와 템포를 설정한다. 이 과정은 노래의 전반적인 방향을 결정하는 중요한 단계이다.

3. 가사 직접 입력 vs AI 자동 생성

가사 작사 단계에서는 두 가지 선택지가 있다. 직접 가사를 입력하거나, AI에게 가사 생성을 맡길 수 있다. 직접 작사할 경우, Suno AI의 편리한 텍스트 입력창을 사용하여 원하는 내용을 작성하면 된다. 예를 들어, "널 처음 본 순간, 내 마음은 설레었어"와 같은 가사를 입력할 수 있다.

AI 자동 생성 기능을 사용하면, 주제와 키워드를 입력한 후 AI에게 가사를 생성하도록 요청할 수 있다.

예를 들어, '사랑', '첫 만남', '설렘' 등의 키워드를 입력하면 AI가 이를 바탕으로 감성적인 가사를 만들어준다. 생성된 가사가 마음에 들지 않으면, 몇 번이고 다시 생성할 수 있어 편리하다.

 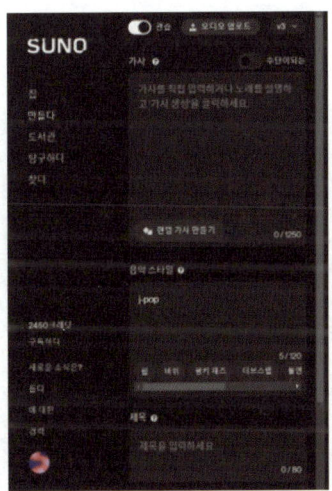

관습 부분을 체크하지 않으면 노래의 설명만으로 곡을 만들수 있다. 반대로 체크하면 가사파트의 입력가능 글자수가 200글자에서 1250글자로 늘어나며 chat GPT에서 작성해온 가사를 복사 붙여넣기도 가능하다.노래의 설명을 적어 넣고 랜덤가사만들기로 가사를 생성할 수 있다.

음악스타일은 다양한 스타일을 스크롤을 움직여 선택가능하다. 좋아하는 장르가 있다면 직접 입력도 가능하다.

하단의 만들기 버튼을 누르면 새로운 음악의 생성이 시작되며 2가지의 버전으로 곡을 만들어준다.

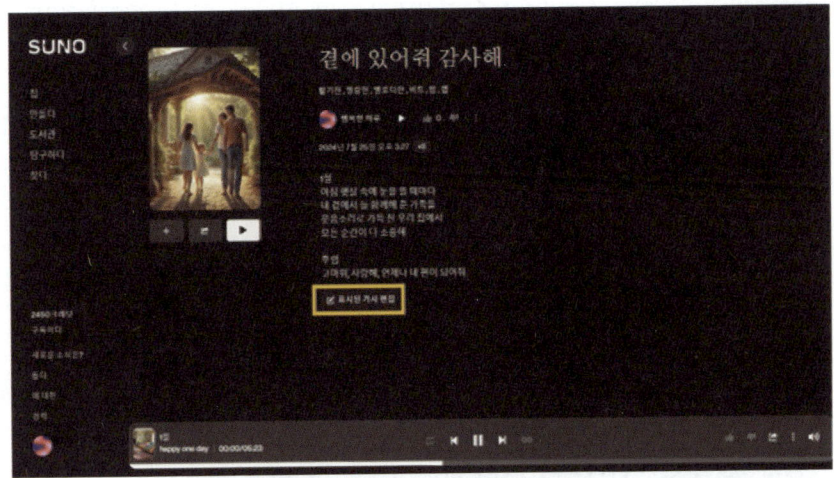

완성된 곡을 들으며 가사를 재편집할 수 있다. 후렴구, 브릿지 등의 단어들을 정리해주고, 가사들을 편집해 완성도를 높여보자.

4. 음악 저장 및 공유

모든 작업이 끝나면, 완성된 음악을 저장하고 공유할 수 있다. Suno AI는 다양한 파일 형식으로 음악을 저장할 수 있어, MP3, WAV 등 원하는 형식으로 저장하면 된다. 저장된 음악은 소셜 미디어나 음악 플랫폼을 통해 공유할 수 있다. 예를 들어, 유튜브나 사운드클라우드에 업로드하여 다른 사람들과 소통할 수 있다.

또한, Suno AI 플랫폼 내에서 다른 사용자들과 음악을 공유하고 피드백을 받을 수 있는 기능도 제공한다. 이를 통해 자신의 음악을 더욱 발전시킬 수 있는 기회를 얻을 수 있다. 초보자도 Suno AI를 활용하면 손쉽게 고품질의 음악을 제작하고, 다른 사람들과 함께 즐길 수 있다.

Suno AI는 초보자에게도 접근성이 높고, 직관적인 인터페이스와 다양한 자동화 기능 덕분에 누구나 쉽게 음악을 만들 수 있게 해준다. 이제는 복잡한 음악

이론을 몰라도, AI와 함께라면 나만의 멋진 노래를 만들 수 있는 시대가 되었다. Suno AI와 함께 음악 창작의 즐거움을 만끽해보자.

Suno AI 외 추천 AI 음악 제작 플랫폼 비교 분석

AI 음악 제작 플랫폼은 다양한 선택지가 있으며, 각 플랫폼마다 독특한 기능과 장점이 있다. 여기서는 Suno AI 외에 추천할 만한 플랫폼들을 비교 분석해보겠다.

플랫폼	장점	단점	가격
Mubert	* 전문가 수준 기능: 세밀한 조정, 다양한 AI 모델, VST 플러그인 지원으로 자유로운 음악 제작 가능 * 풍부한 기능: 악기 추가, 멜로디/코드 편집, 믹싱/마스터링 등 다양한 기능 제공	* 초보자에게 어려움: 복잡한 인터페이스, 많은 기능 이해에 어려움 발생 가능 * 유료 구독만 제공: 무료 버전 없음	유료
Soundraw	* 초보자 사용 용이: 직관적 인터페이스, 간편한 작동으로 빠르게 음악 제작 가능 * 다양한 템플릿: 기존 템플릿 활용하여 시간 단축 및 영감 얻기 용이 * 로열티 프리 음악 라이브러리 제공: 제작된 음악을 상업적 용도로 활용 가능	* 음악 제작 자유도 제한: 템플릿 기반 제작으로 창의성 제한 가능 * 일부 기능 유료: 모든 기능 이용 위해 유료 구독 필요	무료, 유료
Soundful	* 빠른 배경 음악 제작: 간편한 인터페이스로 빠르고 쉽게 배경 음악 제작 가능 * 상업적 활용 가능한 로열티 프리 음악 제공: 제작된 음악을 영상, 광고 등에 활용 가능 * 다양한 장르/분위기/감정 선택: 원하는 분위기에 맞는 음악 쉽게 찾아 활용 가능	* 음악 제작 자유도 낮음: 제한된 옵션으로 원하는 음악 제작 어려움 발생 가능 * 기능 제한적: 기본적인 기능만 제공, 심층적인 편집 어려움	유료

플랫폼	장점	단점	가격
Boomy	* AI 음악 제작 및 편집: 다양한 기능으로 원하는 음악 제작 가능 * 아티스트 커뮤니티: 다른 아티스트들과 소통, 협업, 피드백 제공 * 콜라보/피드백/공동 작업: 다른 아티스트들과 함께 음악 제작 가능 * 음악 판매 기회: 제작된 음악을 플랫폼 내 판매하여 수익 창출 가능	* 초기 단계 플랫폼: 기능 및 콘텐츠 부족 가능성 존재 * 한국어 미지원: 한국어 사용자 인터페이스 및 설명 제공되지 않음	유료
Ectrett Music	* 기존 음악 변형: 기존 음악을 기반으로 새로운 음악 제작 가능 * 분위기 변경: 음악 분위기를 원하는 대로 변경 가능 * 다양한 스타일 변형: 다양한 음악 스타일로 변형 가능 * AI 작곡/편곡: AI를 활용하여 음악 작곡 및 편곡 가능 * 믹싱/마스터링: 제작된 음악을 마무리 및 완성 가능	* 기능 초기 단계: 일부 기능 개발 및 제공되지 않을 수 있음 * 한국어 미지원: 한국어 사용자 인터페이스 및 설명 제공되지 않음	유료

AI 음악 제작 플랫폼 활용하기 TIP

원하는 음악 스타일 및 분위기에 맞는 모델을 선택할 필요가 있다. AI에 관심이 지대한 만큼 많은 플랫폼들이 서비스를 하고 있다. AI 음악 제작 플랫폼마다 다양한 특성을 제공한다. 원하는 음악 스타일과 분위기에 맞는 모델을 제공하는 플랫폼에서 해당 스타일에 특화된 서비스를 사용하면 완성도를 높일수 있다.

다양한 AI 모델들을 두루 활용해 보고 자신에게 적합한 플래폼을 정착하는 것도 방법을 추천하며 AI 기능에만 의존하지 말고, 직접 악기를 연주하거나 멜로디나 코드의 편집으로 휴먼터치를 더한다면 음악에 개성과 완성도를 더할 수 있을 것이다.

AI 음악 제작 과정에서 윤리적 고려도 매우 중요하다. 저작권 침해 방지, 데이터 편향 문제 인지, 공정성 확보 등을 신경 써야 한다.AI 음악 제작 시 저작권 침해 방지를 위해 출처 명확한 음악 자료 활용 및 AI 모델 학습 데이터 확인이 필요하며 AI음악생성 플랫폼에서 만들어진 곡을 상업적으로 사용이 가능한지를 확인해야 한다. 지속해서 새롭게 출시되는 플랫폼에서의 정책과 정부의 규제들도 주의가 필요하다.

AI 음악 제작은 다양한 플랫폼과 활용 팁을 통해 효율성과 완성도를 높일 수 있다. 윤리적 고려를 통해 창작의 공정성과 책임을 다하는 것도 중요한 요소이다. 다양한 AI 음악 제작 플랫폼을 활용하여 창의적인 음악을 만들고, AI와의 협력을 통해 더 나은 음악을 만들 수 있을 것으로 기대된다.

AI를 활용해서 작사작곡 하고 싶은 주제에 대해서 작성해보세요.

인공지능 콘텐츠 트렌드

1인 미디어를 위한
인공지능콘텐츠 30일 완성가이드

초보자도 쉽게 따라하는 AI 콘텐츠 제작 로드맵

Part 8

1인기업, 소상공인을 위한
AI 활용 마케팅 노하우

윤선경

15년 영어강사활동을 하며 세 아이를 키우다 아이들에게 경제 선생님도 필요하다는 생각을 하고 금융을 공부하며 현재는 중소기업의 금융컨설턴트로 일하고 있다.

20세부터 1인 기업을 창업하는 젊은 예비 사업가들에게 이들이 자신의 재능을 살려 사업을 성공시키는 과정에 도움을 주고 싶은 금융코치이다.

- 뮤지컬잉글리쉬 강사
- 어린이영어지도사
- SUNNY&DANIEL ENGLISH 원장
- 서울대 은퇴설계전문가과정 수료
- 스마트기업복지지도사
- CEO헬스케어코치
- 인스타비즈니스전문가 1급 (2023, 한국미디어창업연구소)

CONTENTS

인공지능 마케팅의 첫걸음	293
소상공인을 위한 쉬운 AI 도구들 5가지	295
AI가 당신의 비즈니스에 도움이 되는 3가지 이유	298
인공지능으로 고객 찾기 5단계	300
AI로 고객의 필요 파악하기	305
개인 맞춤형 마케팅 시작하기	308
AI 도구로 쉽게 콘텐츠 제작하기	310
효율적으로 콘텐츠 관리하기	314

인공지능 마케팅의 첫걸음

인공지능 마케팅이란, AI 기술을 활용해 마케팅 활동을 자동화하고 최적화하는 방법을 말합니다. AI는 컴퓨터가 사람처럼 생각하고 학습할 수 있는 능력을 가지고 있습니다. 마케팅에서 인공지능을 사용하면 고객 데이터를 분석하고, 소비자의 행동을 예측하며, 맞춤형 마케팅 전략을 수립할 수 있습니다. 이는 복잡하고 반복적인 작업을 대신 수행해 주어 소상공인들이 더 중요한 업무에 집중할 수 있도록 돕습니다.

예를 들어, 과거에는 마케팅 담당자가 고객의 구매 패턴을 일일이 분석하고, 그에 맞는 마케팅 전략을 세워야 했습니다. 그러나 이제 AI는 방대한 데이터를 빠르고 정확하게 분석해줍니다. 이를 통해 시장 트렌드를 파악하고, 효과적인 마케팅 전략을 세울 수 있습니다.

AI는 고객의 행동 데이터를 바탕으로 고객의 취향과 필요를 이해하고, 개인 맞춤형 마케팅을 실행할 수 있습니다. 예를 들어, AI는 고객이 자주 구매하는 제품을 분석해 그와 관련된 제품을 추천해줄 수 있습니다. 이는 고객 만족도를 높이고, 더 많은 판매로 이어질 수 있습니다.

인공지능 마케팅의 중요한 요소 중 하나는 데이터입니다. AI는 데이터를 통해 학습하고, 더 많은 데이터를 수집할수록 더 정확한 분석과 예측이 가능합니다. 따라서, 소상공인들은 고객의 구매 기록, 웹사이트 방문 기록, 소셜 미디어 활동 등을 통해 데이터를 수집하는 것이 중요합니다.

이 데이터를 AI 도구에 입력하면, AI가 이를 분석해 고객의 취향과 행동 패턴을 파악할 수 있습니다. 이를 통해 더 효과적인 마케팅 전략을 세울 수 있습니다.

고객 맞춤형 경험을 제공하는 것은 AI 마케팅의 큰 장점 중 하나입니다. 예를 들어, AI는 고객의 생일이나 특별한 날에 맞춤형 메시지와 할인 쿠폰을 보내는 것도 가능합니다. 이러한 맞춤형 경험은 고객의 만족도를 높이고, 재구매를 유도할 수 있습니다.

또한, AI는 고객의 구매 이력을 분석해 고객이 좋아할 만한 제품을 추천해줄 수 있습니다. 이는 고객의 충성도를 높이고, 지속적인 매출 증가로 이어질 수 있습니다.

인공지능은 마케팅 캠페인을 자동화하는 데도 큰 역할을 합니다. 예를 들어, 이메일 마케팅 캠페인을 설정해두면, AI가 자동으로 고객에게 이메일을 보내고, 그 성과를 분석해 줍니다. 이는 소상공인이 시간과 노력을 절약하고, 더 중요한 업무에 집중할 수 있도록 도와줍니다.

또한, AI는 고객의 반응을 실시간으로 분석해 마케팅 전략을 조정할 수 있습니다. 예를 들어, 특정 이메일 캠페인이 기대만큼 효과적이지 않다면, AI는 이를 분석해 개선할 방법을 제안해줍니다.

AI는 소셜 미디어 관리에서도 큰 도움이 됩니다. 예를 들어, 소셜 미디어 게시물을 자동으로 작성하고, 고객의 반응을 분석해 더 효과적인 콘텐츠를 만들 수 있습니다. 또한, AI는 고객의 댓글과 메시지에 실시간으로 응답할 수 있어, 소상공인이 고객과의 소통을 더욱 원활하게 할 수 있습니다. 이를 통해 고객의 만족도를 높이고, 브랜드 충성도를 강화할 수 있습니다.

광고 캠페인 최적화도 AI가 할 수 있는 중요한 역할 중 하나입니다. AI는 광고의 성과를 분석해 가장 효과적인 광고 전략을 추천해 줍니다.

예를 들어, 어떤 광고가 가장 많은 클릭을 유도했는지, 어떤 광고가 가장 높은 전환율을 기록했는지를 분석할 수 있습니다. 이를 바탕으로 광고 예산을 최적화해 비용을 절감할 수 있습니다. 소상공인은 이를 통해 더 많은 고객을 유치하고, 매출을 증가시킬 수 있습니다.

AI 마케팅의 미래는 매우 밝습니다. 기술이 발전함에 따라, 더 많은 데이터가 수집되고, 더 정교한 분석이 가능해질 것입니다. 소상공인은 이러한 변화를 적극적으로 받아들여, 지속적으로 AI 마케팅 전략을 업데이트해야 합니다. 이를 통해 경쟁력을 유지하고, 비즈니스를 성공적으로 운영할 수 있습니다.

예를 들어, AI는 앞으로 고객의 감정 상태를 분석해 그에 맞는 마케팅 메시지를 전달할 수 있을 것입니다. 이는 더욱 개인화된 마케팅 경험을 제공할 수 있게 해줍니다.

결론적으로, 인공지능 마케팅은 소상공인에게 많은 이점을 제공합니다. AI를 활용해 데이터를 분석하고, 고객 맞춤형 경험을 제공하며, 마케팅 캠페인을 자동화할 수 있습니다. 또한, 소셜 미디어 관리와 광고 최적화에도 큰 도움이 됩니다.

소상공인은 이러한 AI 마케팅 도구와 전략을 적극적으로 활용해, 더 효율적이고 효과적인 마케팅을 실행할 수 있습니다. AI 마케팅의 미래는 밝으며, 이를 통해 소상공인은 더 큰 성공을 이룰 수 있을 것입니다.

소상공인을 위한 쉬운 AI 도구들 5가지

인공지능 마케팅을 시작하기 위해 가장 중요한 첫 걸음은 적절한 AI 도구를 선택하는 것입니다. 소상공인들이 쉽게 접근하고 사용할 수 있는 다양한 AI 도구들이 시장에 나와 있습니다.

이러한 도구들은 복잡한 기술적 지식이 없어도 사용할 수 있도록 설계되어 있어, 누구나 쉽게 마케팅 활동을 자동화하고 최적화할 수 있습니다.

먼저, 챗봇은 고객과의 소통을 자동화하는 데 유용한 도구입니다. 챗봇은 웹사이트나 소셜 미디어 플랫폼에서 실시간으로 고객의 질문에 답변하고, 간단한 문제를 해결해줍니다.

예를 들어, 고객이 제품에 대해 궁금한 점을 물어보면, 챗봇이 즉시 답변해줄 수 있습니다. 이는 고객 만족도를 높이고, 소상공인이 다른 중요한 업무에 집중할 수 있도록 도와줍니다. 챗봇은 고객의 데이터를 분석해 고객의 요구를 예측하고, 그에 맞는 답변을 제공할 수 있어 더욱 효율적입니다.

다음으로, 이메일 마케팅 도구는 자동화된 이메일 캠페인을 실행하는 데 도움이 됩니다. 이러한 도구들은 고객의 행동 데이터를 바탕으로 맞춤형 이메일을 보낼 수 있습니다.

예를 들어, 특정 제품을 구매한 고객에게 관련 제품을 추천하는 이메일을 자동으로 보낼 수 있습니다. 이는 재구매를 유도하고, 고객과의 지속적인 관계를 유지하는 데 효과적입니다. 이메일 마케팅 도구는 또한 캠페인의 성과를 분석해 어떤 전략이 효과적인지 파악할 수 있게 도와줍니다.

소셜 미디어 관리 도구도 소상공인들에게 큰 도움이 됩니다. 소셜 미디어는 많은 고객과의 접점을 제공하는 중요한 마케팅 채널입니다. AI 기반 소셜 미디어 관리 도구는 게시물을 자동으로 작성하고, 최적의 시간에 게시하며, 고객의 반응을 분석할 수 있습니다.

예를 들어, 특정 시간대에 게시물이 더 많은 반응을 얻는다면, AI 도구가 이를 분석해 최적의 게시 시간에 맞춰 자동으로 게시물을 올려줍니다. 또한, 고객의 댓글과 메시지를 분석해 가장 효과적인 응답을 제공할 수 있습니다.

콘텐츠 생성 도구는 소상공인들이 마케팅 콘텐츠를 쉽게 제작할 수 있도록 도와줍니다. AI는 텍스트, 이미지, 동영상 등 다양한 형태의 콘텐츠를 자동으로 생성할 수 있습니다.

예를 들어, 블로그 게시물을 작성할 때 AI 도구가 주제를 분석하고, 관련된 키워드를 기반으로 글을 작성해줍니다. 이는 콘텐츠 제작 시간을 크게 줄여주고, 소상공인이 더 중요한 업무에 집중할 수 있도록 도와줍니다. 또한, AI는 고객의 반응을 분석해 어떤 콘텐츠가 가장 효과적인지 파악할 수 있습니다.

광고 관리 도구는 광고 캠페인을 최적화하는 데 유용합니다. AI는 광고의 성과를 실시간으로 분석하고, 가장 효과적인 전략을 추천해줍니다.

예를 들어, 특정 광고가 높은 클릭률을 기록했다면, AI가 이를 분석해 유사한 전략을 제안할 수 있습니다. 또한, 광고 예산을 효율적으로 분배해 비용을 절감할 수 있습니다. 소상공인은 이를 통해 더 많은 고객을 유치하고, 매출을 증가시킬 수 있습니다.

AI는 고객 관계 관리(CRM) 시스템에도 통합될 수 있습니다. CRM 시스템은 고객의 정보를 체계적으로 관리하고, 고객과의 관계를 강화하는 데 도움을 줍니다. AI가 통합된 CRM 시스템은 고객의 행동 데이터를 분석해 고객의 요구를 예측하고, 맞춤형 서비스를 제공할 수 있습니다.

예를 들어, 고객의 구매 이력을 분석해 그들이 필요로 하는 제품을 추천할 수 있습니다. 이는 고객 만족도를 높이고, 충성도를 강화하는 데 효과적입니다.

또한, AI는 검색 엔진 최적화(SEO) 도구로도 활용될 수 있습니다. SEO는 웹사이트가 검색 결과 상위에 노출되도록 최적화하는 과정입니다. AI 기반 SEO 도구는 키워드 분석, 콘텐츠 최적화, 백링크 구축 등을 자동화해 줍니다. 예를 들어, AI가 검색 트렌드를 분석해 가장 효과적인 키워드를 추천해줄 수 있습니다. 이를 통해 소상공인의 웹사이트가 더 많은 방문자를 유치하고, 매출을 증가시킬 수 있습니다.

마지막으로, 고객 피드백 분석 도구는 고객의 의견을 수집하고 분석하는 데 유용합니다. AI는 고객의 리뷰와 피드백을 분석해 제품이나 서비스의 개선점을 파악할 수 있습니다.

예를 들어, 고객이 특정 제품에 대해 불만을 자주 언급한다면, AI가 이를 분석해 개선점을 제안할 수 있습니다. 이를 통해 소상공인은 고객의 만족도를 높이고, 제품이나 서비스를 개선할 수 있습니다.

결론적으로, 소상공인들은 다양한 AI 도구를 활용해 마케팅 활동을 효율적으로 수행할 수 있습니다. 챗봇, 이메일 마케팅 도구, 소셜 미디어 관리 도구, 콘텐츠 생성 도구, 광고 관리 도구, CRM 시스템, SEO 도구, 고객 피드백 분석 도구 등 다양한 AI 도구들이 소상공인의 마케팅을 자동화하고 최적화하는 데 큰 도움을 줍니다.

이러한 도구들을 활용해 소상공인들은 더 많은 고객을 유치하고, 매출을 증가시킬 수 있습니다. AI 마케팅 도구들은 기술적인 지식이 없어도 쉽게 사용할 수 있도록 설계되어 있어, 누구나 쉽게 접근하고 활용할 수 있습니다. AI를 활용한 마케팅은 소상공인의 경쟁력을 강화하고, 비즈니스를 성공적으로 운영하는 데 중요한 역할을 할 것입니다.

 AI가 당신의 비즈니스에 도움이 되는 3가지 이유

인공지능(AI)이 비즈니스에 어떻게 도움이 되는지 이해하는 것은 중요합니다. 특히 소상공인들에게 AI는 다양한 방식으로 큰 도움을 줄 수 있습니다. AI는 복잡한 데이터를 분석하고, 고객 행동을 예측하며, 마케팅 전략을 자동화하는 데 있어 탁월한 능력을 가지고 있습니다. 이러한 능력은 소상공인들이 효율적으로 비즈니스를 운영하고, 더 나은 성과를 달성하는 데 큰 기여를 합니다.

먼저, AI는 고객 데이터를 분석하여 중요한 인사이트를 제공합니다. 과거에는 사람이 일일이 데이터를 분석해야 했지만, AI는 방대한 데이터를 빠르고 정확하게 분석할 수 있습니다.

예를 들어, 고객의 구매 패턴, 웹사이트 방문 기록, 소셜 미디어 활동 등을 분석하여 고객의 행동을 예측하고, 그에 맞는 마케팅 전략을 수립할 수 있습니다. 이를 통해 소상공인들은 고객의 요구를 더 잘 이해하고, 개인 맞춤형 서비스를 제공할 수 있습니다.

AI는 고객 맞춤형 경험을 제공하는 데 매우 효과적입니다. 고객의 데이터에 기반하여 각 고객에게 맞춤형 메시지와 제품 추천을 제공할 수 있습니다. 예를 들어, 고객이 자주 구매하는 제품과 관련된 제품을 추천하거나, 고객의 생일이나 특별한 날에 맞춤형 메시지와 할인 쿠폰을 보내는 것이 가능합니다. 이는 고객의 만족도를 높이고, 재구매를 유도하는 데 큰 도움이 됩니다. 또한, 맞춤형 경험은 고객의 충성도를 높이고, 장기적인 관계를 구축하는 데 기여합니다.

또한, AI는 마케팅 캠페인을 자동화할 수 있습니다. 예를 들어, 이메일 마케팅 캠페인을 설정해두면, AI가 자동으로 고객에게 맞춤형 이메일을 보내고, 그 성과를 분석하여 마케팅 전략을 조정할 수 있습니다. 이는 소상공인이 시간을 절약하고, 더 중요한 업무에 집중할 수 있도록 도와줍니다. AI는 실시간으로 데이터를 분석하고, 고객의 반응에 따라 마케팅 전략을 즉각적으로 수정할 수 있는 능력을 가지고 있습니다.

AI는 소셜 미디어 관리에서도 큰 도움이 됩니다. 소셜 미디어는 많은 고객과의 접점을 제공하는 중요한 마케팅 채널입니다. AI 기반 소셜 미디어 관리 도구는 게시물을 자동으로 작성하고, 최적의 시간에 게시하며, 고객의 반응을 분석할 수 있습니다.

예를 들어, 특정 시간대에 게시물이 더 많은 반응을 얻는다면, AI가 이를 분석해 최적의 게시 시간에 맞춰 자동으로 게시물을 올려줍니다. 또한, 고객의 댓글과 메시지를 분석해 가장 효과적인 응답을 제공할 수 있습니다. 이를 통해 소상공인은 고객과의 소통을 더욱 원활하게 하고, 고객의 만족도를 높일 수 있습니다.

광고 캠페인에서도 AI는 매우 유용합니다. AI는 광고의 성과를 실시간으로 분석하고, 가장 효과적인 전략을 추천해줍니다. 예를 들어, 특정 광고가 높은 클릭률을 기록했다면, AI가 이를 분석해 유사한 전략을 제안할 수 있습니다.

또한, 광고 예산을 효율적으로 분배해 비용을 절감할 수 있습니다. 소상공인은 이를 통해 더 많은 고객을 유치하고, 매출을 증가시킬 수 있습니다. AI는 광고의 성과를 지속적으로 모니터링하고, 실시간으로 최적화할 수 있는 능력을 가지고 있습니다.

AI는 고객 관계 관리(CRM) 시스템에도 통합될 수 있습니다. CRM 시스템은 고객의 정보를 체계적으로 관리하고, 고객과의 관계를 강화하는 데 도움을 줍니다. AI가 통합된 CRM 시스템은 고객의 행동 데이터를 분석해 고객의 요구를 예측하고, 맞춤형 서비스를 제공할 수 있습니다.

예를 들어, 고객의 구매 이력을 분석해 그들이 필요로 하는 제품을 추천할 수 있습니다. 이는 고객 만족도를 높이고, 충성도를 강화하는 데 효과적입니다. CRM 시스템에 통합된 AI는 고객과의 상호작용을 더욱 효율적이고 효과적으로 만들어줍니다.

AI는 검색 엔진 최적화(SEO) 도구로도 활용될 수 있습니다. SEO는 웹사이트가 검색 결과 상위에 노출되도록 최적화하는 과정입니다. AI 기반 SEO 도구는 키워드 분석, 콘텐츠 최적화, 백링크 구축 등을 자동화해 줍니다.

예를 들어, AI가 검색 트렌드를 분석해 가장 효과적인 키워드를 추천해줄 수 있습니다. 이를 통해 소상공인의 웹사이트가 더 많은 방문자를 유치하고, 매출을 증가시킬 수 있습니다. AI는 SEO 전략을 지속적으로 최적화하여 검색 결과 상위에 노출될 수 있도록 도와줍니다.

또한, 고객 피드백 분석 도구는 고객의 의견을 수집하고 분석하는 데 유용합니다. AI는 고객의 리뷰와 피드백을 분석해 제품이나 서비스의 개선점을 파악할 수 있습니다.

예를 들어, 고객이 특정 제품에 대해 불만을 자주 언급한다면, AI가 이를 분석해 개선점을 제안할 수 있습니다. 이를 통해 소상공인은 고객의 만족도를 높이고, 제품이나 서비스를 개선할 수 있습니다. 고객 피드백 분석 도구는 고객의 의견을 체계적으로 분석하여 더 나은 비즈니스 결정을 내릴 수 있도록 도와줍니다.

결론적으로, AI는 소상공인의 비즈니스에 다양한 방식으로 큰 도움이 됩니다. 고객 데이터를 분석하여 중요한 인사이트를 제공하고, 개인 맞춤형 경험을 제공하며, 마케팅 캠페인을 자동화할 수 있습니다.

또한, 소셜 미디어 관리, 광고 캠페인 최적화, 고객 관계 관리, 검색 엔진 최적화, 고객 피드백 분석 등 다양한 분야에서 AI는 소상공인의 비즈니스를 효율적으로 운영할 수 있도록 도와줍니다. AI를 활용한 마케팅은 소상공인의 경쟁력을 강화하고, 비즈니스 성공을 위한 중요한 도구가 될 것입니다. AI는 지속적으로 발전하고 있으며, 앞으로 더 많은 혁신적인 기능을 제공할 것입니다. 소상공인들은 이러한 AI 도구들을 적극적으로 활용하여 더 큰 성공을 이룰 수 있을 것입니다.

인공지능으로 고객 찾기 5단계

소상공인들이 비즈니스를 성공적으로 운영하려면 고객을 찾는 것이 필수적입니다. 전통적인 방법으로 고객을 찾는 것은 시간과 자원이 많이 소모되는 작업이지만, 인공지능(AI)을 활용하면 이 과정이 훨씬 더 효율적이고 효과적입니다. AI는 방대한 데이터를 빠르게 분석하고, 잠재 고객을 식별하여 맞춤형 마케팅 전략을 세우는 데 도움을 줍니다.

먼저, 인공지능이 어떻게 고객을 찾는지 이해하려면 AI의 기본적인 기능을 알아야 합니다. AI는 머신 러닝과 딥 러닝 알고리즘을 사용하여 데이터를 분석하고, 패턴을 인식하며, 예측 모델을 생성합니다.

이러한 기술을 통해 AI는 고객의 행동과 관심사를 파악하고, 잠재 고객을 식별할 수 있습니다. 예를 들어, AI는 웹사이트 방문자 데이터를 분석하여 특정 제품에 관심이 있는 사람들을 찾아낼 수 있습니다.

소셜 미디어는 고객을 찾는 데 있어 중요한 도구입니다. 많은 사람들이 소셜 미디어 플랫폼을 사용하여 자신의 관심사와 취향을 공유합니다. AI는 이러한 데이터를 수집하고 분석하여 특정 제품이나 서비스에 관심이 있는 잠재 고객을 식별할 수 있습니다.

예를 들어, AI는 특정 키워드나 해시태그를 모니터링하여 관련된 대화를 추적하고, 관심이 있는 사용자 목록을 생성할 수 있습니다. 이러한 사용자에게 맞춤형 광고를 제공하면 더 높은 전환율을 기대할 수 있습니다.

AI는 또한 검색 엔진 데이터를 활용하여 고객을 찾는 데 도움을 줍니다. 많은 사람들이 온라인에서 제품이나 서비스를 검색합니다. AI는 검색 데이터를 분석하여 특정 키워드에 관심이 있는 사용자들을 식별할 수 있습니다. 이를 통해 소상공인은 검색 광고를 효율적으로 운영하고, 관심 있는 사용자에게 타겟팅된 광고를 제공할 수 있습니다. 예를 들어, 특정 지역에서 '커피숍'을 검색한 사용자들에게 지역 커피숍 광고를 노출시키는 방식입니다.

이메일 마케팅은 잠재 고객을 찾는 또 다른 효과적인 방법입니다. AI는 이메일 마케팅 캠페인을 자동화하고, 고객의 반응을 분석하여 더 효과적인 전략을 수립할 수 있습니다.

예를 들어, AI는 이메일 오픈율과 클릭률을 분석하여 가장 효과적인 이메일 제목과 콘텐츠를 추천할 수 있습니다. 또한, 고객의 행동 데이터를 기반으로 맞춤형 이메일을 자동으로 보낼 수 있습니다. 이는 고객의 관심을 끌고, 전환율을 높이는 데 큰 도움이 됩니다.

AI는 또한 웹사이트 방문자 데이터를 분석하여 잠재 고객을 식별할 수 있습니다. 웹사이트 방문자의 행동을 추적하고 분석하여 특정 제품이나 서비스에 관심이 있는 사용자를 찾아낼 수 있습니다.

예를 들어, AI는 특정 페이지에서 오랜 시간을 보낸 방문자를 식별하고, 이들에게 맞춤형 광고나 프로모션을 제공할 수 있습니다. 이는 웹사이트 방문자를 실제 고객으로 전환하는 데 효과적입니다.

챗봇은 고객을 찾는 데 매우 유용한 도구입니다. 챗봇은 웹사이트나 소셜 미디어 플랫폼에서 실시간으로 고객과 상호작용하며, 고객의 질문에 답변하고 문제를 해결해줍니다. 이를 통해 고객의 관심사와 필요를 파악할 수 있습니다.

예를 들어, 챗봇이 특정 제품에 대한 질문을 자주 받는다면, 그 제품에 관심이 있는 잠재 고객을 식별할 수 있습니다. 이러한 정보를 바탕으로 맞춤형 마케팅 전략을 수립할 수 있습니다.

또한, AI는 고객 세그먼테이션을 통해 고객을 더 효율적으로 찾을 수 있습니다. 고객 세그먼테이션이란 고객을 공통된 특성에 따라 그룹으로 나누는 것을 말합니다. AI는 고객의 행동 데이터를 분석하여 비슷한 특성을 가진 고객들을 그룹화할 수 있습니다.

이를 통해 각 그룹에 맞춤형 마케팅 전략을 적용할 수 있습니다. 예를 들어, AI는 자주 구매하는 고객과 한 번만 구매한 고객을 구분하여 각각에 맞는 마케팅 메시지를 보낼 수 있습니다.

AI는 예측 분석을 통해 미래의 고객 행동을 예측하고, 이를 바탕으로 잠재 고객을 찾는 데 도움을 줍니다. 예측 분석이란 과거 데이터를 바탕으로 미래의 결과를 예측하는 것을 말합니다.

AI는 예측 분석을 통해 특정 제품이나 서비스에 대한 수요를 예측하고, 잠재 고객을 식별할 수 있습니다. 예를 들어, 특정 시기에 특정 제품의 수요가 증가할 것으로 예측된다면, 그 시기에 맞춰 마케팅 캠페인을 진행할 수 있습니다.

결론적으로, AI는 소상공인이 고객을 찾는 데 매우 유용한 도구입니다. AI는 데이터를 빠르고 정확하게 분석하여 잠재 고객을 식별하고, 맞춤형 마케팅 전략을 수립할 수 있습니다. 소셜 미디어, 검색 엔진, 이메일 마케팅, 웹사이트 방문자 데이터, 챗봇, 고객 세그먼테이션, 예측 분석 등 다양한 방법을 통해 AI는 소상공인이 효율적으로 고객을 찾고, 비즈니스를 성장시키는 데 큰 도움을 줍니다.

AI를 활용한 마케팅은 소상공인의 경쟁력을 강화하고, 비즈니스 성공을 위한 중요한 도구가 될 것입니다. AI는 지속적으로 발전하고 있으며, 앞으로 더 많은 혁신적인 기능을 제공할 것입니다. 소상공인들은 이러한 AI 도구들을 적극적으로 활용하여 더 큰 성공을 이룰 수 있을 것입니다.

 **AI로 고객의 필요 파악하기**

고객의 필요를 파악하는 것은 소상공인의 비즈니스 성공에 있어 핵심적인 요소입니다. 인공지능(AI)은 고객의 행동을 분석하고, 그들이 무엇을 필요로 하는지 예측하는 데 강력한 도구가 됩니다. AI를 통해 소상공인들은 고객의 요구를 더 잘 이해하고, 이를 기반으로 맞춤형 서비스를 제공할 수 있습니다.

AI는 데이터를 통해 고객의 필요를 파악합니다. 고객이 웹사이트를 방문하고, 제품을 검색하고, 구매하는 모든 행동이 데이터로 기록됩니다. 이러한 데이터를 분석하면 고객이 무엇을 필요로 하는지 알 수 있습니다.

예를 들어, 특정 제품 페이지를 여러 번 방문한 고객은 그 제품에 관심이 있다고 판단할 수 있습니다. AI는 이러한 행동 데이터를 바탕으로 고객의 관심사를 분석하고, 그에 맞는 제품을 추천할 수 있습니다.

소셜 미디어는 고객의 필요를 파악하는 또 다른 중요한 도구입니다. 많은 사람들이 소셜 미디어를 통해 자신의 관심사와 필요를 공유합니다. AI는 소셜 미디어 데이터를 분석하여 고객의 현재 관심사와 트렌드를 파악할 수 있습니다.

예를 들어, 특정 제품에 대한 언급이 급증하면, 그 제품에 대한 수요가 증가하고 있음을 알 수 있습니다. 이를 통해 소상공인들은 고객의 필요에 맞춰 제품을 준비하고, 마케팅 전략을 조정할 수 있습니다.

AI는 또한 고객의 구매 이력을 분석하여 그들의 필요를 예측할 수 있습니다. 과거 구매 데이터를 분석하면 고객이 앞으로 어떤 제품을 필요로 할지 예측할 수 있습니다. 예를 들어, 정기적으로 특정 제품을 구매하는 고객은 그 제품이 다 떨어질 때쯤 다시 구매할 가능성이 높습니다.

AI는 이러한 패턴을 파악하여 고객에게 적절한 시점에 맞춤형 프로모션을 제공할 수 있습니다. 이는 고객의 편리함을 증대시키고, 재구매를 유도하는 데 효과적입니다.

고객 설문조사는 고객의 필요를 직접적으로 파악할 수 있는 방법입니다. AI는 설문조사 데이터를 분석하여 고객의 요구와 불만을 체계적으로 파악할 수 있습니다. 예를 들어, 고객이 특정 기능에 대해 불만을 많이 표현한다면, AI가 이를 분석하여 제품 개선에 반영할 수 있습니다.

또한, 설문조사 결과를 바탕으로 새로운 제품이나 서비스를 개발하는 데 필요한 인사이트를 얻을 수 있습니다. AI는 설문조사 데이터를 자동으로 분석하고, 중요한 인사이트를 추출하여 소상공인에게 제공할 수 있습니다.

챗봇은 고객의 필요를 실시간으로 파악하는 데 매우 유용한 도구입니다. 챗봇은 고객과 상호작용하면서 고객의 질문과 요청을 기록합니다. 이를 통해 고객이 어떤 정보를 필요로 하는지, 어떤 문제를 겪고 있는지 파악할 수 있습니다.

예를 들어, 특정 제품에 대한 질문이 많이 들어온다면, 그 제품에 대한 추가 정보를 제공하거나, 관련된 제품을 추천할 수 있습니다. 챗봇은 24시간 내내 작동하기 때문에 고객의 필요를 지속적으로 파악할 수 있습니다.

AI는 또한 예측 분석을 통해 고객의 미래 필요를 예측할 수 있습니다. 예측 분석이란 과거 데이터를 바탕으로 미래의 결과를 예측하는 것을 말합니다. AI는 예측 분석을 통해 고객의 행동 패턴을 파악하고, 그들이 앞으로 무엇을 필요로 할지 예측할 수 있습니다.

예를 들어, 특정 시즌에 특정 제품의 수요가 증가할 것으로 예측된다면, 미리 제품을 준비하고, 관련 마케팅 캠페인을 계획할 수 있습니다. 이는 재고 관리와 마케팅 전략 수립에 큰 도움이 됩니다.

AI는 고객 세그먼테이션을 통해 고객의 필요를 더욱 정확하게 파악할 수 있습니다. 고객 세그먼테이션이란 고객을 공통된 특성에 따라 그룹으로 나누는 것을 말합니다. AI는 고객의 행동 데이터를 분석하여 비슷한 특성을 가진 고객들을 그룹화할 수 있습니다. 이를 통해 각 그룹에 맞춤형 마케팅 전략을 적용할 수 있습니다.

예를 들어, 자주 구매하는 고객과 가끔 구매하는 고객을 구분하여 각각에 맞는 프로모션을 제공할 수 있습니다. 이는 고객의 충성도를 높이고, 매출을 증가시키는 데 효과적입니다.

AI는 또한 감정 분석을 통해 고객의 필요를 파악할 수 있습니다. 감정 분석이란 고객의 리뷰나 소셜 미디어 게시물에서 감정을 분석하여 그들의 만족도와 불만을 파악하는 것을 말합니다. AI는 텍스트 데이터를 분석하여 긍정적인 감정과 부정적인 감정을 식별할 수 있습니다. 이를 통해 소상공인들은 고객의 피드백을 보다 정확하게 이해하고, 제품이나 서비스 개선에 반영할 수 있습니다.

예를 들어, 고객이 특정 제품에 대해 부정적인 리뷰를 많이 남긴다면, 그 제품을 개선하거나 대체 제품을 제공할 수 있습니다.

결론적으로, AI는 소상공인이 고객의 필요를 파악하는 데 매우 유용한 도구입니다. AI는 고객 데이터를 분석하여 중요한 인사이트를 제공하고, 고객의 행동과 감정을 이해하며, 미래의 필요를 예측할 수 있습니다. 소셜 미디어, 구매 이력, 설문조사, 챗봇, 예측 분석, 고객 세그먼테이션, 감정 분석 등 다양한 방법을 통해 AI는 소상공인이 고객의 필요를 효율적으로 파악하고, 맞춤형 서비스를 제공할 수 있도록 도와줍니다.

AI를 활용한 마케팅은 소상공인의 경쟁력을 강화하고, 비즈니스 성공을 위한 중요한 도구가 될 것입니다. AI는 지속적으로 발전하고 있으며, 앞으로 더 많은 혁신적인 기능을 제공할 것입니다. 소상공인들은 이러한 AI 도구들을 적극적으로 활용하여 더 큰 성공을 이룰 수 있을 것입니다.

 개인 맞춤형 마케팅 시작하기

개인 맞춤형 마케팅은 고객의 개별적인 취향과 필요에 맞춰 마케팅 메시지를 전달하는 전략입니다. 이는 고객 만족도를 높이고, 충성도를 강화하며, 판매를 증대시키는 데 매우 효과적입니다.

인공지능(AI)을 활용하면 이러한 개인 맞춤형 마케팅을 보다 쉽게 시작할 수 있습니다. AI는 고객 데이터를 분석하고, 각 고객에게 최적화된 맞춤형 경험을 제공할 수 있습니다.

먼저, 개인 맞춤형 마케팅을 시작하기 위해 가장 중요한 단계는 고객 데이터를 수집하는 것입니다. 고객 데이터는 고객의 행동, 구매 이력, 웹사이트 방문 기록, 소셜 미디어 활동 등 다양한 형태로 존재합니다.

AI는 이러한 데이터를 분석하여 각 고객의 취향과 필요를 파악할 수 있습니다. 예를 들어, 특정 고객이 자주 구매하는 제품을 분석하면, 그 고객이 어떤 유형의 제품을 선호하는지 알 수 있습니다.

고객 데이터 수집이 완료되면, 다음 단계는 고객 세그먼테이션입니다. 고객 세그먼테이션이란 고객을 공통된 특성에 따라 그룹으로 나누는 것을 말합니다. AI는 고객 데이터를 분석하여 비슷한 특성을 가진 고객들을 그룹화할 수 있습니다.

이를 통해 각 그룹에 맞춤형 마케팅 전략을 적용할 수 있습니다. 예를 들어, 자주 구매하는 고객 그룹과 가끔 구매하는 고객 그룹을 구분하여 각각에 맞는 프로모션을 제공할 수 있습니다. 이는 각 그룹의 특성에 맞춰 마케팅 메시지를 최적화하는 데 도움이 됩니다.

개인 맞춤형 마케팅의 핵심은 맞춤형 콘텐츠를 제공하는 것입니다. AI는 고객의 데이터를 분석하여 각 고객에게 최적화된 콘텐츠를 생성할 수 있습니다. 예를 들어, 이메일 마케팅을 진행할 때 AI는 각 고객의 취향에 맞춘 맞춤형 이메일을 자동으로 작성하고 발송할 수 있습니다.

또한, AI는 웹사이트 방문자에게 맞춤형 제품 추천을 제공하여 고객의 구매 가능성을 높일 수 있습니다. 이러한 맞춤형 콘텐츠는 고객의 관심을 끌고, 더 높은 전환율을 달성하는 데 효과적입니다.

챗봇은 개인 맞춤형 마케팅을 실행하는 데 매우 유용한 도구입니다. 챗봇은 고객과 실시간으로 상호작용하며, 고객의 질문에 답변하고, 필요한 정보를 제공합니다. 이를 통해 고객의 취향과 필요를 파악할 수 있으며, 맞춤형 서비스를 제공할 수 있습니다.

예를 들어, 고객이 특정 제품에 대해 문의하면, 챗봇이 그 제품과 관련된 추가 정보를 제공하거나, 관련 제품을 추천할 수 있습니다. 이는 고객의 만족도를 높이고, 구매를 유도하는 데 큰 도움이 됩니다.

소셜 미디어는 개인 맞춤형 마케팅을 실행하는 또 다른 중요한 채널입니다. AI는 소셜 미디어 데이터를 분석하여 각 고객의 관심사와 필요를 파악할 수 있습니다. 이를 통해 소상공인들은 각 고객에게 맞춤형 마케팅 메시지를 전달할 수 있습니다.

예를 들어, 특정 제품에 대한 언급이 많아지면, AI는 이를 분석하여 그 제품에 관심이 있는 고객에게 맞춤형 광고를 제공할 수 있습니다. 이는 고객의 관심을 끌고, 판매를 증대시키는 데 효과적입니다.

개인 맞춤형 마케팅의 또 다른 중요한 요소는 타이밍입니다. AI는 고객의 행동 데이터를 분석하여 최적의 마케팅 타이밍을 예측할 수 있습니다. 예를 들어, 특정 고객이 주로 언제 구매하는지를 분석하여 그 시간에 맞춤형 프로모션을 제공할 수 있습니다.

이는 고객의 관심을 끌고, 구매 가능성을 높이는 데 큰 도움이 됩니다. AI는 실시간 데이터를 분석하여 마케팅 타이밍을 최적화할 수 있는 능력을 가지고 있습니다.

광고 캠페인에서도 개인 맞춤형 마케팅을 실행할 수 있습니다. AI는 광고의 성과를 분석하여 각 고객에게 가장 효과적인 광고를 제공할 수 있습니다. 예를 들어, 특정 고객이 이전에 클릭한 광고를 분석하여 유사한 광고를 제공하거나, 그 고객의 관심사에 맞춘 새로운 광고를 제공할 수 있습니다. 이는 광고의 효율성을 높이고, 광고 예산을 최적화하는 데 큰 도움이 됩니다.

고객 피드백 분석은 개인 맞춤형 마케팅을 개선하는 데 중요한 역할을 합니다. AI는 고객의 리뷰와 피드백을 분석하여 제품이나 서비스의 개선점을 파악할 수 있습니다. 이를 통해 고객의 요구와 불만을 이해하고, 이를 반영한 맞춤형 마케팅 전략을 수립할 수 있습니다.

예를 들어, 고객이 특정 기능에 대해 불만을 표현하면, 그 기능을 개선하거나 대체 제품을 제공할 수 있습니다. 이는 고객의 만족도를 높이고, 충성도를 강화하는 데 효과적입니다.

결론적으로, 개인 맞춤형 마케팅은 소상공인이 고객의 만족도를 높이고, 판매를 증대시키는 데 매우 효과적인 전략입니다. AI를 활용하면 고객 데이터를 분석하고, 맞춤형 콘텐츠를 생성하며, 최적의 마케팅 타이밍을 예측할 수 있습니다. 챗봇, 소셜 미디어, 광고 캠페인, 고객 피드백 분석 등 다양한 방법을 통해 AI는 소상공인이 개인 맞춤형 마케팅을 실행하는 데 큰 도움을 줍니다.

AI를 활용한 개인 맞춤형 마케팅은 소상공인의 경쟁력을 강화하고, 비즈니스 성공을 위한 중요한 도구가 될 것입니다. AI는 지속적으로 발전하고 있으며, 앞으로 더 많은 혁신적인 기능을 제공할 것입니다. 소상공인들은 이러한 AI 도구들을 적극적으로 활용하여 더 큰 성공을 이룰 수 있을 것입니다.

AI 도구로 쉽게 콘텐츠 제작하기

인공지능(AI)은 현대 마케팅과 콘텐츠 제작에서 혁신적인 도구로 자리잡고 있습니다. AI 도구를 활용하면 콘텐츠 제작 과정을 단순화하고, 시간을 절약하며, 더 높은 품질의 콘텐츠를 생성할 수 있습니다. AI 도구는 텍스트 생성, 이미지 제작, 비디오 편집 등 다양한 방식으로 콘텐츠 제작을 지원합니다.

먼저, 텍스트 콘텐츠 제작에서 AI는 매우 유용합니다. 자연어 처리(NLP) 기술을 활용하는 AI 도구들은 사용자가 입력한 키워드나 주제를 기반으로 자동으로 글을 작성할 수 있습니다.

예를 들어, OpenAI의 GPT-3 같은 모델은 사용자가 제공한 몇 가지 문장이나 주제를 바탕으로 전체 문서를 작성해 줄 수 있습니다. 이는 블로그 게시물, 기사, 제품 설명 등 다양한 텍스트 콘텐츠를 신속하게 생성하는 데 큰 도움이 됩니다.

AI 텍스트 생성 도구는 또한 SEO(검색 엔진 최적화)를 고려한 콘텐츠를 작성할 수 있습니다. 특정 키워드에 대한 분석을 통해 관련성이 높은 텍스트를 생성하고, 검색 엔진에서의 가시성을 높일 수 있습니다. 이는 웹사이트 트래픽을 증가시키고, 더 많은 고객을 유치하는 데 중요한 역할을 합니다.

이미지 콘텐츠 제작에서도 AI는 강력한 도구입니다. AI 기반 이미지 생성 도구는 사용자가 원하는 스타일이나 주제에 맞춘 이미지를 자동으로 생성할 수 있습니다.

예를 들어, DALL-E 같은 AI 모델은 텍스트 설명을 입력하면 그에 맞는 이미지를 생성해 줍니다. 이는 마케팅 캠페인, 소셜 미디어 게시물, 광고 등 다양한 용도로 활용할 수 있는 고품질의 이미지를 신속하게 제작하는 데 유용합니다.

AI는 또한 이미지 편집을 자동화하여 시간과 노력을 절약할 수 있습니다. 예를 들어, AI 기반 이미지 편집 도구는 배경 제거, 색상 보정, 이미지 확대/축소 등의 작업을 자동으로 수행할 수 있습니다. 이는 디자이너나 마케팅 담당자가 반복적인 편집 작업에 소요되는 시간을 줄이고, 더 창의적인 작업에 집중할 수 있도록 도와줍니다.

비디오 콘텐츠 제작에서도 AI는 중요한 역할을 합니다. AI 기반 비디오 편집 도구는 동영상의 자막 생성, 편집, 효과 추가 등을 자동으로 수행할 수 있습니다. 예를 들어, 사용자는 동영상 클립을 업로드하고, 원하는 편집 스타일이나 효과를 선택하면, AI 도구가 자동으로 편집된 동영상을 생성해 줍니다. 이는 유튜브, 소셜 미디어, 광고 캠페인 등 다양한 플랫폼에서 사용할 수 있는 비디오 콘텐츠를 효율적으로 제작하는 데 유용합니다.

AI는 또한 비디오 콘텐츠의 트렌드를 분석하고, 가장 인기 있는 스타일이나 주제를 제안할 수 있습니다. 이를 통해 사용자는 최신 트렌드를 반영한 비디오 콘텐츠를 제작할 수 있으며, 더 많은 시청자와의 상호작용을 유도할 수 있습니다.

음성 콘텐츠 제작에서도 AI는 강력한 도구입니다. 텍스트를 음성으로 변환하는 TTS(Text-to-Speech) 기술을 활용하면, 사용자가 작성한 텍스트를 자연스러운 음성으로 변환할 수 있습니다. 이는 팟캐스트, 오디오북, 비디오 내레이션 등 다양한 용도로 활용할 수 있습니다. AI 기반 TTS 도구는 여러 언어와 음성 스타일을 지원하여, 사용자가 원하는 음성 톤과 언어를 선택할 수 있도록 도와줍니다.

AI는 또한 콘텐츠의 성과를 분석하고, 개선점을 제안하는 데 유용합니다. 예를 들어, AI 기반 분석 도구는 소셜 미디어 게시물의 반응, 웹사이트 트래픽, 광고 성과 등을 분석하여 어떤 콘텐츠가 가장 효과적인지 파악할 수 있습니다. 이를 통해 사용자는 성공적인 콘텐츠 전략을 수립하고, 지속적으로 콘텐츠 품질을 향상시킬 수 있습니다.

AI 도구는 또한 반복적인 작업을 자동화하여 콘텐츠 제작 과정을 더욱 효율적으로 만들 수 있습니다. 예를 들어, 일정 관리, 콘텐츠 배포, 성과 보고서 작성 등의 작업을 AI가 자동으로 수행할 수 있습니다. 이는 콘텐츠 제작자가 더 창의적이고 전략적인 작업에 집중할 수 있도록 도와줍니다.

AI는 또한 다양한 플랫폼에서 콘텐츠를 일관성 있게 제작하고 관리할 수 있도록 지원합니다. 예를 들어, AI 기반 콘텐츠 관리 시스템(CMS)은 여러 플랫폼에서 콘텐츠를 일관되게 게시하고, 성과를 추적하며, 필요한 경우 자동으로 수정할 수 있습니다. 이는 브랜드 일관성을 유지하고, 효율적인 콘텐츠 관리를 가능하게 합니다.

결론적으로, AI 도구를 활용한 콘텐츠 제작은 현대 마케팅과 콘텐츠 전략에서 필수적인 요소입니다. AI는 텍스트, 이미지, 비디오, 음성 등 다양한 형태의 콘텐츠를 신속하고 효율적으로 제작할 수 있도록 도와줍니다. 또한, AI는 콘텐츠의 성과를 분석하고, 개선점을 제안하여 지속적인 품질 향상을 가능하게 합니다.

소상공인들은 이러한 AI 도구들을 적극적으로 활용하여 더 높은 품질의 콘텐츠를 제작하고, 고객의 관심과 참여를 유도하며, 비즈니스 성공을 이루어 나갈 수 있을 것입니다. AI는 지속적으로 발전하고 있으며, 앞으로 더 많은 혁신적인 기능을 제공할 것입니다. 소상공인들은 이러한 AI 도구들을 활용하여 경쟁력을 강화하고, 비즈니스 성공을 위한 중요한 도구로 삼을 수 있을 것입니다.

효율적으로 콘텐츠 관리하기

효율적인 콘텐츠 관리는 성공적인 마케팅 전략의 핵심 요소입니다. AI 도구를 활용하면 콘텐츠 관리가 훨씬 더 쉬워지고, 시간과 노력을 절약할 수 있습니다. 이 챕터에서는 AI를 활용하여 콘텐츠를 효율적으로 관리하는 방법을 다룹니다.

첫 번째로, 콘텐츠 일정 관리는 매우 중요합니다. AI 기반 콘텐츠 일정 관리 도구를 사용하면, 다양한 콘텐츠의 게시 일정을 자동으로 계획하고 조정할 수 있습니다. 예를 들어, 특정 날짜에 게시할 블로그 글, 소셜 미디어 게시물, 뉴스레터 등을 미리 설정해 놓을 수 있습니다.

AI 도구는 각 플랫폼의 최적 게시 시간을 분석하여 콘텐츠가 가장 효과적으로 도달할 수 있는 시간을 추천해 줍니다. 이를 통해 게시물의 도달률과 참여도를 높일 수 있습니다.

AI 도구는 또한 콘텐츠 배포를 자동화하여 관리할 수 있습니다. 예를 들어, 한 번의 클릭으로 여러 소셜 미디어 플랫폼에 동시에 게시물을 올릴 수 있습니다. AI는 각 플랫폼의 규격과 최적화된 형식을 자동으로 적용하여 콘텐츠가 모든 플랫폼에서 최상의 품질로 게시될 수 있도록 도와줍니다. 이는 콘텐츠 제작자가 반복적인 작업에서 벗어나 더 창의적이고 전략적인 작업에 집중할 수 있게 합니다.

콘텐츠의 성과를 분석하는 것도 매우 중요합니다. AI 기반 분석 도구는 콘텐츠의 성과를 실시간으로 모니터링하고, 중요한 인사이트를 제공합니다. 예를 들어, 어떤 게시물이 가장 많은 조회수를 기록했는지, 어떤 콘텐츠가 가장 높은 참여율을 보였는지 등을 분석할 수 있습니다.

이러한 데이터를 바탕으로 효과적인 콘텐츠 전략을 수립하고, 향후 콘텐츠 제작에 반영할 수 있습니다. AI는 또한 콘텐츠의 성과를 예측하여, 어떤 유형의 콘텐츠가 미래에 성공할 가능성이 높은지 제안할 수 있습니다.

AI 도구는 고객의 반응을 실시간으로 분석하여 콘텐츠 전략을 조정하는 데 도움을 줍니다. 예를 들어, 특정 게시물에 대한 댓글이나 반응이 부정적일 경우, AI는 이를 분석하여 문제점을 파악하고 개선점을 제안할 수 있습니다. 또한, 고객의 피드백을 반영하여 콘텐츠를 업데이트하거나 새로운 아이디어를 제안할 수 있습니다. 이는 고객의 요구를 충족시키고, 브랜드 충성도를 높이는 데 기여합니다.

효율적인 콘텐츠 관리를 위해서는 팀 협업도 중요합니다. AI 기반 협업 도구는 팀원들이 실시간으로 콘텐츠를 공유하고, 수정하며, 피드백을 제공할 수 있도록 도와줍니다. 이를 통해 팀원 간의 소통이 원활해지고, 콘텐츠 제작 과정이 더욱 효율적으로 진행될 수 있습니다.

예를 들어, 공동 작업 공간을 통해 모든 팀원이 콘텐츠의 진행 상황을 실시간으로 확인하고, 필요한 수정 사항을 즉각적으로 반영할 수 있습니다.

AI 도구는 콘텐츠 관리 시스템(CMS)와 통합되어, 전체 콘텐츠 라이브러리를 체계적으로 관리할 수 있습니다. CMS는 모든 콘텐츠를 한 곳에서 관리하고, 필요한 경우 쉽게 검색하고 접근할 수 있도록 도와줍니다. AI는 이러한 CMS와 통합되어 콘텐츠의 메타데이터를 자동으로 생성하고, 분류하며, 최적화할 수 있습니다. 이를 통해 콘텐츠의 검색성과 접근성이 크게 향상됩니다.

또한, AI는 콘텐츠의 중복 여부를 검사하고, 중복된 콘텐츠를 제거하거나 통합하는 데 도움을 줍니다. 이는 콘텐츠의 일관성을 유지하고, 불필요한 중복 작업을 방지하는 데 중요합니다. 예를 들어, AI는 동일한 주제에 대한 여러 콘텐츠를 분석하여 가장 효과적인 요소를 결합하고, 중복된 부분을 제거하여 하나의 통합된 콘텐츠를 생성할 수 있습니다.

콘텐츠의 번역 및 현지화도 AI를 통해 효율적으로 관리할 수 있습니다. 글로벌 시장을 대상으로 하는 경우, 다양한 언어로 콘텐츠를 제공하는 것이 중요합니다. AI 기반 번역 도구는 다양한 언어로 콘텐츠를 자동으로 번역하고, 각 언어의 문화적 차이를 반영하여 현지화할 수 있습니다. 이는 글로벌 고객의 요구를 충족시키고, 더 넓은 시장에서 성공을 거두는 데 도움을 줍니다.

마지막으로, AI는 콘텐츠의 보안을 강화하는 데도 기여합니다. AI 기반 보안 도구는 콘텐츠의 무단 복제나 도용을 방지하고, 저작권을 보호할 수 있습니다. 예를 들어, AI는 인터넷 상의 콘텐츠를 모니터링하여 무단으로 복제된 콘텐츠를 감지하고, 이를 즉각적으로 조치할 수 있습니다. 이는 콘텐츠 제작자의 권리를 보호하고, 정당한 보상을 받을 수 있도록 합니다.

결론적으로, AI를 활용한 콘텐츠 관리는 소상공인이 마케팅 전략을 효과적으로 실행하고, 성공을 거두는 데 필수적인 요소입니다. AI 도구는 콘텐츠 일정 관리, 배포 자동화, 성과 분석, 실시간 반응 분석, 팀 협업, CMS 통합, 중복 검사, 번역 및 현지화, 보안 강화 등 다양한 방식으로 콘텐츠 관리를 지원합니다.

소상공인들은 이러한 AI 도구들을 적극적으로 활용하여 더 효율적이고 효과적인 콘텐츠 전략을 수립하고, 경쟁력을 강화할 수 있습니다. AI는 지속적으로 발전하고 있으며, 앞으로 더 많은 혁신적인 기능을 제공할 것입니다. 소상공인들은 이러한 AI 도구들을 활용하여 비즈니스 성공을 위한 중요한 도구로 삼을 수 있을 것입니다.

AI를 활용해서 우리 회사를 홍보할 수 있는 전략에 대해서 5가지를 작성해보세요.

인공지능 콘텐츠 트렌드

1인 미디어를 위한
인공지능콘텐츠 30일 완성가이드

초보자도 쉽게 따라하는 AI 콘텐츠 제작 로드맵

Part 9

컬러링북 제작으로 AI콘텐츠 수익화하기

이성미

   20년여의 시간을 전업 주부로 살아가던 어느날 나를 잊어버린채 살아왔음을 깨닫게 되었습니다. 그래서 시작된 제 2의 인생. 시작은 막막했고, 뭘 해야 할지도 몰랐습니다. 전업 주부로서만 살아왔던 내가 뭘 할 수 있을까? 나의 마인드를 바꿔야 했습니다. 전업주부라는 마인드를 프로의 마인드로 Re-Set한 후에야 막막하기만 했었던 이 시대의 흐름이 조금씩 보이기 시작했지요. 뭘 준비해야 할지도 보이기 시작했습니다.

   AI를 모르면 AI로 대체될 시대. 그럼 AI를 정복해야지.

   하지만 AI에대해 알아 가면서 그리고 몇몇분들에게 컨설턴트를 하면서 왕 초보에게 AI란 쉽지 않다는 사실을 너무 절실하게 깨닫게 되었습니다.

   특히나 AI로 수익화란 하늘의 별따기 만큼이나 어렵다는 사실은 AI 왕 초보자 라면 분명 공감 하리라 생각 합니다. 그 어려움을 너무나 잘 알기에 누구라도 AI로 수익화를 이룰 수 있도록 제 2월급 컨설턴트로 성장하기위해 노력하고 있습니다.

- 한국AI작가협회 소속작가
- 아마존 컬러링 북 등록
- 부크크 컬러링 북 다수 출품
- 그림동화출판지도사 1급 (2024, 한국미디어창업연구소)

CONTENTS

미드저니를 활용한 컬러링북 제작 기초　　　　　　　　321

컬러링북 상업적 이용을 위한 절차와 팁 3가지　　　　326

컬러링북 출판 플랫폼 이해하기　　　　　　　　　　　327

수익 창출을 위한 컬러링북 온라인 판매 노하우 4가지　　329

미드저니를 활용한 컬러링북 제작 기초

1. 미드저니 사용법 소개

미드저니는 인공지능을 이용해 여러분이 원하는 이미지를 만들어주는 도구입니다. 월 10달러, 30달러, 60달러의 유료 버전중에서 하나 가입 해야 합니다 유료 버전에서 생성된 이미지는 상업용으로 사용 할수 있습니다.

미드저니를 사용 하기 위해서는 웹버전으로 회원가입하거나, 디스코드를 통해 가입해야합니다.

미드저니 클릭하면 디스코드(Discord)에 접속 됩니다.

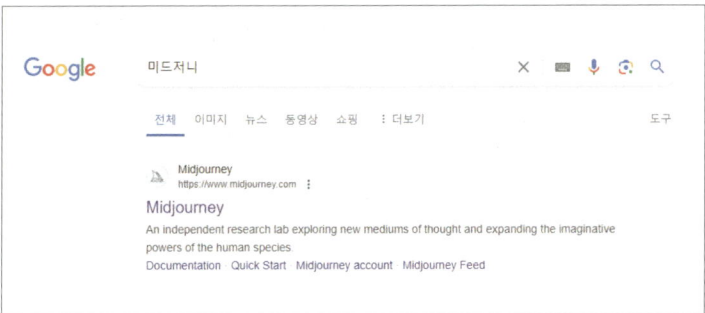

Google 검색창에서 미드저니 검색

사용자명 입력하라는 창에 원하는 닉네임 입력 해서 회원 가입해 주세요.

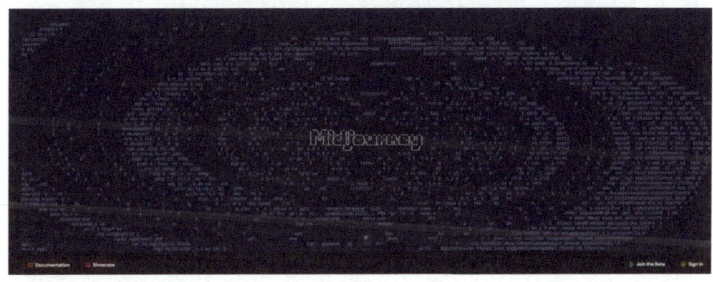

Join the Beta 클릭

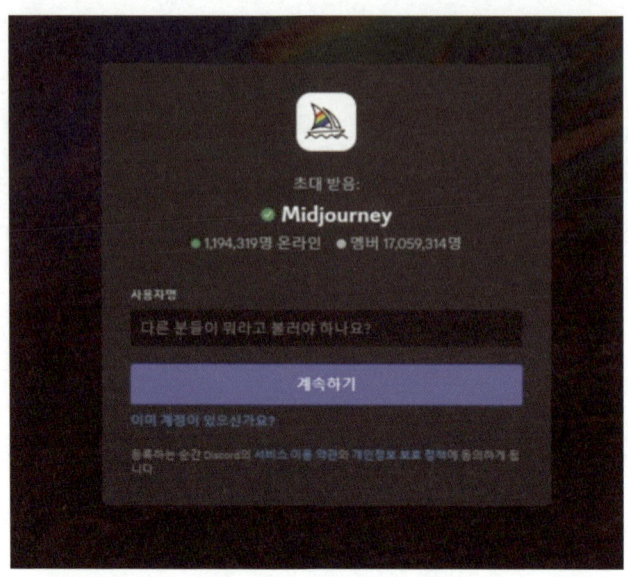

로봇이 아닙니다 클릭. 사람임을 인증하는 절차입니다.
이어지는 메세지에 맞는 답을 클릭합니다.
이메일 인증까지 완료하면 가입 완료입니다.
돛단배 모양의 아이콘 클릭 합니다.
newbies라고 써있는 방으로 입장 합니다.

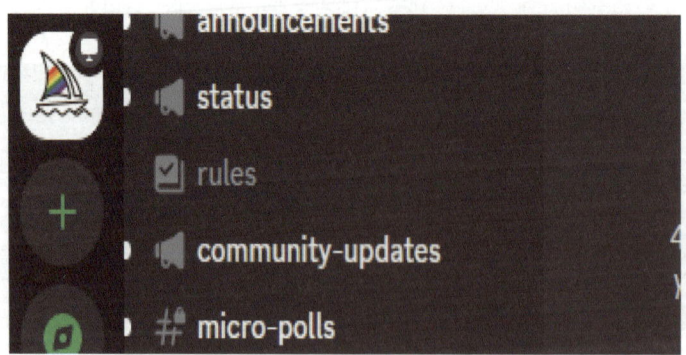

맨 아래 입력창에 /Subscribe 입력하고 창이 뜨면 네-Subscrib버튼 클릭해

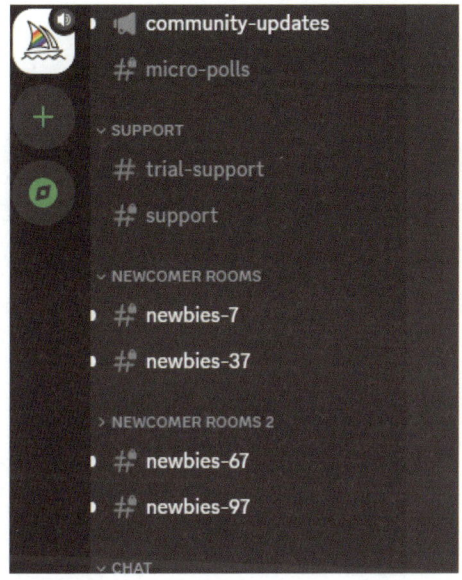

서 결제 완료 하세요.

다시 newbies 방에 입장합니다. 아무방이나 입장 하셔도 됩니다.

다음은 여러분이 만들고 싶은 이미지에 대한 아이디어를 생각해 보세요. 그리고 그 아이디어를 몇 마디의 단어로 정리해 미드저니에 입력하면, 마치 마법처럼 여러분이 상상한 이미지를 만들어 줄 거예요.

2. 컬러링 북에 적합한 이미지 생성 방법

컬러링 북을 만들 때는 몇 가지를 생각해야 해요. 우선, 이미지가 너무 복잡하지 않고, 색칠하기 좋은 형태를 가지고 있는지 확인해야 해요.

또한, 이미지에는 선명한 선들이 있어야 하며, 색칠할 공간이 충분해야 해요.

미드저니에 요청할 때, "단순한 선으로 된", "컬러링 북에 적합한"과 같은 단어를 사용하여 이미지를 요청하면, 색칠하기 좋은 이미지를 얻을 수 있습니다.

3. 이미지 품질 개선 팁

1) 세부 사항 조정

미드저니로 만든 이미지가 마음에 들지 않을 때는, 요청하는 문구에 세부 사항을 조금씩 바꿔보세요. 예를 들어, "더 밝은", "더 단순한" 등의 단어를 추가하거나 변경해 보세요.

2) 이미지 해상도

더 높은 해상도의 이미지가 필요하다면, 이미지 생성 요청 시 "고해상도" 또는 "프린트용"이라고 명시할 수 있어요. 이렇게 하면, 인쇄할 때도 선명한 이미지를 얻을 수 있어요.

3) 편집 도구 사용

만약 이미지의 일부분을 조정하고 싶다면, 기본적인 그래픽 편집 도구(예: 포토샵, GIMP)를 사용해 이미지를 손질할 수 있어요. 예를 들어, 선을 더 굵게 하거나, 일부분을 지우는 작업을 할 수 있어요.

미드저니를 사용해서 만든 이미지는 여러분만의 독특한 컬러링 북으로 변신할 수 있어요. 이 과정을 통해, 여러분은 창의력을 발휘하고, 동시에 새로운 기술도 배울 수 있을 거예요. 시작해 보세요, 여러분만의 멋진 컬러링 북을 만들 수 있을 겁니다!

그럼 컬러링 북을 만들기 위해 프롬프트를 입력해 보겠습니다.

맨밑 입력창에 /imagine 입력 하시면, 뒤에 prompt 라는 글자가 뜨게됩니다. 그럼 글자를 클릭하시거나 엔터를 클릭하시면 prompt 뒤에 커서가 깜빡이는 곳에 프롬프트를 입력하시면 됩니다.

요즘은 성인들도 컬러링 북을 많이들 합니다. 그래서 성인을 위한 컬러링 북 프롬프트를 먼저 입력해 보도록 하겠습니다.

성인을 위한 컬러링 북을 만들기 위한 기본 프롬프트 입니다.( )안의 프롬프

adult coloring pages, (lost dream girl, moonlight magic), cartoon style, bold lines, low detail, no shading, full body shot, full body shot- -ar 2:3

트만 원하는 이미지를 적용해서 바꾼다음 이미지를 만들 수 있습니다. 꽃, 동물, 자연등 자신이 좋아 하는 이미지를 만들면 됩니다.

그럼 다음은 아이들을 위한 컬러링 북 프롬프트 입니다.
이 또한 ( ) 안에 프롬프트만 바꿔서 계속해서 이미지를 만들 수 있습니다. 아

kids coloring pages, (tiger), cartoon style, bold lines, low detail

이들이 좋아하는 이미지를 만들어 컬러링 북을 만들면 됩니다. 공룡이나 동물을 만들면 인기가 좋습니다.

컬러링북 상업적 이용을 위한 절차와 팁 3가지

1. 미드저니와 같은 유료 툴의 상업적 이용 조건

미드저니와 같은 AI 이미지 생성 툴을 상업적으로 이용하려면, 먼저 해당 툴의 이용 조건을 정확히 확인해야 합니다.

대부분의 툴은 개인적 용도와 상업적 용도에 따라 사용 조건이 다르며, 상업적 이용 시 추가 비용이 발생할 수 있습니다. 또한, 특정 콘텐츠에 대한 사용 제한이 있을 수 있으므로, 서비스의 이용 약관을 주의 깊게 읽어보세요.

2. 저작권 및 사용권에 대한 이해

AI를 통해 생성된 이미지는 복잡한 저작권 이슈를 가질 수 있습니다. 일반적으로 AI로 생성된 이미지의 저작권은 AI를 운영하는 회사가 소유할 수도 있고, 사용자에게 일정 부분 권리가 주어질 수도 있습니다.

상업적 이용 전에는 해당 이미지의 저작권 상태와 사용이 가능한 범위를 확인해야 합니다. 필요한 경우, 저작권 전문가의 조언을 구하는 것이 좋습니다.

3. 수익화를 위한 법적 고려사항

상업적 이용을 목적으로 AI 생성 이미지를 사용할 때는 몇 가지 법적 고려사항을 염두에 두어야 합니다.

1) 라이선스 계약 확인

사용하는 AI 툴의 라이선스 계약을 확인하여 상업적 이용이 허용되는지, 추가 비용이 필요한지 파악하세요.

2) 저작권 침해 방지

AI가 창조한 이미지가 타인의 저작권을 침해하지 않도록 주의해야 합니다. 특히, 유명한 작품이나 캐릭터를 모방한 이미지는 문제가 될 수 있습니다.

3) 상표권과 초상권 존중

이미지에 특정 상표나 인물이 등장하는 경우, 상표권이나 초상권 침해가 되지 않도록 주의해야 합니다. 필요한 경우, 상표권자나 인물로부터 사용 허가를 받아야 합니다.

4) 법적 조언 구하기

상업적으로 이미지를 사용하기 전에 법적 조언을 구하는 것이 안전합니다. 법적 복잡성을 이해하고 문제가 발생할 경우 대응할 수 있도록 도움을 받는 것이 중요합니다.

이러한 절차와 팁을 따름으로써, 미드저니와 같은 AI 툴을 사용하여 생성된 이미지를 상업적으로 이용하면서 발생할 수 있는 법적 문제를 최소화할 수 있습니다. 상업적 이용을 고려할 때는 항상 신중하게 접근하고, 필요한 모든 법적 요구 사항을 충족시키는 것이 중요합니다.

컬러링북 출판 플랫폼 이해하기

컬러링 북의 출판과 마케팅은 창작자가 자신의 작품을 대중에게 소개하고 수익을 창출하는 중요한 단계입니다. 현대의 기술과 플랫폼은 이 과정을 더욱 쉽고 접근 가능하게 만들어 주었습니다.

1. 부크크 사용법

부크크는 개인 출판을 위한 인기 있는 플랫폼 중 하나입니다. 이 플랫폼을 사용하면 디자인, 레이아웃 설정, 출판, 판매까지 전 과정을 한 곳에서 처리할 수 있습니다. 부크크를 통해 컬러링 북을 디지털 형식이나 인쇄본으로 출판할 수 있으며, 부크크의 온라인 스토어를 통해 직접 판매할 수도 있습니다. 또한 부크크를 통해 교보, 북센, 예스24, 알라딘 등의 온라인 서점으로 입점이 됩니다.

부크크는 구글에서 검색후 네이버및 카카오톡으로 간편 가입이 가능합니다.

책 만들기 클릭 합니다.

종이책 만들기 클릭 합니다.

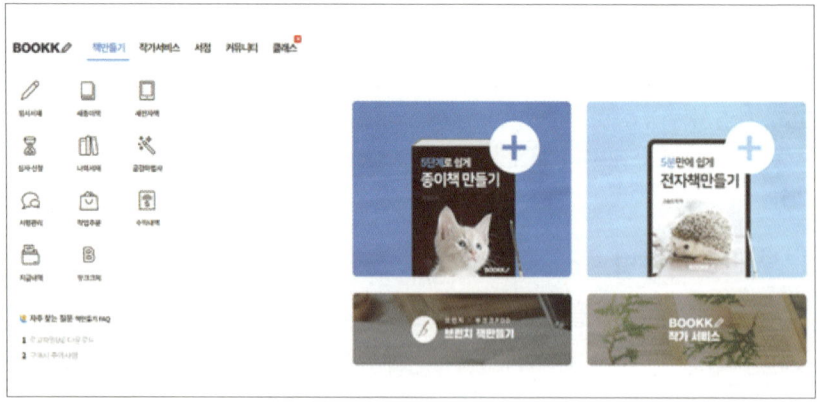

종이책의 규격과 장수, 가격, 원고 등록등 순서대로 컬러링 북pdf파일을 업로드 합니다.

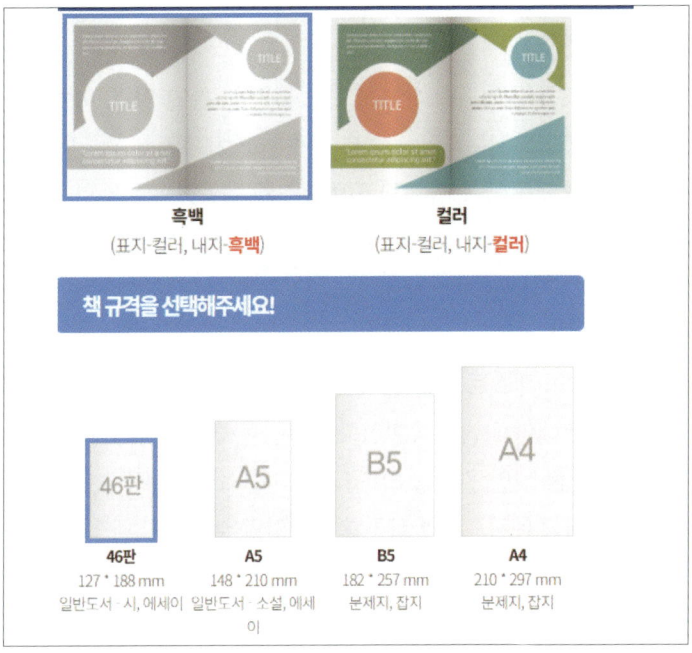

2. 플랫폼 선택 기준

출판 플랫폼을 선택할 때는 사용의 용이성, 수수료 구조, 배포 범위, 마케팅 지원 등을 고려해야 합니다. 부크크 외에도 아마존의 Kindle Direct Publishing (KDP)나 Lulu와 같은 다른 플랫폼도 고려해볼 수 있습니다.

 ## 수익 창출을 위한 컬러링북 온라인 판매 노하우 4가지

1. 소셜 미디어 활용

인스타그램, 페이스북, 트위터와 같은 소셜 미디어 플랫폼은 컬러링 북의 시각적 내용을 공유하기에 이상적입니다. 작품의 예시, 제작 과정, 사용자 리뷰 등을 정기적으로 게시하여 관심을 유도하고, 해시태그를 사용하여 더 넓은 대중에게 도달하세요.

2. 이메일 마케팅

이메일 뉴스레터를 통해 구독자에게 최신 출판물, 특별 할인, 이벤트 정보 등을 제공하면 고객과의 지속적인 관계를 구축하고 재구매를 유도할 수 있습니다. 구독자 목록을 구축하고, 개인화된 콘텐츠를 제공하여 독자의 관심을 끌어 보세요.

3. 콘텐츠 마케팅

블로그, 유튜브, 팟캐스트 등을 통해 컬러링과 관련된 유익한 콘텐츠를 제작하면, 컬러링 북에 대한 관심을 유발하고 전문성을 드러낼 수 있습니다. 예를 들어, 스트레스 해소를 위한 컬러링 팁, 컬러링 기법 소개, 컬러링 북 작품 공모전 개최 등을 통해 대상 독자층과의 교류를 활성화할 수 있습니다.

수익 창출을 위한 판매 전략 및 팁

a) 다양한 판매 채널 활용

온라인 스토어, 개인 웹사이트, 소셜 미디어 마켓플레이스, 오프라인 서점 및 아트 페어 등 다양한 판매 채널을 통해 컬러링 북을 판매하세요. 여러 채널을 통해 제품을 판매하면 도달 범위를 확장하고 판매 기회를 늘릴 수 있습니다.

b) 할인 및 프로모션

신규 출시 기념 할인, 계절별 프로모션, 번들 패키지 등 다양한 마케팅 전략을 활용하여 구매를 유도하고, 판매량을 증가시킬 수 있습니다. 또한, 충성도 높은 고객을 위한 특별 할인이나 리워드 프로그램을 마련하여 장기적인 고객 관계를 구축하세요.

c) 고객 피드백 및 리뷰 활용

고객 피드백과 리뷰는 컬러링 북의 품질을 개선하고 신뢰도를 높이는 데 중요합니다. 구매 후 리뷰를 남길 것을 권장하고, 긍정적인 리뷰는 마케팅 자료로 활용하세요. 또한, 부정적인 피드백에는 적극적으로 대응하여 문제를 해결하고 고객 만족도를 높이는 기회로 삼으세요.

컬러링 북의 출판과 마케팅은 창의력과 전략적 계획이 필요한 과정입니다. 위의 전략들을 통해 컬러링 북을 성공적으로 시장에 출시하고, 꾸준한 수익을 창출해 나갈 수 있을 것입니다.

첫 시작은 부크크에서 단 1권의 판매를 목표로 하셔도 좋습니다. 어 진짜 되네 하실 테니까요.

인공지능 콘텐츠 트렌드

1인 미디어를 위한
인공지능콘텐츠 30일 완성가이드

초보자도 쉽게 따라하는 AI 콘텐츠 제작 로드맵

Part 10

교사들의 업무효율을
10배 높여주는 인공지능

전명희

"미래를 준비하는 교육자는 오늘의 지혜를 학생들과 나누고, 내일의 가능성을 함께 창조한다."

20년 동안 교육기관에서 커리큘럼 기획 일을 하며 다양한 교육을 경험했습니다. 1인 기업을 위한 공부를 하며 책을 출간했고 인공지능에 관심이 커지며 인공지능 콘텐츠 작가가 되었습니다. 저는 교육자 또는 지식창업을 하는 사람들에게 교육 분야에서 전문성을 개발하고 교육을 효과적으로 전달할 수 있는 인공지능 사용법에 대해 널리 알려주고 싶은 마음에 책을 쓰기 시작했습니다.

이 책을 통해 인공지능이 교육 분야에서 교육자의 업무 효율성을 어떻게 향상할 수 있는지 그리고 그 방법을 교육자와 공유하며 좀 더 나은 교육비즈니스를 할 수 있도록 연구하고 강의합니다.

- 맘더브랜딩스쿨 대표 / 글로담다 대표
- 한국미디어창업뉴스 취재기자
- 1인기업온라인강사1급 (2023, 한국미디어창업연구소)
- 인스타비즈니스전문가1급 (2023, 한국미디어창업연구소)

CONTENTS

인공지능, 왜 교사에게 필요할까?   335

교사의 바람직한 인공지능 활용법 5가지   337

교육 커리큘럼 기획, 평가를 위한 인공지능 사례(1)   339

시각적 학습 자료를 위한 인공지능 사례(2)   348

커뮤니케이션 업무 활용을 위한 챗GPT 활용   350

인공지능으로 열어가는 미래 교육   353

교사들의 인공지능 프롬프트 활용 Tips   355

인공지능, 왜 교사에게 필요할까?

"수업 준비에, 공문 처리에, 애들 상담에, 이게 다 뭐야."
"교사가 되면 수업만 하면 되는 줄 알았는데, 생각보다 할 일이 너무 많아요."
- 블랙독 드라마 중에서(2019)

2019년 tvN에서 방영된 드라마 블랙독의 주인공은 기간제 교사로 교사의 업무 부담이 크다는 것을 간접적으로 표현했습니다. 드라마의 대사는 현실을 그대로 대변해 주는 듯합니다.

교사는 단순히 교육만 하는 직업이 아닙니다. 교사는 수업 관리자, 교육자, 행정가 등 여러 가지 역할로 해야 할 일이 너무 많습니다. 저는 20년 동안 사교육 기관과 교육 관련 협회에서 일을 했습니다.

공교육과 동일한 기준으로 비교할 수 없지만 학생들을 교육하는 목적으로 볼 때 공감하는 부분이 많습니다. 커리큘럼 기획, 교육 과정 계획, 학부모 상담, 학생 상담, 학년별 평가, 학년별 시험, 행사기획 등 근무 시간 동안 마음 편하게 휴식 시간을 갖기 어려운 시스템입니다.

최근 인공지능 활용은 트렌드가 되면서 교육자들에게 꼭 필요한 도구가 되고 있습니다. 교사는 다양한 플랫폼의 인공지능 사용법을 익힘으로 방대한 교육 자료를 수집하여 기획할 수 있습니다.

이는 교사의 업무 시간을 줄이면서 교육효과를 높일 수 있는 장점이 있습니다. 이제는 인공지능 사용 유무에 따라 교육자가 미래 교육 트렌드에 맞춰 나가는지 알 수 시대가 되었습니다.

2022년 이후 인공지능이 우리의 삶 속에 들어오면서 교육 현장에서도 많은 변화를 가져왔습니다. 월트 가족 재단이 2023년 3월에 발표한 내용에 따르면 교사들은 수업 계획을 세우고 수업을 위한 창의적인 아이디어를 창출하기 위해 OpenAI의 ChatGPT를 사용한다고 했습니다.

인공지능 도입 후 두 달 이내에 교사의 51%가 ChatGPT를 사용한다고 보고 했으며, 40%는 일주일에 한 번 이상 사용하고 있다고 했습니다. 물론 외국 교사들의 사용 빈도에 대한 분석이지만 인공지능을 활용하는 교사가 점점 많아지고 있다는 것을 알 수 있습니다.

인공지능(AI)은 교육 분야에서 교육자의 업무 효율성을 높이는 중요한 역할을 하고 있습니다. 다음은 AI 인공지능이 다양한 교사의 업무에 많은 부분을 지원하고 있음을 알 수 있는 내용입니다.

개인화된 학습 자료 제공 : AI는 학생들의 학습 능력과 관심사에 맞춰 개인화된 학습 자료를 생성하고 추천합니다. 이를 통해 교사는 학생들의 학습 수준과 관심사를 파악하여 맞춤형 학습 자료를 제공할 수 있습니다.

자동화된 평가 및 피드백 : AI는 학생들의 과제와 시험을 자동으로 평가하고 피드백을 제공할 수 있습니다. 교사는 평가와 채점하는 시간을 절약할 수 있으며 학생들에게 맞춤형 피드백을 제공하여 학습 효과를 높입니다.

효율적인 수업 계획 : AI는 수업 계획과 교육 자료 준비를 도와 교사가 더 창의적이고 효과적인 수업을 설계할 수 있도록 지원합니다. 수업 계획을 자동으로 생성하고 교육 자료를 자동으로 수집하며 학생들의 학습에 필요한 자료를 추천합니다.

행정 업무 자동화 : 출석 관리, 성적 입력 등의 반복적인 행정 업무를 AI가 처

리함으로써 교사는 교육에 더 많은 시간을 할애할 수 있습니다. 출석 관리를 자동으로 처리하고 또한 학생들의 성적 입력을 자동으로 처리할 수 있습니다.

학생 성취도 모니터링 : AI는 학생들의 학습 진도와 성취도를 지속적으로 모니터링하여 교사는 학생에게 필요한 지원을 제공할 수 있습니다. 학생들의 학습 진행 상황을 실시간으로 파악하고, 학생들의 성취도를 분석하여 맞춤형 지원을 제공합니다. 학생들의 학습에 대한 피드백을 제공하여 학생들의 학습 효과는 향상됩니다.

교육 자료의 효율적 관리 : AI는 대량의 교육 자료를 분석하고 관리하여 교사가 필요한 자료를 쉽게 찾고 활용할 수 있도록 합니다. 또한 분석한 교육 자료를 자동으로 분류하고, 학생들의 학습에 필요한 자료를 추천합니다.

이러한 AI 기술은 교사의 업무 부담을 줄일 뿐만 아니라 이를 적극적으로 활용하여 학생들의 학습 효과는 향상되고, 미래 교육 트렌드에 대비할 수 있습니다.

교사의 바람직한 인공지능 활용법 5가지

인공지능 기술의 발전은 교육 방식에 혁신적인 변화를 가져오고 있습니다. 이에 따라 교사들은 변화하는 교육 트렌드에 발맞추어 인공지능 학습을 선택이 아닌 필수로 여겨야 합니다.

그러나 일각에서는 인공지능 기술의 발전이 교사의 역할을 축소시키고, 그 의미를 퇴보시킨다는 부정적인 시각을 가지고 있습니다. 더 나아가, 인공지능을 활용한 잘못된 학습 내용이 학생들의 창의성과 문제 해결 능력을 저해할 수 있다는 우려도 제기됩니다.

인공지능이 정해진 알고리즘에 따라 문제를 해결하는 방식 때문에, 학생들이 다양한 문제를 해결하는 데 있어 제한적일 수 있다는 지적입니다. 그럼에도 불구하고, 인공지능이 급속도로 전문화되어 가면서 이를 전문적인 도구로 적절히 활용할 경우 단점을 넘어 장점이 훨씬 더 크다는 것은 명백합니다.

따라서 인공지능 시대에 교육자의 역할은 매우 중요합니다. 교육자는 진화하는 인공지능에 단순히 의존하기보다 효과적인 도구로 학습의 다양한 정보를 습득하고 커리큘럼을 기획하는 등 교육의 기존 교수법을 변화시키며 교사의 전문성을 개발해야 합니다.

쏟아지는 인공지능 플랫폼을 무분별하게 받아들이기보다 교육의 효율성을 높이는 인공지능이 무엇인지 공부해야 합니다. 이미 세상 속에 나온 인공지능에 대해 알아야 무엇이 좋은지 안 좋은지 구별할 수 있기 때문입니다.

하루하루가 갈수록 교육은 계속 변화하고 있으며 기계와 인공지능 기술 또한 끊임없이 진화하고 있습니다. 이러한 변화 속에서 교육자들은 자신의 지식과 디지털 능력을 꾸준하게 업그레이드해야 합니다.

대화형 인공지능이 등장하면서 영어를 하지 않아도 의사소통에 문제가 없을 거라는 의견이 있었습니다. 그렇다면 학생들은 영어를 배울 필요가 없을까요? 그리고 영어 교사의 필요성은 사라지는 것일까요?

이러한 질문에 '아니요'라고 답합니다. 영어는 단순히 언어 자체를 배우는 것이 아닙니다. 또한 영어 교사는 언어 지식 전달을 넘어 학생의 전반적인 학습 과정을 지도하고 동기를 부여하며 학습 효과를 높이는 데 중요한 역할을 합니다.

따라서 교육자는 일방적인 지식 전달이 아닌 교육의 본질을 더욱 주목하며 인공지능에 대해 지속적으로 학습해야 합니다. 미래 교육을 위해 교육자가 인공지능을 꾸준히 공부해야 하는 이유는 무엇일까요? 그 이유는 다음과 같습니다.

첫째, 학습 방법의 새로운 전략을 세울 수 있습니다. 인공지능 기술은 개별 학습자의 필요와 성향, 능력에 맞춘 맞춤형 교육을 가능하게 합니다. 이를 통해 교육자는 더 효과적인 교육 방법을 개발하고 적용할 수 있습니다.

둘째, 학생의 기술 이해와 미래 준비를 할 수 있습니다. 인공지능은 미래 교육의 중요한 요소가 될 것입니다. 교육자가 이 분야에 능숙해진다면 학생을 미래 사회에 필요한 기술과 지식을 준비시키는 데 도움을 줄 수 있습니다.

셋째, 인공지능은 창의적인 문제 해결 능력을 강화하는 데 도움을 줄 수 있습니다. 복잡한 문제 해결에 있어서 새로운 접근 방식을 제공함으로써 교육자는 학생들에게 창의적이고 비판적인 사고방식을 가르칠 수 있습니다.

넷째, 인공지능의 발전은 직업윤리 및 사회적 책임에 대한 교육을 촉진합니다. 인공지능 기술이 가져올 수 있는 윤리적 및 사회적 문제에 대한 이해와 교육은 학생들이 미래 사회의 책임 있는 구성원으로 성장하는 데 필요합니다.

결론적으로, 인공지능 기술은 교사들이 학생들을 더 잘 이해하고 지원할 수 있도록 도와주는 역할을 하지만 교사의 교육적 전문성은 여전히 교사의 역할에서 중요한 부분을 차지합니다.

교육 커리큘럼 기획, 평가를 위한 인공지능 사례(1)

챗GPT는 OpenAI 회사에서 개발한 인공지능 도구입니다. 언어를 통해 챗봇과 대화를 통해 정보를 얻는 방법입니다. 따라서 챗GPT에게 교육자가 원하는 정보를 얻기 위해서는 Prompt(명령어)를 정확하게 입력해야 합니다. 다음은 프롬프트를 입력할 때 교사가 고려해야 할 사항입니다.

주제나 관련 키워드를 명확하게 사용합니다.
현재 논의하고자 하는 주제나 관련 키워드를 구체적으로 사용하여 챗GPT가 주제의 맥락을 정확히 파악할 수 있도록 합니다.

단순하게 작성합니다.
메시지는 의사소통의 도구로서, 너무 복잡한 문장이나 구조를 사용하지 않고 챗GPT가 이해하기 쉬운 형태로 짧게 입력합니다.

예시를 포함합니다
프롬프트에 구체적인 예시를 포함시키면, 의도를 더 명확히 전달할 수 있어 챗GPT가 요청에 부합하는 정확한 내용을 작성합니다.

다양한 질문 형식을 시도합니다
대한 결과를 얻지 못했을 경우, 목표에 도달할 때까지 다양한 질문 형식이나 다른 방식의 질문을 반복해서 작성합니다.

1. 챗GPT 교육 커리큘럼 기획하기 (https://chat.openai.com)

교육 현장에서 챗 GPT 프롬프트 입력하는 방법은 아래와 같습니다.
과학 교육 커리큘럼에 대한 기획할 경우는 다음과 같습니다.

- 페르소나를 부여합니다. [역할 부여]
- 학습자에게 제공하고자 하는 내용의 주제 또는 목표를 작성합니다. [목표 또는 주제]
- 학습자의 연령 또는 학년을 작성합니다.[대상]
- 교육자가 원하는 형식을 작성합니다. [포멧 선정]

위의 예시와 같이 프롬프트를 작성할 때 교사는 명확하고 구체적인 정보를 제

[프롬프트 예시]
너는 초등학교 교사야 (역할)
환경을 주제로 수업을 하려고 해 (주제)
환경에 대한 주제 중 재생 가능한 것과 불가능한 것에 대해 배울거야 (목표)
5학년 초등학생을 대상으로 수업을 해 (대상)
수업 계획서를 작성해줘 (포멧)

공해야 합니다. 예를 들어, '환경에 대한 수업 계획서를 작성해줘'라고 단순히 명령하면, 결과물이 일반적이거나 특정 수업 수준에 적합하지 않을 수 있습니다. 이는 대상 학년이 명시되지 않았기 때문입니다.

원하는 결과물이 나오지 않았다면 실망하지 않아도 됩니다. '위의 주제로 초등 5학년 대상으로 다시 작성해줘'와 같이 더 구체적인 정보를 추가하여 AI와의 대화를 이어나가면 됩니다. 챗GPT는 단순한 검색 도구가 아니므로, 교육자가 자신의 아이디어와 키워드를 정확하게 전달하는 것이 중요합니다.

교육자가 원하는 내용의 결과물을 얻지 못했을 때, 프롬프트를 수정하는 방법이 있습니다. 입력한 프롬프트 다음 줄에서 연필 모양 아이콘을 찾을 수 있습니다. 이 연필 모양을 클릭하면 작성한 프롬프트에 커서가 생기며 수정할 수 있게 됩니다.

아래쪽에는 'Save&Submit'과 'Cancel' 버튼도 함께 보이게 됩니다. 교육자는 프롬프트를 수정한 뒤 'Save&Submit'을 클릭합니다. 이렇게 하면 클릭과 동시에 수정한 프롬프트에 따라 결과물이 갱신되는 것을 볼 수 있습니다.

다음은 창의적인 글쓰기에 대한 아이디어를 얻고자 하는 프롬프트입니다. 학

생뿐 아니라 성인에 이르기까지 글쓰기는 사고의 확장에 중요한 요소 중 하나입니다. 하지만 글을 쓰려고 하면 막막함을 느끼는 것은 누구나 경험할 수 있습니다.

교육자가 학생들에게 좋은 주제에 대해 글을 쓰도록 지도하는 것도 교사의 역할입니다. 아래는 글쓰기에 대해 창의적 아이디어를 얻고자 하는 프롬프트입니다.

[프롬프트 예시]
5학년 초등학생에게 환경에 대한 주제로 공부를 할거야. 학생들이 수업 후 자신의 이야기를 주제로 글쓰기를 할 거야. 환경 주제에 맞는 이야기로 공감을 얻을 수 있는 이야기를 작성해줘. 아래의 내용으로 초등학생이 영감을 받을 수 있는 이야기를 써줘. 그리고 그 이야기를 바탕으로 글쓰기 수업 계획안도 작성해줘
 주제: 환경
 내용: 환경 보호를 위한 재활용 프로그램
 목표: 환경을 위해 내가 할 수 있는 일들을 이야기로 작성할 수 있다.

챗GPT 사용 시 주의할 점 중 하나는, 자신이 전달하고자 하는 내용을 입력창에 한 줄로 연속해서 작성하지 않고, 위의 예시처럼 구조적으로 나누어 작성하는 경우입니다. 내용을 모두 작성하기 전, 습관적으로 줄 바꿈을 하기 위해 엔터키를 누르면 바로 실행되어 버립니다.

따라서 내용을 아직 다 작성하지 않았고 다음 줄로 넘어가고 싶을 때는 [shift 키]를 누른 상태에서 [enter 키]를 누릅니다. 이 방법을 사용하면 명령어를 여러 줄에 걸쳐 작성할 수 있습니다.

2. 구글 Gemini를 통한 커리큘럼 기획 (https://gemini.google.com/app)

구글은 지난해 Bard 인공지능을 출시하여 전 세계 사람들에게 사용법을 소개했습니다. 최근에는 Bard를 Gemini로 이름을 변경하였습니다. Gemini는 전 세계 230여 개 국가 및 지역에서 40개 이상의 언어로 서비스를 제공합니다. Gemini도 교육자들이 커리큘럼을 기획하는 데 큰 도움을 줄 수 있습니다.

위의 프롬프트에 대한 표 형식의 결과물이 나온 후 프롬프트에 '일반 동사 사

[프롬프트 예시]
아래 내용을 바탕으로 영어문법 수업계획안을 테이블(표)로 작성해줘.
목표: 일반동사의 사용법에 대해 안다.
시간: 40분
대상: 초등 5학년
교육내용: 일반동사, 일반동사 사용법, 일반 동사 사용예시문장, 실습문장

용법에 대해 설명해줘' 라고 명령어를 작성하면 수업 내용에 대해 자세한 결과물이 작성됩니다.

구글 Gemini의 주요 장점 중 하나는 생성된 표 형식의 결과물을 구글 Sheets로 직접 내보낼 수 있다는 것입니다. 결과물 아래 위치한 [구글 Sheets로 내보내기] 버튼을 클릭하면 엑셀로 바로 정리되어 출력됩니다. 이후에는 엑셀에서의 결과물을 복사하여 MS 워드로 표 형식 그대로 이동합니다. 이를 통해 나머지 결과물에 대한 수정도 쉽게 진행할 수 있습니다.

Gemini도 프롬프트를 수정할 수 있습니다. 자신이 입력한 프롬프트 옆에 있는 연필 아이콘을 클릭하여 원하는 프롬프트로 삭제하거나 수정할 수 있습니다.

3. 커리큘럼 기획부터 교육 자료, 요약, 평가까지 한번에 해결 (https://app.alayna.us)

Alayna ai는 교사들이 수업을 준비하고 진행하는 데 도움을 주는 인공지능 기술입니다. 이 AI 플랫폼은 교육 표준을 기반으로 교사들이 수업 커리큘럼을 효율적으로 기획하고 구성할 수 있도록 지원합니다.

Alayna는 다양한 학습 활동 및 퀴즈를 제안하고 학생들의 학습 수준과 필요에 따라 맞춤형 교육 자료를 생성합니다. 이를 통해 교사들은 효율적으로 학생들의 학습 경험을 개선하고 교육의 질을 향상 시킬 수 있습니다. Alayna는 교사들의 업무 부담을 줄이고 학생들의 학습 성과를 최적화하기 위한 도구로 활용할 수 있습니다. Alayna는 14일 동안 무료로 사용하며 20개 무료 채팅을 할 수 있습니다.

Alayna 인공지능 사용 방법은 다음과 같습니다.

a) 시작방법
- 크롬에 접속하고, https://app.alayna.us 사이트에 접속하거나 구글 검색창에 alayna ai 입력합니다.
- 사이트에 접속한 다음 무료 회원가입을 합니다. 또는 구글 계정으로 로그인합니다.
- Alayna 웹사이트에 접속하여 로그인합니다.

b) 수업 계획
Alayna는 수업을 위한 커리큘럼을 기획하는 데 도움을 줍니다. 교사는 원하는 학습 목표 및 주제를 설정하고, Alayna가 제안하는 활동 및 자료를 참고하여 수업 계획을 작성합니다.

c) 교재 및 자료 제작
Alayna는 교사가 사용할 교재나 학습 자료를 생성할 수 있도록 도와줍니다. 교사는 학습할 내용을 입력하고 Alayna가 자동으로 적절한 자료를 생성합니다.

d) 학습 활동 설정

Alayna는 다양한 학습 활동을 제안하여 수업을 다양하게 만들어 줍니다. 교사는 Alayna가 제공한 활동을 선택하고 수업에 적용합니다.

e) 퀴즈 및 평가

Alayna는 학생들에게 퀴즈나 평가를 제공하여 학습 상태를 평가하고 학습 과정을 확인 할 수 있도록 도와줍니다.

f) 실시간 피드백

Alayna는 학생들의 학습 진행 상황을 모니터링하고, 교사에게 실시간으로 피드백을 제공하여 수업을 조정할 수 있도록 도와줍니다.

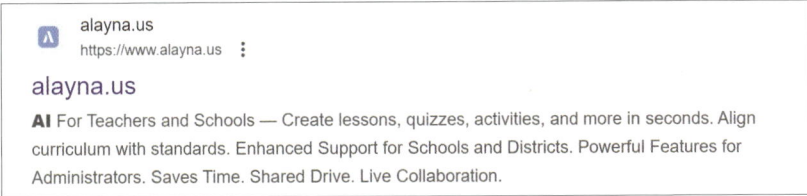

4. 수준별 교육 커리큘럼 기획 Diffit (https://web.diffit.me)

Diffit인공지능 플랫폼은 교육자가 제공하는 교육 자료에 대해 모든 학생이 학년 수준에 따라 프로그램을 개설할 수 있도록 도와줍니다. Diffit AI 사용하는 방법은 다음과 같습니다.

1) 계정 생성

Diffit 웹사이트에 접속하여 계정을 생성합니다. 구글 계정으로 로그인합니다. (Sign in with Google)

2) 학년 선택

교사는 자신이 가르치는 학생들의 학년을 선택합니다.

3) 교육 내용 입력

교사는 계획하는 내용을 프롬프트에 작성하거나 자신이 사용하는 교육 자료를 Diffit 플랫폼에 첨부할 수 있습니다. 이 자료는 학생들이 학습하는 데 사용됩니다.

4) 프로그램 기획

Diffit AI는 교사가 입력한 교육 자료를 기반으로 각 학생의 학년 수준에 맞춰 프로그램을 자동으로 기획합니다. 이 프로그램은 학생들이 학년 수준에 맞게 워크시트를 출력하여 학습할 수 있습니다.

5) 진행 및 모니터링

교사는 Diffit 플랫폼을 통해 프로그램을 진행하고, 학생들의 학습 상태를 모니터링할 수 있습니다. 필요에 따라 프로그램을 조정하거나 추가 지원을 제공할 수 있습니다.

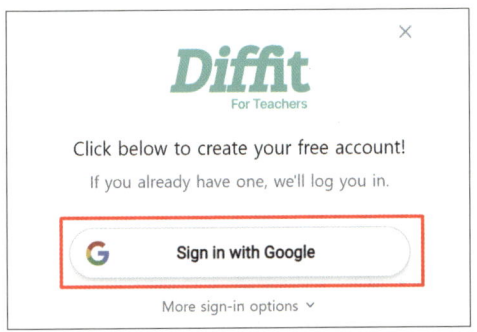

Diffit은 한글 지원이 아직 되지 않습니다. 따라서 한국어로 작성된 내용에 대해서는 영어로 결과물이 생성됩니다. 사용자는 원하는 교육 내용을 영어로 입력한 후 Generate Resources를 클릭하여 해당 카테고리에 맞는 자료를 생성할

PART10 교사들의 업무효율을 10배 높혀주는 인공지능 347

수 있습니다. 필요에 따라 한국어로 작성된 내용을 번역하여 입력한 후 결과물을 확인할 수 있습니다. 한국어지원을 원할 때 마우스 오른쪽을 클릭하여 번역을 클릭하면 화면 전체가 한국어로 표시됩니다.

결과적으로 교육자는 생성형 인공지능을 통해 교육 현장에서 커리큘럼을 기획하고 분석하는 데 많은 도움을 받고 있습니다. 하지만 AI가 정보를 제공하고 학생들의 지식 습득에 도움을 주는 것은 분명합니다.

그러나 창의성과 비판적 사고 능력을 키우는 부분에 대해서는 교사의 역량이 크게 작용합니다. 또한 아직 한국어 사용에 따라 결과물에 대한 미흡한 부분도 확인되고 있습니다. 따라서 교육자는 인공지능의 강점과 인간 능력의 조화로운 결합을 항상 점검할 필요가 있습니다.

시각적 학습 자료를 위한 인공지능 사례(2)

1. 파워포인트 발표용 자료를 위한 인공지능, Gamma (https://gamma.app)

감마는 프리젠테이션 초안을 만들 때 유용합니다. 감마는 몇 초안에 문서, 프리젠테이션을 생성함으로 시각적인 발표자료를 기획할 때 유용하게 사용할 수 있습니다. 교육 현장에서 학생들에게 수업할 자료나 학부모 설명회 등 발표 자료를 만들 때 유용하게 사용할 수 있습니다.

그 과정은 교육자들이 주제를 정하고 PPT를 만들어 달라고 프롬프트를 작성하면 몇 초안이 만들어집니다. 프롬프트를 자세하게 구조화해서 적으면 원하는 내용에 가까울 수 더 가까울 수입니다. 가입을 한 후 크레딧이 제공되고 다 소진이 되면 유료 회원으로 가입해야 합니다.

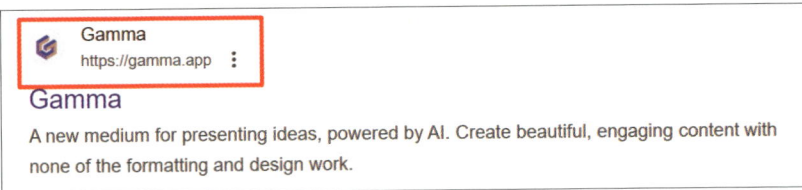

1) 구글 검색창에 Gamma ai를 입력합니다.
2) Gamma에 접속한 다음 구글 아이디로 회원 가입한 후 로그인합니다.
3) 로그인 후, <새로 만들기>를 클릭합니다.

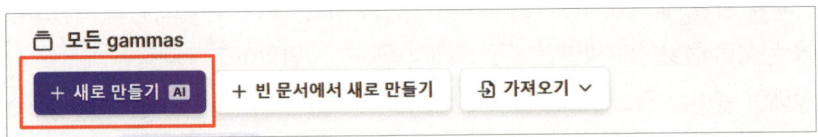

4) AI만들기에서 <생성>을 클릭합니다.

5) 교육자가 원하는 슬라이드 수와 언어를 결정합니다. 이 후 검색창에에 교육자가 정한 주제에 대해 프롬프트를 적습니다. 저는 '나비의 생명 주기'라는 프롬프트를 적었습니다. 이후 개요 생성을 클릭합니다.

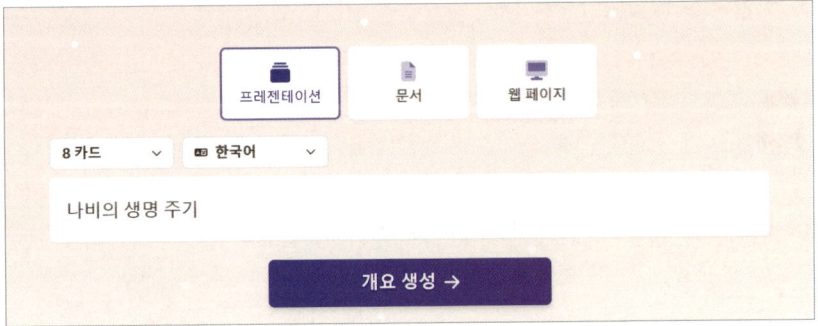

6) PPT디자인을 선택하고 <계속>을 클릭합니다.

7) 감마는 명령어에 따라 <나비의 생명 주기>에 대한 PPT를 만들어 줍니다. 교육자는 수정하고 싶은 부분을 선택한 후 수정합니다.

커뮤니케이션 업무 활용을 위한 챗GPT활용

교육자는 학생을 가르치는 일만 하는 것은 아닙니다. 수업 내용에 대한 안내, 행사 대한 안내, 수업 홍보 등 수업과 관련된 내용에 대해 학생, 학부모 또는 동료 교사들과 문서로 커뮤니케이션 합니다. 커뮤니케이션을 하는 도구는 공지사항, 이메일, 블로그 등을 사용합니다.

교육 현장 내 커뮤니케이션 문서는 기관과 가정, 학생, 학부모 등과 의사소통을 문서로 전달하는 방법입니다. 그래서 챗GPT는 명확하고 구체적인 내용을 작성해야 원하는 결과물을 얻을 수 있습니다. 역할, 목적, 대상, 내용, 어조, 포맷 등 명확한 프롬프트를 작성해야 합니다.

아래와 같은 예시로 커뮤니케이션 문서를 기획할 수 있습니다.

교육자는 회의에 대한 안내를 여러 가지 형식의 결과물을 얻기 위해 프롬프트를 작성할 수 있습니다.

[이메일 형식을 원하는 프롬프트 예시]
2024년 3월 신학기 준비에 대한 교사 회의를 하려고 해. 회의 안내에 대한 내용을 이메일 형식에 공식적인 어조로 500글자에 맞춰 작성해줘

다음은 이메일 형식이 아닌 문자 형식으로 공지 사항 전달로 바꿔서 작성할 수 있습니다.

[문자 형식의 프롬프트 예시]
2024년 3월 신학기 준비사항에 대한 회의를 하려고 해. 회의 공지사항을 200자에 맞춰 작성해줘. 핸드폰으로 보낼거야.

위의 프롬프트에 대한 결과물은 다음과 같습니다.

[긴급 공지] 2024년 3월 신학기 준비를 위한 교직원 회의가 3월 5일 오전 10시에 진행됩니다. 장소: 본관 회의실. 학사 일정, 교육 프로그램, 시설 개선 등을 논의할 예정입니다. 모든 교직원의 참석을 부탁드립니다. 준비 사항이나 의견 있으시면 사전에 알려주세요.
- [학교 이름] 교무팀

교육자는 학부모들에게 전달하는 공지사항과 가정통신문을 인공지능으로 얻을 수 있습니다.

[공지사항 프롬프트 예시]
2024년 1학년 학생 학부모들에게 보낼 공지사항을 작성해줘. 내용은 처음 학교에 입학 자녀들이 안전하고 즐거운 학교생활이 될 수 있도록 부탁하는 내용과 학교 규정에 대한 내용을 1000자 이내로 작성해줘.

[가정통신문 프롬프트 예시]
졸업식 행사에 대한 안내와 학부모 초대에 대한 내용을 가정에 보내려고 해. 아래의 내용을 바탕으로 가정통신문을 작성해줘.

제목: 제2회 행복 유치원 졸업식
일시: 2024년 2월2일
시간: 10시(1시간 30분)
내용: 참석대상, 복장과 준비물, 졸업식프로그램, 교통 및 주차정보, 기념촬영, 기타안내사항

위의 내용으로 졸업식 가정통신문을 작성했습니다. 그런데 졸업식 프로그램에 대해 좋은 아이디어를 얻기 위해 교사들은 고민할 수 있습니다. 그래서 교사는 또 다른 프롬프트를 작성할 수 있습니다. 이때 다른 교육기관의 영상을 보면 아이디어를 얻게 됩니다.

교육자는 구글의 Gemini 로 가서 '2023년 유치원 졸업식 영상을 찾아줘' 라고 프롬프트를 작성해보세요. Gemini가 유치원 졸업 YouTube 영상을 정확하게 찾아줍니다. 영상을 통해 아이디어를 얻는데 도움을 받게 됩니다.

위의 사례처럼 교육자는 챗GPT, 구글의 Gemini 등 여러 인공지능 플랫폼을 통해 자신이 원하는 결과물을 받을 수 있습니다. 다시 말하면 자신이 원하는 결과물을 얻기 위해서 다양한 인공지능 플랫폼을 찾아보고 명확한 프롬프트를 작성하면 됩니다.

인공지능으로 열어가는 미래 교육

2023년 OpenAI가 출시되었을 때, 나는 그것이 나와는 먼 이야기라고 생각했습니다. 인공지능이 무엇인지, 어떻게 작동하는지 전혀 알지 못했고, 그것이 내 삶에 어떤 영향을 미칠지 생각조차 하지 않았습니다.

하지만 시간이 지나면서 인공지능은 우리 삶에 점점 더 깊이 파고들었습니다. 인공지능으로 글을 쓰고, 그림을 그리고, 음악을 작곡하고, 심지어는 의료 진단까지 하는 등 다양한 분야에서 활용되고 있습니다. 인공지능이 인간을 대체할 수 있다는 우려도 있지만, 인간의 능력을 보완하고 발전시키는 데 도움이 될 수 있다는 것도 사실입니다.

교육 분야에서도 인공지능은 큰 변화를 일으키고 있습니다. 미래 교육은 전통적인 교육 방식을 넘어서며 학생들의 창의적 사고, 문제 해결 능력, 협력 등을 발전시킬 수 있도록 합니다. 인공지능은 이러한 미래 교육을 지원하고 지지하는 역할을 할 것입니다.

인공지능을 사용하는 과정에서 미래 교육의 인재상을 발견할 수 있습니다. 그것은 바로 생각하고 연결 짓는 능력이 있느냐는 것입니다. 인공지능을 효과적으로 사용하려면 명확한 질문을 잘해야 합니다. 질문하는 능력은 생각하는 능력을 반영하기도 합니다.

따라서 인공지능과 사람의 만남은 기술과 생각하는 사고가 만나는 것과 같습니다. 기술은 사용법만 알면 해결이 됩니다. 사용법을 익히는 데 사람마다 차이가 있을 뿐 꾸준히 배운다면 누구나 할 수 있습니다. 여기서 더 나아가 그 사용법을 얼마나 잘 활용하느냐에 따라 능력의 차이가 나고 내가 원하는 결과와 유창성을 얻을 수 있습니다.

이처럼 우리가 직면하고 있는 교육의 변화는 매우 빠르게 진행될 것이며, 인공지능은 교육 방식을 많이 변화시킬 것입니다. 이는 교사와 학생 모두에게 중요한 의미가 있습니다.

따라서 교육자는 효과적인 인공지능 활용법에 대해 배우고 학생이 AI 기반 학습 환경에서 성장할 수 있는 생각을 확장하고 훈련하는 기회를 제공해야 합니다. 이것이 바로 미래 교육에서 필요한 생각하는 힘을 기르는 과정입니다.

미래의 교육은 인공지능이 나날이 발전하는 것처럼 기술과 인간의 상호작용을 기반으로 발전할 것입니다. 인공지능은 학생들에게 더 나은 학습의 기회를 제공할 것이며, 이러한 변화에 대비하여 교육자와 학생은 적극적으로 참여하고 준비하는 것이 중요합니다.

인공지능 시대가 더 효율적이고 창의적인 교육의 패러다임으로 변화하려면 교육자의 역할이 무엇보다 중요하다고 생각합니다. 교육자는 학생들이 인공지능을 활용하여 문제를 해결하고, 새로운 아이디어를 창출하며, 창의적인 사고를 발전시킬 수 있도록 도와야 합니다.

마지막으로 인공지능은 우리 삶에 많은 변화를 가져올 것입니다. 교육 분야에서도 마찬가지로 나날이 변화하고 빠르게 진화할 것입니다. 진화하는 교육트렌드에 맞게 교육자는 인공지능을 적극적으로 활용하여 학생들에게 더 나은 교육을 제공하고, 미래 사회에 필요한 인재를 양성해야 합니다.

교사들의 인공지능 프롬프트 활용 Tips

1. 평가를 위한 프롬프트

- 5학년 대상으로 한국 전통 의복에 대한 학생들의 이해를 평가할 수 있는 질문 10개를 적어줘
- 교육 YouTube 주소를 프롬프트에 입력한 후, 영상을 주제로 질문 5개와 빈칸 채우기 질문을 만들어줘
- 분수 문제를 배우는 초4학년 학생들을 위해 연습 문제 10개 3세트를 작성해줘
- 유럽 국가의 국기 10개를 플래쉬 카드로 만들어줘

2. 교육 활동을 위한 프롬프트

- 소나기 소설을 100자로 요약해줘
- 기후 변화가 사람들의 생활에 미치는 영향 8개를 프리젠테이션 슬라이드에 작성해줘
- 이중모음과 단모음의 차이를 알려주고 해당되는 단어를 포함해서 10문장 만들어줘
- 다음 문장에서 3개의 키워드를 알려주고 3개의 키워드로 문장으로 만들어줘
- 7세 유치원 아이들에게 사람에게 해로운 바이러스에 대해 소개할 수 있도록 수업 계획안을 작성해줘
- 유치원에서 신학기에 할 수 있는 아이스브레이킹 7개를 알려줘

3. 글쓰기를 위한 프롬프트

- 문장 입력 후, 이 문장을 더 짧게 작성해줘
- 청소년들을 위한 정신 건강을 위해 핸드폰 사용을 줄여야 하는 이유를 설득력 있는 단락으로 적어줘
- 학생의 쓴 이야기를 바탕으로 스폰지 만화 스트일로 다시 작성해줘
- 중2 학생이 쓴 글을 수정하는데 사용 할 질문을 적어줘
- 유치원 아이들이 읽기 좋은 탐험에 관련된 이야기를 6개의 스토리로 적어줘

4. 그 외 업무에 필요한 프롬프트

- 학부모님에게 보낼 신학기 주의해야 할 사항에 대한 가정통신문을 작성해줘
- [필수 정보 입력] 이 내용을 바탕으로 행사 안내문을 작성해줘
- 교사들간의 상호작용을 위한 업무 템플릿을 디자인해줘
- [내용 입력] 내용을 더 정확하고 전문적인 표현을 사용해서 다시 작성해줘
- 사춘기를 학생들과 라포형성을 위한 아이디어 10개를 적어줘

위의 예시 프롬프트로 교육자는 시간을 절약하고 다양한 학습 경험을 재창조 할 수 있습니다. 교실 안에서 상황에 맞게 적절히 사용하고 변경함으로써 업무 효율을 높일 수 있습니다.

당신의 수업 준비를 위해 사용할 수 있는
인공지능 프롬프트 3개를 직접 작성해보세요.

인공지능 콘텐츠 트렌드

1인 미디어를 위한
인공지능콘텐츠 30일 완성가이드

초보자도 쉽게 따라하는 AI 콘텐츠 제작 로드맵

Part 11

AI와 함께하는 창작 여행
이젠 나도 시인

조영란

10년 경력단절의 주부, 아들을 둔 50대 엄마.
디지털 활용에 돕는 SNS활용 강사를 목표로 삼고 있던 2023년말, "OpenAI 챗GPT"를 만나고 새로운 변화가 생겼다. 앞으로의 세상은 AI를 활용, 공존해야 하는 세상, 누구나 1인 지식창업가가 될 수 있는 세상이라는 생각에 챗GPT를 활용하여 글쓰기, 시쓰기, 요약하기, 여행 계획 짜기, 블로그 글쓰기, 동화책만들기 등 다양한 작업을 수행하였고, 프롬프트 작성, 이미지 및 영상 제작 등도 익혔다.

50대 경력단절 아줌마도 가능한 AI활용, 매일매일이 새로운 도전이었고, 이 책을 통해 많은 분들이 인공지능의 신세계를 만나시기를 바란다. 지금도 생성형 AI 기술에 대한 깊은 관심을 가지고 AI를 활용한 다양한 창작 활동과 AI아트지도사로 거듭나기 위해 노력하는 중이다.

- AI콘텐츠 교육 강사 (2024, 글로벌AI 교육협회)
- 인공지능(AI) 활용 마스터1급 (2024,뉴미디어교육연구소)
- ChatGPT 프롬프트 엔지니어 전문가 과정 수료(2024, Pepleware)

CONTENTS

시를 쓸 수 있는 생성형 AI의 종류　　　　　　　　359

시쓰기 전 워밍업　　　　　　　　　　　　　　　359

시를 쓰기 위한 기초지식 5가지　　　　　　　　　363

생성형 AI로 수준별 시 쓰는 방법　　　　　　　　364

역할부여해서 시쓰기　　　　　　　　　　　　　368

다양한 시 스타일 탐구하기　　　　　　　　　　371

시를 쓰는 것은 인간의 창의성을 표현하는 아름다운 방법중 하나입니다. 하지만 때로는 영감이 떠오르지 않거나, 적절한 단어나 문장을 찾기 어려울 때, 생성형 AI를 활용하면 시쓰기에 도움이 될 수 있습니다.

생성형 AI는 인간보다 짧은 시간 안에 수많은 시를 학습하고, 정보를 조합해 새로운 시를 생성 할 수 있습니다. 생성형 AI는 시 쓰기의 도구일 뿐이며, 인간의 창의성을 자극하고, 영감을 얻고, 도움을 줄 수 있지만 시의 감정과 의미는 인간이 결정하고 표현해야 합니다. 생성형 AI를 활용해 시를 쓰는 것은 여러분에게 새로운 경험이 될 것입니다.

시를 쓸 수 있는 생성형 AI의 종류

현재 알려진 생성형 AI는 "챗GPT", '코파일럿 (이전 Bing)", "뤼튼", "구글 Gemini" "CLOVA X" 등이 있습니다. 그 중에서도 세계적으로 가장 널리 사용되는 것은 Open AI(챗GPT)다.

챗GPT에는 무료 버전(3.5), 유료 버전(4.0)이 있고, 결과물의 차이가 날 수 있습니다.

시쓰기 전 워밍업

시쓰기와 친해지기 위한 분들은 3행시 짓기부터 해 보는 것을 추천합니다.

프롬프트 실행환경
구글 Gemin(구버전 : 구글 Bard)

짜,짱,면으로 3행시 지어줘. 3행시를 짓는다는 것은 "짜"로 시작하는 단어로 문장을 만들고, "짱"으로 시작하는 단어로 문장을 만들고, "면"으로 시작하는 단어로 문장을 만들라는 의미야. 이사나 졸업시즌이면 자주 등장하는 짜장면으로 아이들은 재미있고 어른들에게는 추억을 떠올릴 수 있는 문장으로 만들어줘. 한 문장당 15자 이내로 만들어 줘.

짜장면 3행시

짜릿한 기운 넘치는 새 출발
짱구는 행복, 꿈을 향해 나아가
면치고 펼쳐지는 찬란한 미래

구글 Gemini의 경우에는 답안1, 답안2, 답안3과 같이 제시를 해주므로 "답안 표시" 꺽쇠를 누르면 다른 답변도 보실 수 있습니다.

생성된 답변이 마음에 안든다면 다시 생성을 누르시면 새로운 답변을 얻을 수 있습니다.

짜장면 3행시

짜장면 3행시 (아이와 어른을 위한 추억 소환)

아이들을 위한 재미있는 짜장면 3행시

* 짜릿한 맛이 일품이야
* 짱구처럼 노란 면발 탱글탱글
* 면사발 비우고 후루룩

* 면사발 비우고 후루룩

어른들을 위한 추억 소환 3행시

* 짜장면 한 그릇에 행복 가득
* 짱가 시절 먹던 그 맛 그대로
* 면치기 소리에 추억이 새록새록

좀 더 다양한 짜장면 3행시 (선택 가능)
짜장면 먹고 힘내자
짱맛나는 이 짜장면
면발이 후루룩

추가 아이디어
- 특정 상황이나 계절을 활용하여 3행시를 만들 수 있습니다. (예: 겨울철 뜨끈한 짜장면, 시험 끝나고 먹는 짜장면 등)
- 짜장면과 관련된 재미있는 유행어나 속어를 활용할 수 있습니다.
- 짜장면을 좋아하는 캐릭터나 인물을 등장시켜 3행시를 만들 수 있습니다.

팁: 3행시를 만들 때는 자유롭게 상상력을 발휘하여 재미있는 문장을 만들어 보세요. 더 많은 3행시가 필요하시면 언제든지 요청해주세요!

짜장면으로 3행시 지어볼까요?

아이들을 위한 재미있는 짜장면 3행시

* 짜릿한 맛이 일품이야
* 짱구도 좋아하는 음식이지
* 면발이 후루룩 넘어가네

어른들을 위한 추억 소환 짜장면 3행시

* 짜장 한 그릇에 행복 가득
* 짱가 시절 먹던 그 맛이야
* 면치기 소리에 추억 새록새록

이사/졸업 시즌에 어울리는 짜장면 3행시

* 짜장면 먹고 힘내자
* 짱가처럼 새 출발하자
* 면처럼 길게 행복하길

다른 3행시 예시

* 짜장면은 언제 먹어도 맛있어
* 짱깨집에서 친구들과 수다 삼매경
* 면을 호로록 먹는 소리가 좋아

3행시 짓기 팁

* 짜장면과 관련된 재미있는 단어나 표현을 떠올려 보세요. (예: 면치기, 춘장, 탕수육)
* 어린 시절의 추억이나 특별한 경험을 떠올려 보세요.
* 이사나 졸업처럼 새로운 시작을 알리는 상황과 연결하여 긍정적인 메시지를 담아보세요.

3행시를 활용하는 방법

* SNS에 짜장면 사진과 함께 올려보세요.
* 친구나 가족에게 짜장면 3행시를 선물해 보세요.
* 짜장면 파티를 열고 함께 3행시를 만들어 보세요.

더 다양한 3행시를 원하시면, 좀 더 구체적인 주제나 상황을 알려주세요.

예를 들어, "짜장면을 좋아하는 동물"이나 "짜장면을 먹으며 느낀 감정" 등을 주제로 3행시를 지어드릴 수 있습니다.

시를 쓰기 위한 기초지식 5가지

시를 쓰기에 앞서 우선 여러분들이 알아야 할 기초적인 지식입니다.

- 시의 3요소 : 운율, 심상, 주제
- 시의 형식 : 정형시, 자유시, 산문시
- 시의 행 : 하나의 줄
- 시의 연 : 행이 모여 연이 되고, 하나의 의미를 형성
- 시의 표현법 : 의인법, 직유법, 은유법, 비유법, 의성법, 의태법

시를 쓰기 위한 다양한 내용이 더 있지만 기초지식만으로도 충분히 활용가능합니다.

위의 내용들을 참고해 프롬프트를 작성한다면 보다 쉽게 시를 쓸 수 있습니다.

주제별로 연속성 있는 답변을 얻고 싶다면 다른 주제로 써야 할 경우는 새채

팅창에서 생성하세요. 챗GPT와의 대화로 형성되는 답변들은 바로 내 위의 질문에만 대답을 하는 것이 아닌, 내가 앞서 제공했던 정보와 질문들을 바탕으로 답변을 제공해 주기 때문입니다.

생성형 AI로 수준별 시 쓰는 방법

간단한 프롬프를 활용해서 멋진 시를 써볼까요?

프롬프트 실행환경
챗GPT-4.0(유료)

첫 번째 시의 "주제"나 "키워드"를 정했다면 챗GPT를 이용해 질문을 하고 답변을 얻어 보겠습니다.

주제는 "그리움"이야.
시어는 바람, 모래, 할머니, 손자, 추억 5가지로 자유시를 써 줄래?

모래 위를 걷는 발걸음마다
할머니와 함께 했던 날들이 떠오르네.
바람은 할머니의 목소리를 닮아
속삭이듯 이야기해주는 듯해.

손자는 눈을 감고 듣는다.
바람 속에서 할머니의 노래를
모래알이 손가락 사이로 스며들듯
추억은 마음 깊은 곳에 자리잡네.

할머니의 이야기, 모래성을 쌓던 시간,
그 모든 순간이 바람에 실려온다.
손자의 마음은 그리움으로 가득 차
할머니와의 시간을 다시 꿈꾸네.

그리움은 바람처럼, 모래처럼,
끊임없이 변하면서도 영원히 남아.
할머니와 손자, 그 사이의 추억은
시간이 흘러도 결코 잊혀지지 않아.
바람이 불어오면 할머니를 느끼고
모래 위를 걸을 때마다 추억을 만나
할머니와의 시간은 손자의 마음속에
영원한 그리움으로 남아 있네.

두 번째, AI가 생성한 시를 읽고, 마음에 드는 부분이나 개선할 부분을 찾고 추가합니다. 예를 들어, 시의 구성, 어조, 운율, 의미 등을 추가해 볼 수 있습니다.

운율을 살려서 좀 더 애잔한 느낌으로 간결하게 써 줘.

바람 속에 할머니의 소리,
모래 위엔 걸음마다 추억이
손잡고 걷던 그 길 위에서,
손자는 그움의 노래를 부른다.

모래알처럼 흘러간 시간 속,
따스한 웃음, 온기로 가득했던

이제는 바람과 함께 속삭이네
할머니의 사랑, 손자의 마음에

애잔한 그리움 바람 되어,
모래알 사이로 스며드는 기억
영원히 마음속에 남을 추억
할머니와 손자, 시간을 넘어.

은유법과 의성법을 살려서 다시 써줘

바람은 할머니의 속삭임,
모래알은 시간의 조각들.
손자의 마음은 추억의 바다,
할머니의 웃음, 파도가 되어 부서진다.

바람의 노래, 시간을 거슬러
은유의 향기를 머금고 흘러온다.
모래 위에 새겨진 발자국, 의성법으로
할머니와의 시간을 소곤소곤 노래한다.

손잡고 걷던 그 모래사장,
이제는 추억의 섬이 되었네.
바람이 되어 돌아오는 할머니,
손자의 귓가에 영원히 속삭이네.

할머니의 사랑, 모래성처럼

시간 속에 조용히 녹아들지만,
손자의 마음속 깊은 곳에는
그리움의 등대가 되어 빛난다.

바람과 모래, 할머니와 손자,
시간을 넘나드는 추억의 선율.
은유와 의성법의 조화 속에서
그리움의 노래가 영원히 울려 퍼진다.

세 번째, 시에 어울리는 제목도 AI를 통해 만들 수 있습니다.

위의 시에 어울리는 제목 5가지 추천해 줘

1. "바람의 속삭임, 모래의 시간"
2. "추억의 바다, 할머니와 나"
3. "시간을 거슬러 온 소곤거림"
4. "그리움의 등대, 마음의 섬"
5. "영원한 노래, 손자의 기억"

시가 마음에 안 들거나 수정하고 싶은 경우에는 각 질문 프롬프트에 연필 모양을 클릭하면 프롬프트를 수정해서 생성 가능합니다. 또는 질문 프롬프트는 그대로 두고 답변의 맨아래 원모양의 화살표를 클릭하면 새로운 시를 재생성 할 수 있습니다.

 **역할부여해서 시쓰기**

챗GPT에게(AI)에게 역할을 부여해 주세요.

- 역할 부여 : 너는 지금부터 신춘문예에서 입상하고 등단한 시인이야
- 주제 선정 : AI 시화전에 참여하기 위해 창의적인 시 주제를 5가지만 추천해줘
- 시의 형식을 반영한 실질적인 프롬프트 : 시의 형태, 행과 연의 구조 명시
- 기타 : 자유시, 산문시, 정형시

프롬프트 실행환경

챗GPT-4.0(유료버전)

답변이 끊어지는 경우에는 이어서 써줘. 라고 입력하면 됩니다.

너는 신춘문예에 당선되고 입상한 시인이야.
벚꽃 잎이 흩날리는 밤에 연인과의 추억을 주제로 시를 작성해줘.
길이는 4연 12행으로 작성하고, 친근감있는 감성적인 말투로 진행해 줘.

벚꽃 잎이 흩날리는 밤, 우리 둘만의 시간
손에 손을 꼭 잡고 걷던, 그 작은 골목길
너와 나눴던 웃음, 꽃잎 사이로 스며들어
달빛 아래, 우리만의 노래가 흐르던 순간

그날 밤 공기는 따뜻했고, 벚꽃은 춤을 추었어
너의 눈동자 속에 비친, 봄밤의 향기

말하지 않아도 알 수 있었지, 이 마음의 깊이를
소중한 시간들이, 꽃잎처럼 내 마음에 쌓여갔어

별빛 아래 약속했던, 영원을 말하지 않아도
서로의 눈빛만 봐도 느낄 수 있었던 그 마법
벚꽃이 만개하는 계절마다, 너를 떠올릴 거야
우리가 함께 걷던 그 길을, 혼자 걷게 되더라도

시간이 흘러도 변하지 않을, 이 밤의 추억
벚꽃 잎이 흩날리는 밤, 너와의 소중한 순간
마음속 깊이 간직할게, 우리의 봄날을
언제나 너를 기억해, 벚꽃이 피는 그곳에서

자유시 형식으로 좀더 간결하고 은유법과 의태어를 사용해 줘

벚꽃 속삭임, 밤하늘에 흩날리며
너와 나, 그림자 두 개가 하나로
달빛 아래, 꽃잎 물결 따라가며
조용히, 우리 이야기를 써 내려갔지

손끝 터치, 별빛보다 부드럽게
봄바람, 우리 사이를 스쳐가며
은밀한 약속을 귓가에 남겨
벚꽃 아래, 영원을 꿈꾸었어

마음속 깊은 곳, 벚꽃이 피어
너의 미소, 그 꽃보다 더 아름다워
시간이 멈춘 듯, 우리만의 세계에서

봄날의 마법, 조용히 속삭여

벚꽃이 지고 나면, 기억은 먼지처럼
그러나 너와의 순간, 별빛처럼 영원히
봄밤의 꿈, 흩날리는 꽃잎처럼
가슴 속 깊이, 영원히 남아

사랑하는 연인과의 추억을 떠올릴거야. 아름다움이 묻어나는 느낌으로 다시 써줘

달빛 아래 벚꽃의 향연,
너와 내가 만든, 그림 같은 밤.
속삭이는 바람, 꽃잎의 춤,
너의 눈빛에 반짝이는 별빛 같아.

손에 닿는 온기, 꽃잎 사이로
너와 나, 서로를 비추는 빛.
이 밤, 영원히 간직하고픈
봄의 꿈, 너와 함께라 더욱 빛나.

너의 웃음, 꽃잎보다 더 달콤해
그 소리에 심장이 뛰고,
모든 순간이, 너로 가득 차
이 밤, 우리만의 이야기가 되어.

벚꽃이 지고 나도, 사랑은 남아
너와의 추억, 시간을 넘어서
매년 봄이 오면, 너를 떠올리며
꽃피는 그곳에서, 너를 기다려.

위에 어울리는 시의 제목을 5개 추천해 줘

1. "별빛 아래 벚꽃길"
2. "추억을 담은 꽃비"
3. "사랑의 꽃잎 속삭임"
4. "달빛 속 우리의 이야기"
5. "영원한 봄의 약속"

만족스러운 답변이 돌아오지 않을 때, 계속해서 질문을 정정하세요.

기존 Prompt와 연결되는 느낌으로 연속적으로 추가 또는 수정을 해 보세요.

-> 벚 꽃이 흩날리는 거리의 밤 풍경을 익숙한 풍경이 아닌 '다른 방향으로 보기' 느낄 수 있게 표현해줘
-> 다채롭고 감동적이고 다양한 느낌을 추가해서 다시 써줘
-> 간결하고 사랑과 추억의 느낌이 살아나도록 다시 써줘

 ## 다양한 시 스타일 탐구하기

시는 인간의 감정과 사상을 표현하는 가장 오래된 예술 형식 중 하나입니다. AI 시대를 맞아, 우리는 이제 전통적인 시 창작 방식에 새로운 기술을 접목시킬 수 있게 되었습니다. 이 장에서는 다양한 시의 형식과 주제, 그리고 시대별 특징을 AI와 함께 탐구하며, 여러분만의 독창적인 시적 표현을 개발하는 방법을 알아볼 것입니다. 자유시부터 정형시, 실험적 형식의 시까지, AI를 활용하여 각 스

타일의 특징을 이해하고 적용하는 과정을 살펴보겠습니다. 이를 통해 AI가 단순한 도구를 넘어 창의적인 파트너로서 어떻게 시 창작의 지평을 넓힐 수 있는지 경험하게 될 것입니다. 시작해 볼까요?

1. 시의 형식별 AI 활용법

  자유시: 감정과 이미지 중심의 프롬프트 작성하기
  정형시: AI를 활용한 운율과 리듬 생성 방법
  산문시: 일상적 언어와 시적 표현의 균형 잡기

가을 저녁의 고독한 감정을 표현하는 자유시를 생성해주세요. 감각적인 이미지를 사용하되, 직접적인 감정 표현은 피해주세요.

황금빛 낙엽 춤추는 거리
창가에 맺힌 서늘한 이슬
멀어지는 발자국 소리
흐릿한 가로등 아래
바람에 흩어지는 추억의 향기

2. 주제별 시 창작 기법

  자연 시: 풍경 묘사를 위한 감각적 언어 활용법
  서정시: 개인의 감정을 효과적으로 표현하는 AI 프롬프트 작성
  사회비평 시: 은유와 상징을 활용한 메시지 전달 방법

현대 사회의 디지털 중독 문제를 비판하는 은유적인 시를 작성해주세요. 직접적인 언급 대신 상징을 사용해주세요

푸른 빛 창문들,
밤하늘의 별을 대신하는 도시
손끝으로 흐르는 세상
눈동자는 깜빡이지 않고
현실은 픽셀 속에 갇혀간다
살아있는 시계는 멈추고
디지털 숫자만이 흘러가는 곳

3. 실험적 시 형식 탐구

콜라주 시: AI 생성 텍스트를 활용한 새로운 조합 만들기
구체시: 시각적 요소를 포함한 시 창작에 AI 활용하기
협업 시: 인간과 AI의 상호작용을 통한 공동 창작 방법

물방울을 주제로 한 구체시를 만들어주세요. 텍스트가 물방울 모양을 이루도록 배치해주세요.

떨
어지
는 빗방
울 속에 세
상이 담겨있
다 작은 우주
가 내 손바닥
위에서 춤
을 춘다

4. 시대별 시 스타일 연구

고전 시의 현대적 재해석: AI를 활용한 전통 시의 현대화

현대시의 특징 이해와 적용: 간결성, 이미지, 상징 등을 AI로 구현하기

포스트모던 시의 실험성 탐구: 언어 유희와 해체를 AI로 시도하기

도시 생활의 고독을 주제로, 간결하고 이미지 중심적인 현대시를 작성해주세요. 5행 이내로 제한해주세요.

회색 빌딩 숲
엘리베이터 속 침묵
커피 자판기 앞
혼자 서 있는 그림자
끝없이 울리는 핸드폰 벨소리

5. 개인의 독창적 스타일 개발

AI 제안을 바탕으로 자신만의 시적 언어 만들기
반복적 실험과 수정을 통한 스타일 정제 방법
피드백 수용과 지속적 학습: AI와 인간 독자의 반응 분석하기

천문학과 일상을 결합한 독특한 은유를 사용해 사랑에 대한 시를 써주세요. 과학적 용어와 일상적 표현을 혼합해주세요.

넌 내 우주의 암흑 물질
보이진 않지만 모든 걸 붙잡고 있지
부엌 식탁에 놓인 블랙홀 커피잔
오늘도 난 그 중력을 벗어나지 못해
우리의 궤도는 타원이지만
영원한 공전을 꿈꾸는 행성들처럼
난 네 주위를 맴돌고 있어

6. 다국어 시 창작 탐험

다국어 시: AI를 활용한 여러 언어 혼합 시 만들기
번역 시: 원어 시를 AI로 번역하고 재해석하는 방법
문화간 시: 다양한 문화적 요소를 AI로 결합한 시 창작하기

사랑을 주제로 한 4행시를 만들어주세요. 각 행은 다른 언어(한국어, 영어, 프랑스어, 스페인어)로 작성하되, 전체적으로 의미가 통하도록 해주세요.

사랑은 마음의 꽃, 영원히 피어나네
Love transcends all boundaries and time
L'amour nous unit, c'est notre destin
Amor, la fuerza que mueve el mundo
(한국어: 사랑은 마음의 꽃, 영원히 피어나네
영어: 사랑은 모든 경계와 시간을 초월합니다
프랑스어: 사랑은 우리를 하나로 만들어, 그것이 우리의 운명입니다
스페인어: 사랑, 세상을 움직이는 힘)

윌리엄 워즈워스의 'I Wandered Lonely as a Cloud' 첫 연을 한국어로 번역하고, 현대적인 감성으로 재해석해주세요.

I wandered lonely as a cloud
That floats on high o'er vales and hills,
When all at once I saw a crowd,
A host, of golden daffodils:
구름처럼 홀로 떠돌았네
계곡과 언덕 위로 높이 떠다니며,
그때 문득 보았다네, 무리를,
황금빛 수선화들의 군단을:
현대적 재해석:
도시의 숲에서 나는 길을 잃었네
높은 빌딩 사이를 방황하며,
그때 갑자기 마주쳤다, 군중을,
형형색색 네온사인의 물결을:

6. chatgpt 오류시 해결 방법

a) 답변이 중단되거나 산출이 안될 때
이어서 작성해줘, Keep going, Regenerate

b) 답변 오류 반복
새 대화창 생성, 혹은 재 접속

c) 최대 보낼 수 있는 메시지
3시간 마다 50개 까지 (1분이내 동일 계정에서 연달아 일을 시키면 오류 발생)

d) 네트워크 오류 발생
F5, 새로고침

e) 주의 시간
오후 10시에 오류 발생 가능성 높음(미국 뉴욕시간으로 오전 9시) 미국인 사용량 증가

f) 답변이 영어로 나올 때
한국어로 번역해줘,

커스텀 세팅에 한국어로 해줘, 대화시작 전 모든 답변은 English(한국어)로 작성해줘

인공지능 콘텐츠 트렌드

1인 미디어를 위한
인공지능콘텐츠 30일 완성가이드

초보자도 쉽게 따라하는 AI 콘텐츠 제작 로드맵

Part 12

동화와 시화 이미지를 위한 생성형 AI 활용법

채승희

　사람들은 수많은 인연을 맺으며 살아갑니다. 엄마 배에서 나와 세상의 이치를 알아 갈 때쯤, 우린 "결혼"이라는 관문을 통해 또 다른 세상에 한 걸음을 내딛게 됩니다. 저는 그 아름다운 첫걸음에 행복한 인연이 되어 드리기 위해 노력한 20년 경력의 웨딩플래너입니다. 많은 커플을 진행하며, 그들의 아름다운 관문이 설렘 가득한 감사함으로 가득 채워지도록 노력하였습니다.

　이런 시간을 보내며 저만의 세상에 이치를 알아 갈 때쯤, '인공지능'이라는 새로운 인연을 만나게 되었습니다. 이 인연은 저를 '작가'라는 또 다른 이름을 갖게 해 주었습니다. 웨딩포스터, 웨딩 대본뿐만 아니라 영상 제작, 영상/이미지 편집 그리고 동화책 제작까지 저를 '슈퍼우먼' '슈퍼 개인'이 되도록 도와준 인연! 인공지능과의 인연으로 아름다운 첫걸음을 걷고 설렘 가득한 두 번째 세 번째 걸음을 걸어 보려 합니다.

- 웨딩디렉터 채승희로 활동 중
- 서울종합예술실용학교 패션 디자인 학부 특강 "웨딩플래너란"
- 인공지능콘텐츠작가 1급(2024, 한국미디어창업연구소)

CONTENTS

동화와 시화 이미지 생성 AI 툴 소개 383

동화 이미지 제작 : AI 마법 지팡이 385

시화 이미지 제작 : AI 아티스트 392

생성 AI 이미지에 대한 저작권

   : 이 그림이 마법사의 것이냐! 마법 지팡이의 것이냐! 396

이제 당신의 차례 : 당신의 손끝에서 시작될 마법 398

Wedding planner란 직업을 가진 나는 항상 자신을 스스로 마법사라 생각했습니다. 4개월에서 길게는 1년 동안 매번 색다른 주제로 새로운 웨딩 데이를 기획하고 연출하며 아름다운 신랑 신부를 만들고 한편의 웨딩스토리를 탄생시키는 20년 지기 마법사입니다.

그러던 어느 날 '인공지능 AI로 하루 만에 동화 만들기'란 광고를 보았고 호기심 가득한 마음으로 '정말 하루 만에 동화가 완성된다고? 그럼, 난 진짜 마법사가 되겠는걸'이란 생각이 들었습니다. 그래서 인공지능에 대한 탐험을 시작하였습니다.

자, 그럼 저는 진정한 마법사가 되었을까요?

디지털 연금술사의 세계에서 인공지능 AI라는 마술 지팡이로 시화와 동화의 이미지를 어떻게 생성시키는지 보여 드리겠습니다. 예술과 기술이 얽혀 새로운 표현 형태를 만들어내는 '생성 AI'세계로의 여정을 시작합니다.

동화와 시화 이미지 생성 AI 툴 소개

1. 생성 AI의 기본 이해하기

생성 AI는 인공지능의 한 형태로 주어진 데이터를 기반으로 텍스트, 이미지, 음성 등 다양한 형태의 새로운 콘텐츠를 생성하는 데 사용되며 예술, 엔터테인먼트, 디자인, 의료, 제조 등 여러 분야에서 활용되고 있습니다.

여기서 우리는 이미지 생성에 대한 툴을 알아보고 이미지 생성 방법을 이해하도록 합니다.

2. 동화와 시화 이미지 생성에 필요한 AI 툴

현재 인기 있는 생성 AI 툴 중 동화와 시화 이미지를 만드는 데 적합한 툴에 초점을 맞추어 몇 가지 프로그램을 소개합니다.

1) DALL-E3

OpenAI가 개발한 AI로 텍스트 설명에서 이미지를 생성하는 고유한 기능을 갖추고 있습니다. 이 도구는 시와 동화에서 볼 수 있는 개념을 포함하여 광범위한 개념을 해석하고 시각화할 수 있다는 점에서 특히 매력적입니다.

2) Midjourney

OpenAI의 DALL-E와 유사하게 텍스트 설명에서 이미지를 생성하는 데 초점을 맞춘 독립 연구실이자 AI 모델입니다. 입력된 프롬프트에 따라 고품질의 예술적인 이미지를 생성하는 능력으로 잘 알려져 있습니다.

3) Imagen

Google AI에서 개발한 생성형 AI 툴 DALL-E 2와 유사한 기능을 제공합니다.

4) Parti

Google AI에서 개발한 생성형 AI 툴 텍스트와 이미지를 결합하여 새로운 이미지를 생성합니다.

그 밖의 이미지 생성 프로그램

5) Pokeit

https://pokeit.ai/ Lexica : https://lexica.art/ karlo. AI : https://karlo.ai/

동화 이미지 제작 : AI 마법 지팡이

생성 AI 마법 지팡이로 동화 이미지 만드는 방법을 소개합니다. 울창한 마법의 숲부터 신비로운 생명체까지 AI 도구는 당신의 창조력을 무한히 확장해 줄 것입니다.

자, 마법의 지팡이를 꽉 잡고 상상력을 마음껏 펼쳐 볼 시간입니다.

이제 당신의 동화가 현실이 되는 순간을 맞이하십시오

1. 마법의 세계를 디자인하기 위한 단계별 가이드

이 실용적인 절에서는 생성 AI 도구를 사용하여 동화 이미지를 만드는 방법에 대한 단계별 안내를 제공합니다. 원하는 결과를 얻기 위해 설정하는 매개변수와 AI 생성 이미지를 정제하는 방법을 배웁니다.

위에서 설명한 툴 중 DALL-E3를 사용하여 동화의 장면을 만들어 보겠습니다.

DALL-E3를 직접 사용해볼 수 있는 방법은 ms bing image creator(빙 이미지 크리에이터)에서 무료로 사용하거나 유료 버전인 챗GPT-4에서 사용을 할 수 있습니다.

이 툴을 사용하는 이유는 다른 이미지 생성 툴에서는 좋은 결과를 얻기 위해 꼼꼼한 프롬프트를 작성해야 하지만 DALL-E3는 챗GPT의 인공지능 기술을 더하여 단순한 명령어만 입력해도 아주 그럴싸한 프롬프트로 변환시켜 이미지를 생성해 주기 때문입니다. 그러므로 누구나 간편하게 퀄리티 높은 이미지를 만들기에 좋은 툴이라 생각합니다.

코파일럿 사용법

코파일럿은 다른 AI 이미지 생성 툴에 비해 사용법이 매우 간단합니다.

빙(Bing Chat)은 이제 코파일럿(Copilot)으로 이름이 변경되었습니다. 마이크로소프트는 자사의 AI 기능을 코파일럿이라는 이름으로 통합하기 위한 전략의 일환으로 이 변경을 진행했습니다. 이 변경은 Bing Chat뿐만 아니라 Bing Chat Enterprise도 포함하며, 이제는 모두 코파일럿으로 통칭됩니다. 마이크로소프트는 Microsoft 365, Edge, Windows 11 등 다양한 플랫폼에 코파일럿을 통합하여 일관된 AI 경험을 제공하려고 하고 있습니다

1) 코파일럿 홈페이지 접속 → 가입 및 만들기 클릭

2) 마이크로소프트 계정 생성

계정은 이메일 또는 전화번호 인증을 통해서 생성할 수 있습니다.

3) 프롬프트 입력 후 만들기

'어린 인어공주가 신비한 구슬을 들고 있다.'라는 프롬프트를 입력 후 만들기 버튼을 누르면, 1분이 넘지 않은 시간에 4가지 그림이 생성됩니다.

간단히 적은 프롬프트로 퀄리티 높은 이미지가 생성됩니다. 하지만 내가 원하는 조건들을 첨부하여 다시 프롬프트를 입력하면 그 조건에 맞는 그림을 생성시켜 줍니다. 즉, 양질의 질문이 양질의 그림을 생성한다는 이야기입니다.

그럼, 제가 원하는 동화 속에 장면을 다시 생성해 보겠습니다.

'물고기들이 헤엄치는 아름다운 바닷속 금발의 긴 머리로 갈색 눈동자를 가진 9살 정도의 어린 인어공주가 신비한 구슬을 들고 있다'라는 좀 더 구체적인 프롬프트를 입력하고 그림을 생성해 보았더니 아래와 같이 원하는 장면이 생성되었습니다.

4) 이미지 생성 완료

생성된 이미지 중 마음에 드는 이미지를 클릭하여 저장합니다. 위의 내용에서 확인된 것과 같이 프롬프트 입력을 통해 동화 속의 배경, 소품, 등장인물 등을 쉽게 만들어 낼 수 있습니다. 또 한글을 지원하는 빙 이미지 크리에이터는 신규 유저가 AI 이미지 생성 분야에 쉽게 접근할 수 있는 환경을 제공합니다. 그래서 간편하게 동화의 그림을 만들어 낼 수 있습니다.

단, 동화에서 가장 중요한 연속적인 주인공 이미지를 생성시키기에는 조금 까

다롭고 한계가 있는 건 사실입니다. 하지만 챗GPT-4에서 DALL-E3로 동화의 이미지를 생성시키면 연속적인 등장인물의 생성과 생성된 그림을 바로 수정할 수 있다는 큰 장점이 있고 1024 x 1024 사이즈로만 이미지가 생성되는 빙 이미지 크리에이터와는 달리 세 가지 사이즈가 제공되는 등 동화책을 만들기에는 '최적의 툴'이 됩니다. 지금부터 챗GPT 내에서의 DALL-E3 사용법을 알아보고 좀 더 전문적인 동화 그림을 생성해 보겠습니다. 기능 선택→ 이미지 생성→ 이미지 편집 순으로 안내하겠습니다.

챗GPT-4 → DALL·E3 사용법 (유료)

1) 챗GPT-4 → DALL·E3 선택
2) 챗GPT 대화창에 프롬프트(명령어) 입력

'넌 지금부터 나와 함께 내 동화에 그림을 그려줄 삽화 작가야. 내 동화의 주인공은 9살 남자아이야. 거실에서 공룡을 가지고 놀고 있어. 거실 한쪽에는 공룡 장난감들이 전시되어있는 선반이 놓여 있어. 내 동화의 장면을 그림으로 생성해줘.'

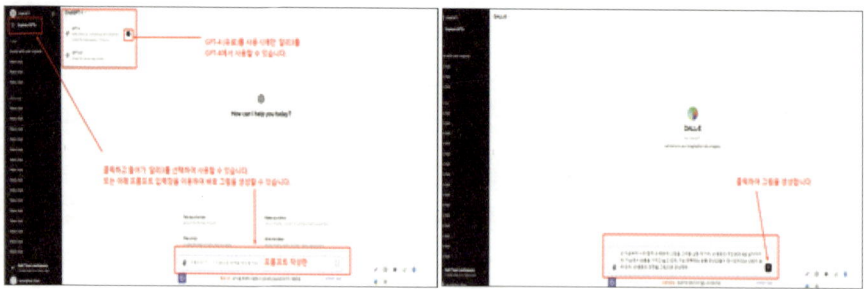

3) 이미지 생성 완료 & 이미지 수정

입력한 프롬프트대로 이미지의 생성이 완료되면 내가 원하는 동화 속의 이미지인지 확인 후 저장하거나 다시 생성을 눌러 다른 이미지를 생성시켜 봅니다.

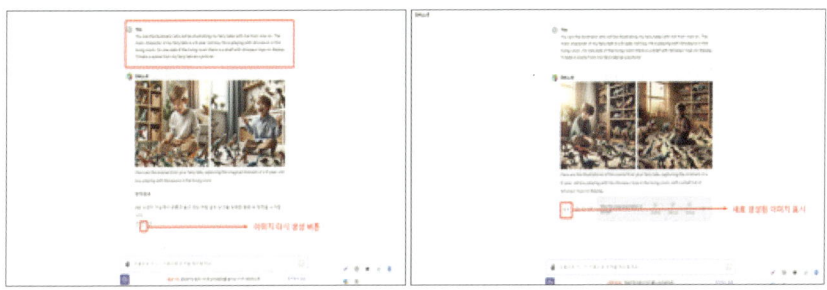

새로 생성된 이미지의 전체적인 느낌은 마음에 들지만, 내 동화의 장면에서 꼭 필요한 소품이나 배경 등 추가해야 해 할 부분이 있다면 챗GPT에서는 바로 수정할 수 있습니다. 단, 원본 이미지를 편집하는 방식이 아닌 기존에 생성된 이미지를 참조하여 새로운 이미지를 만드는 방식입니다.

수정하는 방법은 다음과 같습니다. 생성된 이미지에서 수정하고 싶은 부분을 프롬프트로 다시 작성합니다. 아래의 내용으로 프롬프트를 입력하여 이미지를 수정하고 생성해 보겠습니다.

위의 생성된 그림을 보면 기존 이미지의 틀을 바탕으로 수정을 원하는 프롬프

 '생성된 이미지에서 소년의 의상을 하늘색 니트와 청바지로 바꿔줘. 거실 뒤 편에는 유리로 된 장식장에 공룡 장난감이 멋지게 전시돼 있게 바꿔주고 거실의 분위기는 밝고 환하게 부탁해.'

를 수용해 새로운 이미지를 만들어 주었습니다. 새로 생성된 그림이 마음에 들면 두 그림 중 마음에 드는 그림을 클릭하고 저장합니다. 또 생성된 그림의 표현 방식이 마음에 들지 않더라도 걱정하지 마십시오. 프롬프트를 입력할 때 그림 표현 방식을 함께 입력하면 훨씬 더 원하는 이미지에 가까운 결과물을 얻으실 수 있습니다. 예를 들어 컨셉아트 느낌으로, 포토그래픽 사실적인 표현, 유화 방식의, 수채화 느낌으로 등등. 이는 다음에 안내할 시화를 생성시키는 데 있어서 중요한 부분이기도 합니다.

4) 동화 속 이야기를 생생하게 이어가는 연속 이미지 생성

동화 속 주인공들의 모험은 끊임없이 이어집니다. 한 장면에서 다음 장면으로 넘어가면서 이야기는 점점 더 흥미진진하게 펼쳐집니다. 그림책을 보는 아이들은 이러한 연속적인 이미지들을 통해 이야기의 흐름을 자연스럽게 이해하고 상상력을 마음껏 펼칠 수 있습니다.

이처럼 동화에서 가장 중요한 연속 이미지의 생성 방법은 그림의 시드 번호를 확인하고 그 번호를 기반으로 새로운 이미지를 창조하는 것입니다. 그럼, 이전 이미지와 연속적인 연관성을 유지하면서 이야기를 풀어낼 수 있습니다. 마치 퍼즐 조각을 맞추듯 그림 시드 번호는 동화 속 세계를 완성하는 중요한 열쇠가 됩니다. 물론 100% 같은 이미지를 재현하는 것은 불가능합니다. 하지만 80% 이상의 높은 완성도를 가진 연속 이미지를 생성할 수 있다는 점은 초보 유저들에게 큰 장점입니다. 이전 이미지의 주요 요소들과 분위기를 그대로 이어받으면서 새로운 시각적 경험을 할 수 있게 되니, 동화 이미지 제작에 대한 자신감도 쑥~ 키울 수 있습니다.

챗GPT-4에서 DALL-E3를 사용하면 복잡한 기술이 없어도 손쉽게 연속된 이미지를 만들 수 있습니다. 그럼 연속 이미지를 생성하는 순차적인 방법을 알려드리겠습니다. 먼저 아래와 같이 '위의 생성된 그림의 시드 번호를 알려줘'란 프롬프트를 입력하여 시드 번호를 알아낸 뒤 그 번호를 기반으로 앞에 생성된 그림과 연속성 있는 이미지를 만들어내면 됩니다.

'시드 번호 352467768을 바탕으로 그림 속 아이가 정면을 보고 환하게 웃는 클로즈업 그림을 생성해줘. 상의 니트를 반드시 동일하게 그려줘'

위와 같은 프롬프트를 입력하면 아래와 같이 동일한 인물의 연속적이고 연결된 이미지를 만들 수 있습니다.

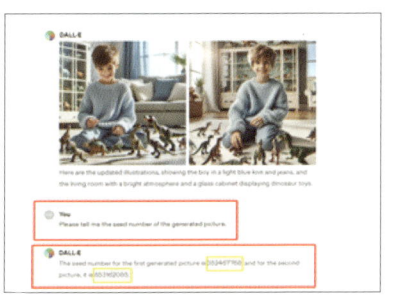
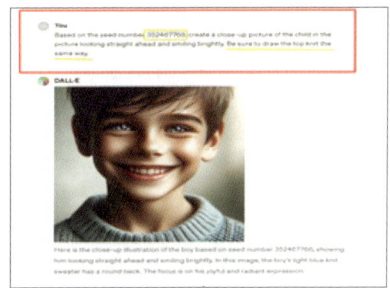

위의 내용처럼 이미지를 생성시켜 나간다면 어느새 동화책 한 권은 하루가 아니라 몇 시간 만에 "뚝딱" 만들어질 것입니다.

2. 마법 지팡이 생성 AI를 사용하여 동화 장면 만들기 탐구

챗GPT를 이용하여 동화의 이야기를 완성하였지만, 이미지를 어떤 느낌으로 생성해야 할지 감이 잡히지 않을 때는 동화의 한 장면을 챗GPT-4에 입력하고 그 내용에 어울리는 그림을 생성해 달라는 프롬프트를 입력합니다.

그럼, DALL-E3는 이야기와 어울릴 만한 이미지들을 생성시켜 줍니다.

생성된 이미지를 참고하여 마음에 드는 이미지를 선택하고 부분적인 수정을 통해 동화를 완성할 수도 있습니다.

이는 AI가 동화 주제를 어떻게 해석하고 시각화하는지 살펴볼 수 있는 기회가 됩니다. 또 AI가 생성한 동화 이미지의 예시와 분석을 통해 내가 추구하는 동화의 이미지와 잘 맞는지 통찰력 있게 판단해야 합니다. 그 과정을 거쳐 그림을 생성시켜 나간다면, 진정한 AI 마법 지팡이를 손에 넣은 마법사가 될 수 있습니다.

시화 이미지 제작 : AI 아티스트

3장에서는 AI를 사용하여 시를 시각적 예술로 변환하는 방법에 초점을 맞춥니다. 텍스트와 이미지의 결합은 예술적 표현의 새로운 길을 열어줍니다.

1. 시를 시각적 내러티브로 변환하는 예술

시는 언어의 아름다움을 통해 독자에게 감동과 영감을 선사하는 문학 형식입니다. 하지만 시의 의미를 해석하고 감상하는 것은 독자의 경험과 해석 능력에 따라 다르게 나타날 수 있습니다. 시각적 내러티브는 시의 내용을 이미지와 스토리텔링을 통해 표현하여 시의 의미를 보다 직관적이고 이해하기 쉽게 전달하는 예술 형식입니다.

이는 단순히 시의 내용을 그림으로 그리는 것을 넘어, 시의 분위기, 메시지를 시각적으로 재해석하고 새로운 이야기를 만들어내는 과정입니다. 시를 시각적 내러티브로 변환하는 방법에는 삽화, 애니메이션, 사진, 영상, 디지털 아트 등 여러 가지 방식이 있지만, 이 절에서는 시의 감정적이고 추상적 요소를 그림이라는 시각적 형태로 변환하는 기술을 알려드리려 합니다. 시적 이미지는 단순히 시에 등장하는 구체적인 사물이나 풍경을 묘사하는 것이 아니라, 시인의 감정, 상상력, 사고를 함축적으로 표현하는 중요한 요소입니다. 아래와 같이 시적 이미지를 창조하는 데 도움이 되는 몇 가지 질문을 정리하고, 2절에서는 질문의 답을 중심으로 시의 본질을 이미지로 포착하여 시각적 내러티브로 변화해 보도록 하겠습니다.

시의 분위기와 주제는 무엇인가?

시인이 전달하고자 하는 감정과 생각은 무엇인가?
어떤 이미지가 시의 주제와 분위기를 가장 잘 표현할 수 있을까?
이미지는 시의 전체적인 흐름과 조화를 이루는가?

2. 시의 본질을 이미지로 포착하는 기법

이 절에서는 시를 AI 도구에 효과적으로 입력하고 결과로 나타나는 이미지가 시의 본질, 분위기, 스타일을 정확하게 반영하도록 하는 방법을 다룹니다.

AI를 사용하여 시를 성공적으로 변환하기 위해선, 내가 쓴 시의 내용과 잘 맞는 이미지를 생성해 내는 것이 중요합니다. 동화의 이미지는 연속성 있는 여러 장의 그림을 생성하여 스토리를 완성하였다면, 시화의 이미지는 단 한 장의 그림으로 시의 내용과 분위기 감정 등 모든 부분이 표현돼야 합니다.

프롬프트를 입력할 때 표현 방식을 함께 명시하면 더욱 훌륭한 결과를 얻을 수 있습니다. 예를 들어, 유화, 수채화, 삽화, 만화, 컨셉 아트 등 다양한 표현 방식에 따라 이미지는 확실히 다르게 생성되기 때문입니다. 그럼, 시의 은유와 상징, 감각적 이미지, 대조와 반전 등을 구체적으로 반영시켜 챗GPT-4에서 DALL-E3에 프롬프트를 작성하고 시의 이미지를 아래와 같이 생성해 보았습니다.

위의 생성된 그림을 시와 함께 '캔바'에서 편집하였더니 시의 느낌과 내용이 한눈에 보이는 아름다운 시화가 만들어졌습니다. 이번에는 구체적인 프롬프트를 입력하는 대신에 시의 내용을 직접 입력하고 '위의 시에 어울리는 그림을 생성시켜줘'란 명령어를 넣어 이미지를 만들어 보겠습니다.

위의 생성된 그림을 보면, 시의 내용과 분위기가 잘 표현돼 있습니다.
시 속의 한 장면이 그림으로 시각화되었으며, 창작자가 프롬프트를 입력해 생성했던 그림과 이미지의 표현 방식만 다를 뿐 전체적인 느낌이 거의 비슷하게 생성되었습니다. 생성 AI에 프롬프트로 나의 시를 그대로 반영하면 시의 본질을 파악하여 이미지를 쉽게 생성해 주기도 합니다.

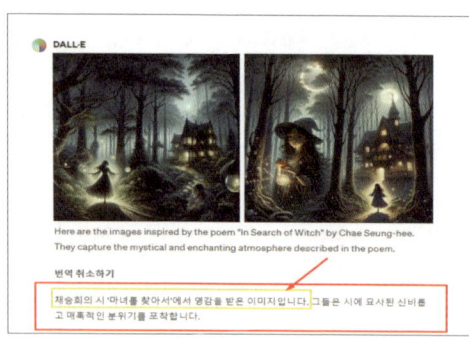 

하지만, 내가 만든 시의 본질과 다르게 해석이 되는 때도 있습니다.

"열 길 물속은 알아도 한 길 사람 속은 모른다." 똑똑한 생성 AI도 사람의 감정을 모두 헤아리기엔 부족함이 있어 보입니다. 그래서 작가가 원하는 대로 시의 본질, 감정, 분위기 등을 구체적인 프롬프트로 입력하여 시화 그림을 생성하는 것이 좋은 결과물을 가지는 방법입니다.

그런데도, 시를 직접 입력하고 생성 AI가 그림을 창작해주는 방법을 선택한다면, 앞에서 말한 통찰력 있는 판단으로 시의 본질이 벗어나지는 않는지 확인하는 작업이 가장 중요한 일 중의 하나임을 잊어서는 안 됩니다. 이것이 창작자의 바른 마음가짐이라 생각합니다. 생성 AI 마법 지팡이는 창작 도구일 뿐 창작자 본체가 되어서는 안 됩니다. 이 부분에 관한 내용을 4장에서 다뤄보도록 하겠습니다.

생성 AI 이미지에 대한 저작권 :
이 그림이 마법사의 것이냐! 마법 지팡이의 것이냐!

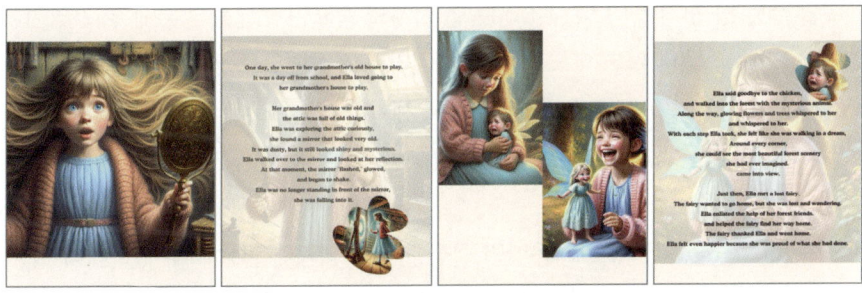

'INTO THE MIRROR'란 위의 그림책은 생성 AI로 이미지를 생성하고, 편집하여 만든 저의 첫 동화책입니다. 구체적인 프롬프트 입력을 통해 동화그림생성, 챗GPT와 바드를 통한 스토리 구성, DEEPL번역기를 통한 번역, 그리고 '캔바'를 통한 편집까지 모두 제 손으로 완성한 저의 동화입니다. 인공지능 AI의 활용으로 어느새 저는 '슈퍼 개인'이 되어 행복하게 작업을 했습니다. 하지만, 이 동화는 저작권 등록을 할 수 없습니다. 왜일까요?

저작권 등록 관련 규정을 개정하면서 인공지능(AI)이 만든 그림, 시, 소설 등 창작물은 저작권을 등록할 수 없다는 내용을 명시했기 때문입니다. 2023년 12월 정부에서 내놓은 가이드라인을 보면 "원칙적으로 AI 생성물은 저작물로 볼 수 없으며 저작권 등록 대상도 될 수 없다"라며 "인간이 전체 기획하고 명령어(프롬프트)만 입력한 때도 저작권 등록은 불가하다"라고 명시했습니다. 창작물의 표현에 인간의 창작적 개입이 있었다고 볼 수 없다는 것입니다. 이는 AI 생성물을 활용한 인간의 이차적 창작물도 마찬가지입니다.

즉, 마법사의 주문으로 그림이 생성되었으나 주문을 받들어 그림을 만들어 낸 건 마법 지팡이라는 것입니다. 그래서 마법으로 생성된 창조물은 마법사의 것도 마법 지팡이의 것도 아닌 그저 그 중간 어디쯤인 창조물이라는 거지요. 누구도 함부로 자기의 것이라 말 할 수 없는 것입니다

그럼 제가 만든 동화의 주인이 되는 방법은 전혀 없는 걸까요?
저작권 등록은 할 수 없어도 인간의 독창성이 인정될 때는 '편집저작물'로 등록할 수는 있습니다. 여기서, 우리는 한 가지의 중요한 부분을 염두에 두고 넘어가야 합니다. 대부분의 AI 모델은 기존 데이터를 기반으로 학습하기 때문에 독창성 인정에 어려움이 있고, 이 부분에서 제일 중요한 요점은 AI 그림의 저작권 소유가 명확하지 않은 경우, 사용에 주의가 필요하다는 것입니다.

즉, AI 그림을 무단으로 사용하면 저작권 침해 책임이 발생할 수 있습니다. 분명히 내가 쓴 프롬프트로 생성한 그림이지만, 학습형 AI가 기존의 데이터에 나의 프롬프트를 첨부해 새로운 이미지를 창조해 주었더라도 내 그림이 아닐 수 있다는 것입니다.

그래서 생성 AI로 만든 그림을 사용 시에는 AI 모델 종류, 학습 데이터, 인간의 개입 정도에 따라 저작권 인정 여부가 달라질 수 있으니 저작권 침해 문제를 피하려고 저작권 소유, 출처 정보를 명확하게 확인하고 기재해야 합니다. AI 기술

발전과 더불어 저작권 관련 법적 환경도 지속해서 변화하고 있습니다. 최신 동향을 주시하고, 필요에 따라 전문가의 도움을 받는 것도 좋은 방법의 하나입니다.

이제 당신의 차례: 당신의 손끝에서 시작될 마법

디지털 연금술사의 세계에서 생성 AI의 여정이 어떠셨나요?

이미지 제작의 기본 도구부터, 동화와 시화 이미지 생성의 기본 원리, 실제 작업 과정, 중요한 고려 사항 그리고 독창적인 표현 기법까지 다양한 주제를 다루었습니다. 또한, 예술적 표현과 저작권의 중요성을 강조하며, 책임감 있는 창작자로서 해야 할 역할을 둘러보았습니다. 저는 이곳에서 다룬 이야기가 단순한 도구 사용법을 넘어, 예술적 표현의 자유와 감성을 불러일으키는 촉매제가 되기를 바랍니다. 기술적인 지식뿐만 아니라, 이미지 속에 담을 이야기, 전달하고자 하는 메시지, 그리고 예술적 표현 기법까지, 당신의 창조적 영감을 깨우는 데 도움이 되었으면 합니다.

이제 당신의 차례입니다. 상상력의 나침반을 꺼내 당신만의 독창적인 세계를 탐험해 보세요.

감성의 팔레트를 펼쳐 다채로운 색채로 당신의 이야기를 표현해 보세요

생성 AI라는 마법의 지팡이를 들고 당신만의 아름다운 세상을 그려보세요.

당신의 손끝에 탄생하는 마법 같은 그림들을 보며 벅찬 감동을 느껴보세요.

이 책을 통해 동화와 시화 이미지 생성의 매력에 빠져들어 당신의 손끝에서 마법이 시작되길 바라봅니다.

에필로그

AI 시대 K콘텐츠 혁명: 1인 미디어가 여는 글로벌 新한류

30일간의 여정이 끝났습니다. 이제 여러분은 AI를 활용한 K콘텐츠 제작의 기본기를 갖추었습니다. "인공지능콘텐츠트렌드: 1인미디어를 위한 인공지능콘텐츠 30일 완성 가이드"는 단순한 기술 습득을 넘어, AI 기술을 조화롭게 결합하는 방법을 제시했습니다. 이 과정을 통해 여러분은 1인 미디어 크리에이터로서, 여러분의 독창적인 콘텐츠가 AI의 힘을 얻어 더 넓은 세계로 뻗어나갈 것입니다.

"초보자도 쉽게 따라하는 AI 콘텐츠 제작 로드맵"이라는 부제가 말해주듯, 우리는 복잡한 AI 기술을 누구나 이해하고 활용할 수 있는 형태로 풀어냈습니다. 여러분은 이 책을 통해 AI 이미지 생성, 글쓰기, 음악 작곡, 영상 편집 등 다양한 분야에서 AI를 활용하는 방법을 배웠습니다. 이제 여러분은 1인 미디어 크리에이터로서 무한한 가능성을 가지게 되었습니다.

하지만 이 30일은 시작에 불과합니다. 진정한 여정은 지금부터입니다. AI 기술은 날마다 발전하고 있으며, 이를 창의적으로 활용하는 방법 또한 계속해서 진화하고 있습니다. 여러분이 이 책에서 배운 기초를 바탕으로, 앞으로 더 많은 실험과 도전을 해나가시기를 바랍니다.

기억하세요. AI는 우리의 창의성을 대체하는 것이 아니라, 증폭시키는 도구입니다. 여러분만의 독특한 시각과 아이디어를 AI와 결합할 때, 비로소 남다른 콘텐츠가 탄생합니다. 두려워하지 마세요. 실패를 두려워하지 마세요. 매일 조금씩 시도하고, 배우고, 성장해 나가세요.

에필로그

1인 미디어의 세계는 끊임없이 변화하고 있습니다. AI의 등장으로 이 변화는 더욱 가속화되고 있습니다. 하지만 이는 위기가 아닌 기회입니다. AI를 잘 활용하는 크리에이터는 더 많은 시간을 창의적인 기획과 소통에 할애할 수 있게 될 것입니다. 여러분은 이제 그 변화의 최전선에 서 있습니다.

이 책에서 소개한 학습 플랜을 꾸준히 실천해 나가세요. 매일 조금씩 AI와 친숙해지다 보면, 어느새 AI는 여러분의 강력한 협력자가 되어 있을 것입니다. 그리고 그 과정에서 여러분은 단순한 AI 사용자를 넘어, AI와 인간의 협업을 이끄는 선구자가 될 것입니다.

우리는 이 책을 통해 AI 콘텐츠 제작의 기초를 다졌습니다. 하지만 이 분야의 발전 속도를 고려하면, 여러분이 배운 것들은 빠르게 진부해질 수 있습니다. 따라서 지속적인 학습과 실험의 자세가 중요합니다. 새로운 AI 도구들을 계속해서 탐구하고, 다른 크리에이터들과 정보를 공유하며, 항상 최신 트렌드를 주시하세요.

마지막으로, AI 윤리의 중요성을 잊지 마세요. AI는 강력한 도구이지만, 그만큼 책임감 있게 사용해야 합니다. 저작권 문제, 개인정보 보호, AI 생성 콘텐츠의 투명한 공개 등 윤리적 가이드라인을 항상 염두에 두세요. 우리는 AI의 힘을 빌려 더 나은 콘텐츠를 만들되, 그 과정에서 인간의 창의성과 윤리의식을 잃지 않아야 합니다.

이 책은 여러분의 첫 걸음을 도왔을 뿐입니다. 앞으로의 길은 여러분이 직접 개척해 나가야 합니다. 실패를 두려워하지 말고, 끊임없이 도전하세요. 그 과정

에필로그

에서 여러분은 1인 미디어의 새로운 가능성을 열어갈 것입니다.

우리는 지금 역사적인 순간을 살고 있습니다. 한강 작가의 노벨문학상 수상은 대한민국 콘텐츠의 저력을 전 세계에 알린 자랑스러운 사건입니다. 이제 우리는 이 저력에 AI 기술을 더해 새로운 차원의 K-콘텐츠를 만들어낼 수 있습니다. 여러분 한 분 한 분이 이 새로운 흐름의 주역입니다. 한강 작가가 우리의 이야기를 세계에 알렸듯이, 여러분도 AI와 함께 만든 콘텐츠로 세계를 감동시킬 수 있습니다.

AI 기술은 우리에게 무한한 가능성을 제공합니다. 하지만 그 핵심에는 언제나 인간의 감성과 창의성이 있어야 합니다. K-콘텐츠의 성공 비결은 바로 이 감성적 깊이에 있었습니다. AI를 통해 우리의 이야기를 더 풍성하게, 더 아름답게, 더 효과적으로 전달할 수 있게 되었습니다. 이제 우리의 이야기는 더 넓은 세계로 뻗어나갈 것입니다.

AI 시대의 1인 미디어 혁명을 이끌어 나갑시다. 여러분 한 명 한 명이 모여 거대한 물결을 만들 것입니다. 그 물결은 한국을 넘어 전 세계로 퍼져나갈 것입니다. 우리의 이야기, 우리의 감성, 우리의 창의성이 AI 기술과 만나 세상을 변화시킬 것입니다. 여러분의 꿈과 열정이 AI의 날개를 달고 더 높이, 더 멀리 날아오르기를 진심으로 기원합니다. 새로운 시대의 주인공은 바로 여러분입니다. 파이팅!

윤서아 작가 올림